७५
75 YEARS
आपसे हैं हम

AF522107

हिन्दी कहानी : अन्तर्वस्तु का शिल्प

ग्यारह कहानीकारों के सन्दर्भ में

हिन्दी कहानी : अन्तर्वस्तु का शिल्प

ग्यारह कहानीकारों के सन्दर्भ में

राहुल सिंह

राजकमल प्रकाशन

ISBN : 978-93-92757-40-2

मूल्य : ₹495

पहला संस्करण : 2022

प्रकाशक : राजकमल प्रकाशन प्रा. लि.
1-बी, नेताजी सुभाष मार्ग, दरियागंज
नई दिल्ली-110 002
शाखाएँ : अशोक राजपथ, साइंस कॉलेज के सामने, पटना-800 006
पहली मंजिल, दरबारी बिल्डिंग, महात्मा गांधी मार्ग, प्रयागराज-211 001
36 ए, शेक्सपियर सरणी, कोलकाता-700 017
वेबसाइट : www.rajkamalprakashan.com
ई-मेल : info@rajkamalprakashan.com

मुद्रक : यश प्रिंटोग्राफिक्स
ग्रेटर नोएडा-201 310 (उत्तर प्रदेश)

HINDI KAHANI : ANTARVASTU KA SHILP
Gyarah Kahanikaron Ke Sandarbh Mein
by Rahul Singh

पिता

श्री **भोला सिंह** को

जो यह कहते हैं कि

दुनिया का सबसे आसान काम है

किसी की आलोचना करना

...और मैंने सबसे आसान काम चुना है।

माता

श्रीमती **पूनम सिंह** को

जिनकी निगाह में मैं हमेशा पहले से दुबला ही रहा,

भले दुनिया की निगाह में कितना भी वजनी होता चला गया।

क्रम

भूमिका

यूँ तो किसी भी पीढ़ी का मूल्यांकन एक चुनौतीपूर्ण काम होता है। लेकिन जिस पीढ़ी को यह किताब सम्बोधित है, वह कई अर्थों में खास तरीके की चुनौती पेश करती है। एक तो इनमें से कई का रचनाकाल चार-पाँच दशकों तक फैला है। इनकी वैचारिक प्रतिबद्धताएँ तो स्पष्ट हैं, लेकिन अपने लेखन में यह इतने वैविध्यपूर्ण हैं कि इन्हें किसी खास तरीके से वर्गीकृत करना कठिन है। कहानी आन्दोलनों के आईने में भी इन्हें देखना मुश्किल है। इन सबको जो बात साझी जमीन उपलब्ध कराती है, वह है प्रगतिशील और जनवादी मूल्यों के प्रति इनकी स्पष्ट वैचारिक प्रतिबद्धता। तो कहानी आन्दोलनों के आईने में देखने की बजाय इसी वैचारिक प्रतिबद्धता के आईने में मैंने इन्हें देखा है। इनकी वैचारिक प्रतिबद्धता बतौर कहानीकार कहानी विधा में कौन से 'म्यूटेशंस' पैदा करती है। इस निगाह से भी इन्हें देखने की कोशिश इस किताब में है। कहानी और कहानीकार की निगाह से देखने का मेरा आशय ऐसे कहानीकारों से है, जिन्होंने अपने समय के मनुष्यों को उकेरते हुए कहानी विधा को किसी भी अर्थ में समृद्ध करने का काम किया और हिन्दी को यादगार कहानियाँ दीं। इनमें से कुछ हिन्दी कहानी की स्मृति में बने रहे, लेकिन एकाध बुरे तरीके से बिसरा भी दिए गए। यह किताब उनकी कहानियों के मार्फत उन्हें याद करने की कोशिश भी है।

कहानी और कहानीकारों की दुनिया में इतनी भीड़ है कि किसी भी पीढ़ी में कायदे के दस-बारह नाम चुनना ही अपने आप में सबसे बड़ी चुनौती होती है। इस क्रम में कई कमजोर कहानीकारों से भी साबका हुआ। उसमें अपना काफी वक्त जाया हुआ, पर्याप्त समय देने के बावजूद उनको उनके हाल पर छोड़ना ही बेहतर जान पड़ा। लम्बी जद्दोजहद के बाद इसमें कुल ग्यारह कहानीकारों को शामिल कर सका। दो-चार नाम और हो सकते थे, लेकिन सामग्री की सहज उपलब्धता के अभाव में फिलहाल इतने नामों के साथ ही इस किताब को आपको सौंप रहा हूँ। भविष्य में वे जरूरी नाम इस किताब में जुड़ते चले जाएँगे। या जरूरत हुई तो

एक और किताब आएगी। लेकिन जो नाम यहाँ हैं, उनमें से मेरे जानते सभी जरूरी नाम हैं। कम से कम मेरे लिए तो हैं ही। वे जरूरी क्यों हैं? इसके बाबत विस्तार से किताब में बात की गई है। अतः इन्हें हिन्दी का हस्ताक्षर कहने में मुझे संकोच नहीं है। हस्ताक्षर से आशय इतना भर है कि इन्होंने अपनी लेखनी से हिन्दी कहानी को समृद्ध करने का काम किया है। एक अर्थ में इन्हें हिन्दी कहानी की शैलियों के तौर पर भी हम पहचान सकते हैं। इन सभी कहानीकारों के पास यथार्थ को आयत्त करने की अपनी प्रविधि रही है। उस यथार्थ को आत्मसात् कर अपने प्रत्यन्तर (रेस्पॉन्स) को दर्ज करने की प्रविधि और प्रारूप इन सबके पास है। यह इनके चुनाव की एक बड़ी वजह रही है। इस क्रम में एक बात मैं स्पष्ट कर देना चाहता हूँ कि मैं नहीं मानता कि कहानी को परखने का कोई सुनिश्चित प्रतिमान होता है, जिसके आधार पर कहानियों का मूल्यांकन आँख मूँदकर किया जा सकता है। मेरा मानना है कि हर कहानी अपने मूल्यांकन के प्रतिमानों को अपने पाठ में छिपाए रखती है। आलोचक कहानी के पाठ से उन कारकों या तत्त्वों की शिनाख्त भर करता है, जिससे वह कहानी उल्लेखनीय हो पाती है। बावजूद इसके एक लम्बे समय तक जब आप कहानियाँ पढ़ते और उस पर अपनी राय देते रहते हैं, तो कहानी को सराहने के कुछ मानक, कुछ तर्क जैसी चीजें धीरे-धीरे आ जुटती हैं। उसी के आधार पर मूल्य निर्णय या राय जाहिर किए जाने लगते हैं। जैसे वनस्पति विज्ञान के जानकारों की मान्यता है कि एक वृक्ष की दो पत्तियाँ एक समान नहीं होती हैं, ठीक वैसे ही दो अच्छी कहानियों को एक ही किस्म के आलोचनात्मक प्रतिमानों से नहीं सराहा जा सकता है। हर अच्छी कहानी अपनी संरचना में कुछ नवीनता लिए रहती है, दरअसल हर बार उसकी पहचान इतनी आसान नहीं होती है। आलोचना से इन मौकों पर अचूक होने की उम्मीद की जाती है। बावजूद इस सोच के एक लम्बे समय तक जब आप कहानियों पर अपनी राय जाहिर करते रहते हैं, तो दूसरों के लिए न सही खुद के लिए यह जानना जरूरी हो जाता है, कि आखिरकार क्या कुछ ऐसा भी है, जिसके आधार पर पसन्दगी या नापसन्दगी जाहिर की जा रही है। मतलब कि नितान्त निजी स्तर पर ऐसी कोई दृष्टि तो विकसित नहीं हो गई है, जिसके बारे में हम खुद ही सजग या सचेत नहीं हैं। जैसे आस्वाद के धरातल पर कोई स्वाद हमें ज्यादा जँचने लगता है और कुछ के प्रति साफ नापसन्दगी जाहिर होने लगती है। एक आलोचक के पास और कुछ हो या न हो इतनी सलाहियत होनी चाहिए कि वह इतना भर बता सके कि उसे कहानी क्यों अच्छी लगी या क्यों बुरी लगी? या उसे कोई कहानीकार क्यों उल्लेखनीय लगता है। अगर वह यह काम कर सकता है तो ठीक है। मैंने अपने जानते यही करने की कोशिश की है।

यद्यपि इस किताब में वैसे कहानीकार शामिल हैं, जिनका जन्म साल 1947 से 1960 के बीच हुआ है। ऐसा करने के मूल में आरम्भ में कोई विशेष आग्रह नहीं था। बस इतना था कि 1947 को एक प्रस्थान बिन्दु की तरह लिया जाए। 1947 को प्रस्थान बिन्दु के रूप में लेने के मूल में यह विचार था कि इससे पूर्व की पीढ़ी के पास पराधीन भारत का भी अनुभव था और आजाद भारत का भी। तो उनके यहाँ मोहभंग जैसी चीज देखी जा सकती थी। जिनके पास आजादी के पहले के भारत का कोई अनुभव नहीं हो वे निपट स्वाधीन भारत के बारे में ही अपनी कहानियों में बात करते। यही वजह रही कि आजादी के बाद मोहभंग की भावना या विचारों की अभिव्यक्ति इनकी कहानियों में देखने को नहीं मिलती। यह काम इनसे पहले सक्रिय पीढ़ी ने ही किया। क्योंकि उनको आजाद भारत से ज्यादा उम्मीदें थीं। यह पीढ़ी नक्सलबाड़ी, आपातकाल, जयप्रकाश नारायण के छात्र आन्दोलन और राममनोहर लोहिया आदि के प्रभाव में पली-बढ़ी। साहित्य में इन पर जनवादियों और प्रगतिशील आन्दोलन का असर रहा। पर ज्यों-ज्यों उत्तरोत्तर हम बढ़ते जाते हैं, वैचारिक प्रतिबद्धता से इतर जटिल सामाजिक-आर्थिक-राजनीतिक संरचना की परतों को बेपर्द करना, इन कहानीकारों का लक्ष्य होता चला गया। इस लिहाज से देखें तो इन कहानीकारों में इक्कीसवीं सदी की कहानी की निर्मित होती पूर्वपीठिका की झलक भी देखी जा सकती है। लेकिन इन सबके बावजूद जब इन कहानीकारों पर उपलब्ध काम के बाबत ढूँढ़ने निकला तो नतीजा बहुत आश्वस्तिदायक नहीं लगा। कुछेक जरूर भाग्यशाली रहे, जिनमें उदय प्रकाश और शिवमूर्ति अग्रगण्य ठहरते हैं। कई तो ऐसे निकले जिन पर कायदे का एक विशेषांक तक नहीं मिला। जबकि वे सभी हिन्दी कहानी के प्रतिनिधि कहानीकार होने का सामर्थ्य रखते हैं/थे।

उसके बाद यह राय बनी कि हिन्दी कहानी के इतिहास में तमाम वैसे कहानीकारों की कहानियों को फिर से देखा जाए, जिन्हें हिन्दी के प्रतिनिधि कहानीकार के बतौर हम याद करते हैं। उस दिशा में यह पीढ़ी थोड़ी उपेक्षित जान पड़ी। आप गौर करें तो पाएँगे कि इनमें से कई लिखकर दिवंगत हो गए, लेकिन उनकी कहानियाँ हिन्दी समाज में जिस सम्मान की हकदार थीं, उस पर ढंग से बात तक नहीं हुई। जैसे नवीन सागर और अरुण प्रकाश को ही लें। ऐसे और भी कई नाम हैं, चीजें जुटाई जा रही हैं। आनेवाले वर्षों में उन पर भी बात की जाएगी। लेकिन किताब के लिए यह जरूरी था कि आरम्भिक सीमा निश्चित कर लेने के बाद उसकी आखिरी सीमा भी तय की जाए। तो फिर दशक के तर्क के आधार पर इसे 1960 तक समेट दिया गया। और 1960 में हमें अखिलेश मिल गए। तो एक तरीके से इस विभाजन को एक तार्किक आधार भी मिल गया। सातवें दशक में यहाँ शामिल कहानीकारों की

कहानियाँ प्रकाशित होने लगी थीं। आठवें और नवें दशक तक यह अपने चरम पर थे। बीसवीं शती के अन्त तक इन सबकी अपनी पहचान बन चुकी थी। इस बीच कहानीकारों की कम से कम चार-पाँच पीढ़ियों की आमद हो चुकी है। बाद की पीढ़ियों पर भी किसी-न-किसी रूप में इनका प्रभाव रहा है। इस लिहाज से उदय प्रकाश सबसे चमकता नाम ठहरते हैं। बाद की पीढ़ियों के मूल्यांकन के लिए भी यह जरूरी था कि यह देख लिया जाए कि जिनके प्रभाव की बात की जा रही है, दरअसल उस मूल में ऐसी कौन-सी बातें हैं, जिसका असर बाद के दिनों में देखने को मिलता है।

इस पीढ़ी पर बात करने के मूल में यह समझदारी काम कर रही थी कि 1968-70 के आसपास से इनका लेखन आरम्भ होता है, जो हमारे समय तक आता है। 1947 में जन्में वैसे कहानीकार, जो हमारे समय में भी मौजूद हैं, उनका होना ही अपने आप में किसी रोमांच से कम नहीं है। यह सुनना ही कितना रोमांचक लगता है कि इस देश को आजाद हुए जितने साल हुए, उतने उम्र के कहानीकार हमारे बीच मौजूद हैं। तो इनकी कहानियों से गुजरना एक अर्थ में देश को कहानियों की निगाह से देखने जैसा भी था। कि आखिरकार अपने समय में ऐसे कौन से सवाल थे, जिसे इन कहानीकारों की संवेदना ने सम्बोधित करने लायक समझा। यह देखना-पढ़ना-जानना सुखद रहा कि इन कहानीकारों ने अलग-अलग मोर्चों पर अपने जानते, अपने समय-समाज के सवालों से जूझना जरूरी समझा। कहना न होगा कि इन कहानीकारों की कहानियों से गुजरने के बाद कुछ हद तक बदलते भारत की नब्ज को महसूस किया जा सकता है। इन कहानियों में बदलते भारत के साथ बदलते मनुष्यों की भंगिमाएँ भी दर्ज हैं। सामंती प्रभावों के प्रति यह पीढ़ी जहाँ खड्गहस्त रही, वहीं पूँजीवाद की विकृतियाँ भी इनके निशाने पर रहीं। साम्प्रदायिकता के सवाल पर भी एकाध को छोड़ दें, तो सब निरन्तर भारत के 'सेकुलर स्टेट' की छवि के साथ खड़े रहे। एक बेहतर दुनिया के निर्माण का स्वप्न इनकी कहानियों में बराबर मौजूद रहा है। समता, न्यायपूर्ण और शोषणविहीन संसार की परिकल्पना इनकी कहानियों में रही है। ये जिन परिवारों से आए, जिन समाजों से आए उसकी छवियाँ इनकी कहानियों में मौजूद हैं। निम्न वित्तीय अवस्था वाले परिवार के संघर्ष की दास्तान इनकी कहानियों में है। तो उनके जीवन में आए अविश्वसनीय किरदारों से भी इनकी दुनिया आबाद रही है। अपने जीवन अनुभवों को शब्दों में बाँधने की इनकी कोशिशों की जितनी तारीफ की जाए कम है। लेकिन जैसा कि हम जानते हैं कि कहानी लिखना तो आसान है, लेकिन वह सच में कहानी बन जाए, यह कई बार मुश्किल होता है। बल्कि कई बार अपने हाथ में भी नहीं होता है। पर

बावजूद इस कठिनता के यहाँ जितने कहानीकारों पर बात की गई है, उन सबके पास अच्छी संख्या में ऐसी कहानियाँ हैं जिसके भरोसे वह हमारी स्मृतियों में बने रहेंगे। यह किताब उनके रचनाकर्म के साथ थोड़ा भी न्याय कर पाती है, तो यही मेरे लिए बहुत होगा।

इन कहानीकारों को एक बात और जोड़ती है वह यह कि इन सबके पास विधा के बतौर कहानी जिस रूप में आई, इन सबने उसे अपने स्तर से जोड़ने-घटाने-सँवारने का काम किया है। कहानी को एक निरन्तर गतिशील विधा में तब्दील करने में इनकी महती भूमिका रही है। यह प्रक्रिया अभी भी जारी है, हर पीढ़ी कहानी की संरचना और शिल्प के धरातल पर अपने तरीके से कुछ 'म्यूटेशंस' पैदा करती है। कहना ना होगा कि इस पीढ़ी ने भी किया है। अपने जानते मेरी कोशिश उनकी कहानियों के जरिये उनके कहानीकार को सामने लाने की रही है। इस प्रयत्न में कितना कामयाब रहा या नाकामयाब इसका निर्णय तो पाठक, अध्येता और कहानीकार, आलोचक, शोधार्थी ही करेंगे। आप सबकी प्रतिक्रियाओं का स्वागत रहेगा।

यहाँ शामिल कहानीकारों में स्वयं प्रकाश अन्य के बनिस्बत कहानी के क्राफ्ट के स्तर पर भले थोड़े कमजोर ठहरते हैं। पर एक सन्दर्भ ऐसा भी है, जहाँ वे एक नजीर के बतौर अकेले खड़े हैं। और वह सन्दर्भ है—राष्ट्रीय स्वयंसेवक संघ की गतिविधियों को संज्ञान में लेने का। संघ की गतिविधियों को अपनी कहानी में दर्ज करनेवाले वे अकेले कहानीकार ठहरते हैं। यह बात इसलिए रेखांकित कर रहा हूँ कि उदय प्रकाश जैसे कहानीकार के यहाँ साम्प्रदायिकता पर कोई कहानी देखने को नहीं मिलती है। स्वयं प्रकाश और संजीव जनवादी कहानी के ऐसे उदाहरण हैं, जिनके यहाँ 'पार्टी लाइन' जैसी चीज दिखती है। इनकी कहानियों में कलात्मकता की कमी को ढकने के लिए 'पार्टी लाइन' एक 'बैक अप' का काम करती है। संजीव बाद में जाकर जब मार्क्सवादी विचारधारा के अन्तर्विरोधों को देखने और रेखांकित करने लगते हैं, तो इसका लाभ उन्हें कहानी और उपन्यास दोनों में मिलता है। इन दोनों की तुलना में अरुण प्रकाश और नवीन सागर को लें। तो एक अलग ही कहानी निकलकर आती है। और वह यह कि कुछ तो है, हिन्दी समाज के साथ, जो ठीक नहीं है। इन दोनों कहानीकारों के पास कहानी विधा की इतनी साफ और समृद्ध समझ है कि देखकर हैरत होती है। यह दोनों इस बात पर सोचने को विवश करते हैं कि वह कौन-सी बातें हैं, जिससे हिन्दी में समय रहते हम प्रतिभाओं के साथ न्याय नहीं कर पाते हैं। इनकी कहानियों से गुजरते हुए एक ग्लानि का बोध होता है कि समय रहते इनको क्यों नहीं पढ़ सका? शायद इनके

बारे में यहाँ पढ़ने के बाद फिर से इनकी कहानियों को आप लौटकर पढ़ना पसन्द करें। ऐसी मेरी सदिच्छा है। ओमप्रकाश वाल्मीकि को भले हम उनकी आत्मकथा के जरिये पहचानते हों, लेकिन उनकी कहानियों से गुजरना भी कम विस्मयकारी अनुभव नहीं है। गैर दलितों का दलितों को केन्द्र में बनाकर लिखी गई कहानियाँ क्यों दलितों के साथ न्याय कर पाने में समर्थ नहीं हो सकीं? ओमप्रकाश वाल्मीकि की कहानियाँ अकेले इस बात को समझाने का सामर्थ्य रखती हैं। कैसे कहानी का एक अदना सा 'टूल', जिसे हम 'डिटेलिंग' कहते हैं, के जरिये वे दलित जीवन के यथार्थ को साकार करते हैं। यह देखना अपने आप में समृद्ध करनेवाला अनुभव है। शिवमूर्ति और उदय प्रकाश सही मायने में हिन्दी कहानी में किसी परिघटना से कम नहीं जान पड़ते। वे इस बात की तस्दीक करते हैं कि कहानी विधा की समझदारी हो, तो कम लिखकर भी अविश्वसनीय-सी लगनेवाली लोकप्रियता अर्जित की जा सकती है। जबकि दोनों के पास कहानी की बिलकुल अलग समझ है। दोनों की एक साझी जमीन भी है, जहाँ वे भारतीय समाज के सामंती अवशेषों के खिलाफ अपनी कहानियों में उतरते हैं। प्रियंवद तो एक ऐसी विरल जमीन पर खड़े हैं कि क्या कहा जाए? उनकी कहानियों में वैयक्तिक संस्पर्श की बहुत गाढ़ी मौजूदगी देखी जा सकती है। साम्प्रदायिकता के मसले पर उनके यहाँ 'शून्य सहिष्णुता' का भाव देखा जा सकता है। इस पीढ़ी में और किसी के पास एक साथ प्रेम पर इतनी यादगार कहानियाँ देखने को नहीं मिलती हैं। कहानी की दुनिया में जिसे हम भाषा कहते हैं, उसकी ताकत को प्रियंवद के यहाँ साफ-साफ महसूस किया जा सकता है। आनन्द हर्षुल के यहाँ भी भाषा को एक खास तरीके से बरतने की तमीज हम देख सकते हैं। ऐसा लगता है, मानो कलात्मकता के स्तर पर पिछली क्षति की भरपाई करने के लिए यह कहानीकार कटिबद्ध होकर आते हैं। पढ़ने का जो सुख है, वह आनन्द हर्षुल की कहानियों में मिलता है। वाक्यों के गठन और शब्दों के विन्यास के सौन्दर्य को आनन्द हर्षुल की कहानियों में महसूस किया जा सकता है। योगेन्द्र आहूजा तो कहानियों के आस्वाद के धरातल को बदलकर एक नई ऊँचाई पर ले जानेवाले कहानीकार ठहरते हैं। अपनी हर कहानी के साथ खुद को एक पायदान ऊपर उठानेवाले कहानीकार। लगातार खुद का अतिक्रमण करनेवाला ऐसा कहानीकार किसी भी भाषा के लिए गर्व का विषय हो सकता है। गाँव और शहरों के बीच ठिठके कस्बों के साथ अखिलेश दाखिल होते हैं। उदय प्रकाश की कहानियों के आगे हम कभी अखिलेश की कहानियों में मौजूद उत्तर आधुनिक प्रभावों को ठीक से लक्ष्य नहीं कर सके। उनकी कहानियों को एक साथ पढ़ने पर उनके भी सामर्थ्य का अनुमान हमें सहजता से हो जाता है।

भविष्य में इस सिलसिले में कुछ और नाम जोड़े जाने की सम्भावना से इनकार नहीं किया जा सकता है। यह किताब एक आगाज भर है। किताब का बुनियादी मकसद यह है कि इन कहानीकारों से गुजरते हुए आप उनकी कहानियों में विन्यस्त 'अन्तर्वस्तु के शिल्प' को पहचान सकें। कहानीकारों के पास कहानी बुनने की जो 'प्रविधि' है, उसे पहचान सकें। इस लिहाज से देखें तो यह किताब कहानी के बारे में जितनी है, उससे थोड़ी ज्यादा कहानीकारों के बारे में है। यह किताब कहानी से ज्यादा कहानीकारों के बारे में कैसे है, इसे शायद पढ़कर ही समझा जा सकता है। वस्तुतः यह किताब एक तैयारी है, उस किताब की, जो कहानी के बारे में होगी। यह किताब कहानी की पढ़त विकसित करने के क्रम में साकार हो गई है। कहानी को सराहना और कहानीकार को सराहना एक सी बात होते हुए भी अलग-अलग है। यह किताब उस 'अलग-अलग' के बारे में है। एक पल को ऐसा लग सकता है कि इसमें अल्पसंख्यक समुदाय, आदिवासी कहानीकारों या स्त्री कहानीकारों में से किसी को शामिल नहीं किया गया है तो उस दिशा में इन ग्यारह कहानीकारों के बराबर के कहानीकार का संधान जारी है। प्रतिनिधित्व के नाम पर किसी किस्म की रियायत देने के पक्ष में फिलहाल नहीं हूँ। लेकिन किताब के अगले संस्करण में कुछ नामों के जुड़ने की सम्भावना से इनकार नहीं किया जा सकता है। कहानी पर एक लम्बे काम की यह शुरुआत भर है। इस सिलसिले में कम से कम चार और किताबों की योजना है। जो आगामी वर्षों में सब कुशल रहा तो एक-एक कर साकार होंगे।

अन्त में केवल इतना भर कि इस किताब में शामिल ग्यारह लेखों में से चार अप्रकाशित हैं। वे विशेष तौर पर इस किताब के लिए लिखे गए हैं। शेष सात लेख अलग-अलग पत्रिकाओं में प्रकाशित हुए हैं। जैसे योगेन्द्र आहूजा व प्रियंवद पर लिखे लेख 'पहल' में प्रकाशित हुए थे। योगेन्द्र आहूजा वाला अविकल रूप में और प्रियंवद वाला मामूली संशोधन के साथ यहाँ शामिल किया जा रहा है। शिवमूर्ति पर केन्द्रित लेख 'लमही' के शिवमूर्ति विशेषांक में प्रकाशित हुआ था। और सुशील सिद्धार्थ ने उस लेख के शीर्षक को विशेषांक के कवर पर लगाया था। इस लेख का अंग्रेजी में अनुवाद हो चुका है और जर्मन भाषा में अनुवाद किए जाने की सूचना है। आनन्द हर्षुल पर केन्द्रित लेख भी 'लमही' में प्रकाशित हुआ था। यहाँ ये दोनों लेख अपने अविकल रूप में शामिल किए जा रहे हैं। उदय प्रकाश पर केन्द्रित लेख 'संवेद' के कहानीकारों पर केन्द्रित विशेषांक में प्रकाशित हुआ था। यहाँ मामूली संशोधन के साथ उसे शामिल किया गया है। संजीव पर केन्द्रित लेख लिखा तो इस किताब के लिए गया था। लेकिन संजीव पर केन्द्रित 'सहयोग' के

विशेषांक में वह इसी वर्ष प्रकाशित हो गया है। इन पत्रिकाओं के सम्पादकों (सर्वश्री ज्ञानरंजन, सुशील सिद्धार्थ, विजय राय, किशन कालजयी, पल्लव और निशांत) के प्रति आभार व्यक्त करता हूँ। स्वयं प्रकाश पर अध्ययन सामग्री उपलब्ध कराने के लिए पल्लव का, नवीन सागर के लिए कुणाल सिंह व रामकुमार तिवारी का, ओमप्रकाश वाल्मीकि के लिए विनीत कुमार का तथा अरुण प्रकाश की सामग्री के लिए सत्यानंद निरुपम का हृदय से आभार व्यक्त करता हूँ।

—राहुल सिंह

दिसम्बर, 2021
देवघर (झारखंड)

स्वयं प्रकाश

जन्म : 20 जनवरी, 1947
निधन : 7 दिसम्बर, 2019

जो है उससे बेहतर चाहिए

आजादी के आसपास जन्मीं कहानीकारों की पीढ़ी या उनकी कहानियों तक आप खुद ब खुद नहीं पहुँचते हैं। मेरा आशय कहानीकारों की उस पीढ़ी से है, जो 1947 के आसपास जन्मीं और जिसने 1969-70 के आसपास लिखना आरम्भ किया। आप लिखने-पढ़ने के सिलसिले में ही उन नामों से परिचित हो पाते हैं, फिर जाकर उस दर तक पहुँचते हैं। स्वयं प्रकाश मेरे लिए एक ऐसा ही ठिकाना रहे, जिसका पता उनकी दो-तीन कहानियों के मार्फत चला। जाहिर है उसमें 'क्या तुमने कभी सरदार भिखारी देखा?' का नाम सबसे ऊपर था, फिर 'पार्टीशन' और एकाध कहानियाँ और थीं, जिसका शीर्षक अब ठीक-ठीक याद नहीं है। लेकिन इन सबसे इतना जरूर तय हो गया था कि जब भी समय मिलेगा स्वयं प्रकाश की कहानियों से गुजरा जाएगा। लेकिन बाद में उनकी कहानियों से गुजरते हुए एकबारगी न तो दिली खुशी हुई और न ही सन्तोष या सुख, जो अमूमन उनकी चर्चित कहानियों को पढ़कर प्राप्त हुआ था। लेकिन पढ़ते-पढ़ते फिर कुछ बातें दिखीं, जो रेखांकित करने लायक लगीं।

बकौल स्वयं प्रकाश उन्होंने "दो सौ के आसपास कहानियाँ लिखीं, लेकिन सब दोबारा परोसने योग्य नहीं हैं।"[1] जिनमें से इक्यावन कहानियों का एक चयन उन्होंने खुद किया। यहाँ भी बतौर कहानीकार स्वयं प्रकाश के मूल्यांकन का आधार इन्हीं इक्यावन कहानियों को बनाया गया है। एहतियातन हिमांशु पंड्या द्वारा चयनित व सम्पादित स्वयं प्रकाश की चुनिंदा कहानियों पर भी एक नजर डाल ली गई। अच्छी बात यह रही कि स्वयं प्रकाश की चयनित कहानियों से इतर पाँच अतिरिक्त कहानियाँ हिमांशु पंड्या के चयन में मिलीं। इसी क्रम में स्वयं प्रकाश पर एकाग्र पुस्तक 'करीब से' को भी देखा गया लेकिन इन दोनों से इतर कोई अन्य कहानी वहाँ नहीं मिली।

स्वयं प्रकाश की पहली कहानी 1969 में प्रकाशित हुई। उन दिनों की बात करें तो हिन्दी साहित्य में एक जनवादी उभार जैसी बात कही-सुनी जाती है। स्वयं प्रकाश

उसी दौर के कहानीकार ठहरते हैं। जनवादी की व्याख्या की बहुत आवश्यकता यहाँ नहीं जान पड़ती है। आवश्यकता इस बात को रेखांकित करने की है कि वे प्रगतिशील मूल्यों से बँधे रहे। उनकी जनवादिता के मूल में प्रगतिशील आग्रह रहे। प्रगतिशीलता के जो आग्रह हो सकते हैं, वह उनकी कहानियों में बहुत गाढ़े रूप में मौजूद हैं। समस्या प्रगतिशील आग्रहों की मौजूदगी से नहीं, उसको कहानी में बरतने की तरतीब से है। ऐसी काफी कहानियाँ हैं, जिसमें उनके वैचारिक आग्रह साफ-साफ देखे जा सकते हैं। कहानियों को पढ़ते हुए यह तो भान होता ही है कि कुछ 'सम्प्रेषित' करने के लिए ही कहानी 'बुनी' गई है। 'बुनी गई है' से आशय यह कि कहानी में चीजें अनायास नहीं घटित होती हैं, सायास घटित होती हैं। जहाँ यह सद्प्रयास दिखता है, वहाँ स्वयं प्रकाश वामपंथी वैचारिक आग्रहों के प्रचारक से लगने लगते हैं। मतलब कहानी में एक 'आरोपित सोद्देश्यता' को साफ-साफ अनुभूत किया जा सकता है। इसे 'पार्टी लाइन' भी कहा जा सकता है। ऐसी कहानियों का तब जो भी मकसद रहा हो, अब बहुत प्रभावित नहीं कर पाती हैं। लेकिन 'पार्टी लाइन' की सीमारेखा में रहते हुए जिन कहानियों में कहानी की शर्तों का निर्वाह हुआ है, वहाँ कहानी 'पार्टी लाइन' के बावजूद याद रह जाती है। इस सन्दर्भ में नामवर जी का एक उद्धरण कौंधता है जो यूँ तो नई कहानी के सन्दर्भ में उन्होंने कहा था पर स्वयं प्रकाश को पढ़ते हुए वह बात बहुत मौजूँ लगती है कि "कहानीकार की सम्पूर्ण कहानियों से पता चल जाता है कि वह अपने परिवेश को समझने और बदलने के लिए निरन्तर प्रयत्नशील है या नहीं? जागरूक कथाकार की हर कहानी उसके सामाजिक संघर्ष की दिशा में एक कदम होती है और यही दिशा उसकी हर छोटी से छोटी कहानी को वृहत्तर अर्थवत्ता प्रदान करती है। कहानी के लिए अभीष्ट वर्ण्यवस्तु चुनने के क्रम में भी एक निश्चित जीवन-दृष्टि होती है।"[2]

स्वयं प्रकाश कहानी के 'क्राफ्ट' के मोर्चे पर थोड़े कमजोर ठहरते हैं। उनकी ज्यादातर कहानियों की 'कहन शैली' में एकरूपता है। कहानी का एक 'फार्मेट' है, उनके पास। और उसी प्रारूप में वे कहने के अभ्यस्त हैं। इस प्रारूप की खासियत यह है कि उसमें एक सूत्रधार होगा जो कथावाचक की भूमिका में भी होगा। चूँकि स्वयं प्रकाश की कहानियों की एक खास वैचारिकी रही है, तो कहानी में उस वैचारिकता को स्थापित करने के मौके बराबर वे निकालते नजर आते हैं। स्वयं प्रकाश कैसे इसे कहानी में बरतते हैं, इसे समझने में उनकी एक कहानी 'कहानी की शुरुआत' जरूर पढ़ी जानी चाहिए। जिसमें वे कहानी को कैसे 'हैंडल' करना है, विषय पर बात करते हुए देखे जा सकते हैं। उसे पढ़ते हुए उनकी कहानियों को समझने के एकाध सूत्र हाथ लगते हैं। जैसे कि क्यों वे विरोधी विचार या स्वभाव

वाले पात्रों या स्थितियों को कहानी में लाना पसन्द करते हैं। क्योंकि ऐसे अवसर पर अपने विचार ज्यादा बेहतर और बलपूर्वक रखे जा सकते हैं। ऐसे अवसर के माध्यम से कहानी में वे अपना अभिप्रेत सम्प्रेषित करते हैं। इनकी कहानियों में अनुभूति की तुलना में वैचारिकता सघन रूप में मौजूद है। दूसरी बात कहानी घटित होकर प्रेषित होने की तुलना में 'वाच्यता' के धरातल पर प्रेषित होती है। इनकी कहानियों में ऐसे पात्र आसानी से मिल जाएँगे जिसे आप कहानीकार के 'माउथपीस' के बतौर आसानी से पहचान सकें। लेकिन आज इनकी कहानियों को ठीक-ठीक पढ़ पाना लेख का नहीं शोध का विषय हो गया है। पहली चुनौती जो हमारे साथ किसी भी 60-70 के दशक वाले कहानीकार के साथ दरपेश आती है, वह यह कि हम ठीक-ठीक उस परिवेश का अनुमान कर पाने में असमर्थ हैं। असमर्थ इस स्तर पर कि हम उस क्षण को अनुभूत नहीं कर सकते हैं कि ऐन उस दौर में ये कहानियाँ अपने समकाल में किस स्तर पर हस्तक्षेप कर रही थीं। हम जिसे शिल्पगत कमजोरी कह रहे हैं। क्या उस दौर में भी इसे उसी रूप में लोग देख रहे थे, या आस्वाद के धरातल पर यह तब शायद नई चीज रही हो, इस बाबत शोध के बगैर कुछ भी दावे के साथ नहीं कहा जा सकता है। क्योंकि स्वयं प्रकाश के पास कहानियाँ गिनती की ठहरती हैं। मतलब कायदे से एक संग्रह भर। लेकिन वैचारिक मूल्यों के प्रति उनकी प्रतिबद्धता अकाट्य और अडिग-सी रही है। इसके प्रति अलग से सम्मान उपजता है। लेकिन क्या उस सम्मान का लाभ उनकी कहानियों को भी मिलना चाहिए? क्योंकि कहानी एक कला भी है। कहानी के मोर्चे पर वैचारिकी से इतर कारीगरी भी आनी चाहिए। ऐसा मेरा स्पष्ट मानना है। हिन्दी साहित्य में एक दौर ऐसा भी रहा है, जहाँ वैचारिक आधार पर खेमेबन्दी के जरिए रचना और रचनाकार सराहे गए हैं और आलोचना के शिकार भी हुए हैं। इसलिए यह सवाल उठता है कि क्या स्वयं प्रकाश की कहानियों को भी उस वैचारिक प्रतिबद्धता का 'माइलेज' मिला है?

स्वयं प्रकाश की कहानियों में अलग से कोई 'कलात्मक कोशिश' नहीं दिखती है। वे साफ-साफ बात करना पसन्द करते हैं। साफगोई उनकी कहानियों की एक खासियत है। दूसरे कहानीकारों के मानिंद उनकी कहानियाँ भी उनके जीवन के अनुभवों से साकार हुई हैं। इस बात की पुष्टि उनकी आत्मकथात्मक संस्मरण 'धूप में नंगे पाँव' से आसानी से की जा सकती है। जहाँ अपनी कई कहानियों की कथाभूमि और प्रेरणा-सूत्र के बाबत उन्होंने खुद बातें की हैं। उनकी आरम्भिक कहानियों में तो यह प्राय: मौजूद है कि अकारण भी वे बहुत-सी बातें कहानी में ले आते हैं, जिसके न होने से भी कहानी की सेहत पर कोई खास असर नहीं पड़ता। उसे हम एक 'अवांछित अतिरिक्त' कह सकते हैं। परवर्ती कहानियों में भी यह

प्रवृत्ति खत्म नहीं होती है, कम जरूर हो जाती है। कहानियों में अतिरिक्त सूचना या विवरण के आग्रही कहानीकारों को चेखव का वह दृष्टांत जरूर याद रखना चाहिए कि 'अगर नाटक के पहले दृश्य में बन्दूक टँगी हुई दिख जाए तो उसे अन्त से पहले चल जाना चाहिए।' पर इस सन्दर्भ में थोड़ा सहानुभूतिशील होकर सोचता हूँ तो, दो नतीजों पर पहुँचता हूँ, एक तो यह कि ऐसा करने के मूल में शायद कहानी में निहित वास्तविकता को उसी रूप में हम तक सम्प्रेषित करने का उनका आग्रह रहा हो। क्योंकि उन्होंने जो जिया है, उसे ही लिखा है। और दूसरा यह कि शायद शुरुआती कच्चापन भी रहा हो, लेकिन परवर्ती कहानियों में भी जब यह 'अवांछित अतिरिक्त' दिखता है, तो प्रतीत होता है कि कहानी में जो 'संरचनात्मक कसाव' होता है, उसके प्रति वे सजग नहीं थे। कहानी के सन्दर्भ में 'सांकेतिकता' जैसे गुणों की जो चर्चा की जाती है तो उसका एक आशय कहानी विधा में निहित 'अपेक्षित संरचनात्मक कसाव' से भी रहा है।

स्वयं प्रकाश कहानियों के मार्फत जन के मन की वैचारिकी या चेतना को कहें प्रभावित या संस्कारित-सवंर्द्धित करना चाहते हैं। यह बाकायदा उनकी कहानियों का उद्‌देश्य प्रतीत होता है। इसलिए उनकी कहानियों की एक प्रमुख विशेषता 'सोद्‌देश्यता' ठहरती है। इस 'सोद्‌देश्यता' के आधार पर भी उनको प्रेमचन्द की परम्परा में रखा जा सकता है। यहाँ स्वयं प्रकाश का एक उद्धरण रख रहा हूँ। "रचना अपने पाठकों को सामाजिक क्रान्ति के लिए मानसिक रूप से तैयार करती है। उनके मनोविज्ञान को समझते हुए और बदलने के लिए उन्हें पूरा मौका और समय देते हुए। हम रचना में सामन्ती-पूँजीवादी मूल्यों का मजाक उड़ाएँगे...अपने और पाठक के संस्कारों में घुसे बैठे साम्प्रदायिकता, कामचोरी, फीटीशिज्म, मेल शॉविनिज्म, अवसरवादिता वगैरह के चोरों पर से पर्दा हटाकर उन्हें मारते-मारते रोशनी में लाकर खड़ा कर देंगे और हताशा की अमानवीय दलदल में धड़ तक धँसे हुए जन को यह जँचाते रहेंगे कि आखिर जीत उन्हीं की यानी अपनी ही है। हम उसे न आदर्शवाद की खाई में गिरने देंगे, न सुविधाजीविता की काई में रपटने देंगे। उसके घुटनों को, पिंडलियों को, रगपुट्ठों को (और साथ ही अपने भी) साबुत-सलामत रहना और मजबूत बनाना, टिकने न देना आज की रचना का सबसे बड़ा और शायद एकमात्र दायित्व है।"[3] अब उनके इस उद्धरण को प्रेमचन्द के निबन्ध 'साहित्य का उद्‌देश्य' में वर्णित साहित्य के उद्‌देश्य के समानान्तर रखकर देखने पर, प्रेमचन्द की परम्परा वाली बात को एक नए कोण से भी देखा जा सकता है। दूसरी साम्यताएँ हैं और भी ढूँढ़ी जा सकती हैं। इस सोद्‌देश्यता को स्थापित करने का उनका प्रमुख औजार 'संवाद' रहा है। उनकी कहानियाँ आरम्भ जहाँ से भी हों,

वे जल्दी से जल्दी संवाद के मैदानी इलाकों में पहुँचकर इत्मीनान से बहना पसन्द करती हैं। कहानियों में मिलनेवाले इस संवाद में ही उनकी सामाजिक चिन्ता और उनका सामाजिक दर्शन निहित होता है। इन संवादों के जरिए ही वस्तुत: वे कहानी में अपना अभिप्रेत सम्प्रेषित करते हैं, उनके लिए 'डॉयलॉग' एक टूल है, जिसका वे सामाजिक और राजनीतिक दोनों अर्थों में अनवरत इस्तेमाल करते हैं। संवाद जिसे कहानी के एक तत्त्व के बतौर हम देखते-पढ़ते आए हैं, वही संवाद स्वयं प्रकाश के यहाँ उनकी कार्यसूची (एजेंडे) को क्रियान्वित करने का प्रमुख उपादान या औजार है।

स्वयं प्रकाश कहानियों के अन्त को लेकर थोड़े सजग कहानीकार हैं। वे जानते हैं कि कहानी के ढीलेपन को 'फिनिशिंग लाइन' के आसपास आकर भी कसा जा सकता है। इसलिए तकरीबन कहानियों के अन्त में वे कुछ अलग करने की कोशिश करते हैं। उस कोशिश के मूल में आपके लिए एक सवाल छोड़ जाते हैं। मानो आपको क्या लगता है, आप रहे होते तो क्या हुआ होता? आप क्या सोचते हैं, उसने ऐसा करके ठीक किया या नहीं? मतलब अन्त में वे पाठक को कहानी के भीतर खींच लेने की एक कोशिश करते हैं। उनकी कहानियों से तुरन्त बाहर आ पाना सम्भव नहीं हो पाता है। कहानी के जरिए बेताल की शक्ल में वह एक सवाल आपके पीछे छोड़ जाते हैं। अगर आप संवेदनशील हैं, तो निश्चित तौर पर आप कहानी के बाद भी कहानी के भीतर पाए जा सकते हैं। क्योंकि जैसा मैंने कहा वे कहानी को वास्तविकता के इर्द-गिर्द रखना पसन्द करते हैं। इस कारण उनकी अधिसंख्य कहानियाँ 'मैं शैली' वाली हैं। अन्य पुरुष वाली प्रतिनिधि कहानियाँ उनके पास कम हैं। उनकी कहानियों में 'नैरेटर' आपको मौजूद मिलेगा ही मिलेगा। मानो आप 'आँखों देखी' ही पढ़ रहे हों। कहानी में वर्णित कथ्य तकरीबन किसी साक्षी, सहचर, सहयात्री, दर्शक या भोक्ता के माध्यम से ही आप तक पहुँचता है। यथार्थ की जमीन से कहानी के पाँव वे कभी उखड़ने नहीं देते हैं।

स्वयं प्रकाश एक 'चिन्तक कहानीकार' हैं। उनकी कहानियाँ और कुछ करे या न करे, सोचने को विवश करती हैं। यथास्थिति के बारे में, विकल्पहीनता के बारे में, समाज के बारे में, जाति के बारे में, धर्म के बारे में, स्त्री के बारे में, भारतीय राजनीति के बारे में, मध्यवर्गीय मानसिकता के बारे में और न जाने कितने बारे में। स्वयं प्रकाश की कहानियाँ 'जो है, उससे बेहतर के बारे में हैं।' आपको वह 'स्थिरचित्त' नहीं रहने देती हैं, अस्थिर कर जाती हैं।

स्वयं प्रकाश की कहानियों में 'शिल्पगत सजगता' की भरपाई 'वैचारिक प्रतिबद्धता' से होती दिखलाई पड़ती है। यद्यपि यह अलहदा चीजें हैं, जो एक दूसरे के स्थानापन्न तो कतई नहीं हो सकते हैं। पर स्वयं प्रकाश ऐसा करते हैं। उनकी

कहानियों में एक 'वर्गदृष्टि' की मौजूदगी देखी जा सकती है और जिसे 'सेक्युलर एप्रोच' कहते हैं, उसे भी देखा जा सकता है। स्वयं प्रकाश के यहाँ यह दोनों बातें ठोस रूप में मौजूद हैं। मसलन साम्प्रदायिकता की बात करते हुए अल्पसंख्यक खासकर मुसलमानों के प्रति संजीदा होने की रवायत रही है। लेकिन स्वयं प्रकाश की दो कहानियों की चर्चा इस सन्दर्भ में विशेष तौर पर करना जरूरी जान पड़ता है। ये दोनों उनकी बहुचर्चित कहानियाँ हैं। एक 'क्या तुमने कभी सरदार भिखारी देखा?' और दूसरा 'पार्टीशन'। 1984 के सिक्ख दंगों पर इस प्रभाव की शायद दूसरी कहानी मौजूद हो। सिक्खों के साथ हुए अत्याचार को दर्ज किए जाने का विचार ही अपने आप में उनकी संजीदगी और सरोकार का पता देने को पर्याप्त है। उस कहानी की मार्मिकता भीतर तक कचोटती है। उस कहानी की स्मृति विचलित करती है। दो वाक्य रख रहा हूँ। इन दोनों वाक्यों के अन्तराल में पूरी कहानी नहीं सिक्खों की पूरी यातना मौजूद है। "कुछ नहीं होगा सरदार जी, तुसी मजे से बैठो। हमारे होते आपका कोई कुछ नहीं बिगाड़ सकता।"[4] और दूसरा वाक्य है "आप तो बस मुझे चा चू के पैसे दे दो। बिलासपुर में वापस कर दूँगा।"[5] इस पर स्वयं प्रकाश ने उस घटना के प्रत्यक्षदर्शी से तीन पंक्तियाँ मन ही मन कहलाई हैं। "यह आदमी अब भी, इस हाल में सिर्फ चाय के पैसे माँग रहा है! मेरी रीढ़ तक एक सर्द झुरझुरी दौड़ गई। उसका सत्तर साल का तजुर्बा हम हकीरों से सिर्फ चाय के पैसे माँग रहा था।"[6] ये तीन पंक्तियाँ एक किस्म की 'सभ्यता समीक्षा' है। हमें आईना दिखातीं। आत्मावलोकन के लिए मजबूर करतीं। अब इस कहानी के शीर्षक पर गौर फरमाइए, तब जाकर आपको इस कहानी से इतर एक कहानी और दिखेगी, सिक्खों की अदम्य जिजीविषा की। विभाजन का दंश झेलने के बाद भी उन्होंने हाथ नहीं फैलाए। बुनियादी आत्मसम्मान और मानवीय गरिमा को बचाए रखने का जतन किसी कौम ने किया है तो निश्चित ही सिक्ख इस मामले में अतुलनीय है। इसलिए जीवन के कठिनतम क्षण में भी सरदार जी चा चू के नाम पर माँगते तो जरूर हैं, लेकिन अगले ही वाक्य में वह खुद्दारी भी दिखती है कि 'बिलासपुर में वापस कर दूँगा।' यही कारण है कि उनके गुरुद्वारे भी दुर्दिन में पड़े मनुष्यों के लिए लंगर चलाते हैं।

साम्प्रदायिकता का सवाल स्वयं प्रकाश के यहाँ 'जीरो टोलरेन्स जोन' वाली श्रेणी में आता है। 'पार्टीशन' कहानी महत्त्वपूर्ण इसलिए नहीं हो जाती है कि वह इसी मसले को सम्बोधित है। बल्कि वह एक ऐसी मानसिकता और सोच को सामने लाती है, जो विभाजन के बाद भी विभाजन के जारी रहने का आशय समझाती है। इस कहानी की सीध में दूसरी कहानी अनिल यादव की 'दंगा भेजियो मौला'

ठहरती है। ये दोनों कहानियाँ साम्प्रदायिकता की हमारी प्रचलित समझदारी, जिसे हम 'कन्वेंशनल विजडम' कहते हैं, को सिर के बल खड़ा कर देती है। ये दोनों कहानियाँ इस बात को पुख्ता तौर पर रेखांकित करती हैं कि विभाजन 1947 में नहीं हुआ था, वह आज के दिन तक जारी है। (फल और सब्जियाँ बेचनेवाले का धर्म देखकर खरीद रहे हैं। हम यहाँ तक आ पहुँचे हैं।) साम्प्रदायिकता के मसले पर उनके पास कई कहानियाँ हैं, जैसे—'रशीद का पाजामा', 'चौथा हादसा', 'आलेख' और 'आदमी जात का आदमी'। जो एक बात इस सन्दर्भ में अलग से रेखांकित करने लायक है, वह यह कि स्वयं प्रकाश उस जमाने में भी राष्ट्रीय स्वयंसेवक संघ की भूमिका को अपनी आँखों से ओझल नहीं होने देते हैं। यदा-कदा उनकी कहानियों में संघ की सक्रियता देखी जा सकती है। 'आलेख' में तो वे बाकायदा संघ की शाखा और उसके प्रति बालमन के आकर्षण और उसके मनोविज्ञान को रेखांकित करते हैं। बल्कि कहानी का अन्त ही वे इस नोट से करते हैं कि जहाँ जनेश्वर बाबू अपने बेटे मानव के प्रति ऐसा सोच रहे हैं कि "मानव को जब समझ आएगी तो वह बेल्ट भी उतार फेंकेगा। जैसे एक दिन उन्होंने फेंक दी थी।"[7] वह शाखाओं में दी जानेवाली बेल्ट के बाबत कह रहे हैं। कोई चाहे तो इस दिशा में शोध कर सकता है कि स्वयं प्रकाश के समकालीनों में और किनका ध्यान संघ की गतिविधियों और उसके सम्भावित परिणामों की ओर गया था? इस किताब में शामिल कहानीकारों में स्वयं प्रकाश इस मामले में अग्रगण्य ठहरते हैं। यह तथ्य भी अलग से रेखांकित करना जरूरी है।

वामपंथी साहित्यकारों में साम्प्रदायिकता को लेकर एक चिन्ता रही है, स्वयं प्रकाश भी इससे अछूते नहीं हैं। फिर सवाल यह भी उठता है कि मार्क्सवाद के और किन-किन गुणों या मूल्यों को वह कहानी के स्तर पर धारण करते हैं? इसी से जुड़ा एक और सवाल है कि क्या कहीं मार्क्सवाद की प्रचलित समझदारी में वे कुछ जोड़ते भी हैं या अनुशासित कैडर की तरह ही पार्टी लाइन का अनुकरण करते रह जाते हैं? पार्टी लाइन में चलते हुए उन्होंने झूठ या आदर्श का 'फार्म्यूलेशन' नहीं किया है। 'उलटा पहाड़' कहानी इस बात का सबसे उम्दा उदाहरण है। इसके अलावा जैसा कि ऊपर भी लिख चुका हूँ कि स्वयं प्रकाश की कहानियों में उनका जीवन अनुभव झाँकता है। उनका जीवन अनुभव भी बहुत व्यापक रहा है। नौकरी के मोर्चे पर इतने घाट शायद ही हिन्दी का कोई और कहानीकार लगा हो। नौकरी में जहाँ रहे, वहाँ मजदूर संघ के गठन के लिए प्रयत्नशील रहे। इसलिए मजदूर संघ, शिक्षक संघ या वर्कर्स यूनियन की कहानियाँ भी उन्होंने लिखी। 'एक छोटी सी लड़ाई', 'विदाई समारोह', 'संहारकर्ता' आदि उनके इन्हीं अनुभवों को दर्ज

करनेवाली कहानियाँ हैं। इन कहानियों के केन्द्र में संगठन निर्माण की चुनौतियाँ, संगठन की अन्दरूनी लड़ाइयाँ, बाहरी लड़ाइयाँ, आपसी फूट और व्यक्तिगत महत्त्वाकांक्षा आदि का चित्रण है।

मार्क्सवाद पर एक बड़ा आरोप जाति और स्त्री सवालों से मुँह चुराने का लगता रहा है। स्वयं प्रकाश की कहानियों में मार्क्सवाद की इस सीमा का भी एक हद तक अतिक्रमण दिखता है। स्त्री-विमर्श वाले अर्थ में यद्यपि स्वयं प्रकाश उतने सजग नहीं दिखते हैं, जितना दलित सवालों के मोर्चे पर। दलित वाले मसले पर तो वे ऐन आज के अर्थ में अपने समय में खड़े हैं। इस दृष्टि से उनकी कहानी 'जो हो रहा है' अवश्य पढ़ी जानी चाहिए। यह क्रान्तिकारी दलित चेतना की कहानी है। वैसी आक्रामक क्रान्तिकारिता जिसका नमूना हम प्रेमचन्द के 'गोदान' में सिलिया और मातादीन वाले प्रकरण में देखते हैं। कहानी के अन्त में जोतिबा फुले की यह सीख कानों में जोर-जोर से गूँजने लगती है कि 'विद्या बिना मति गई, मति बिना नीति गई, नीति बिना गति गई, गति बिना वित्त गया। इतने अनर्थ एक अविद्या ने किए।'

स्वयं प्रकाश सिर्फ जातिगत, धार्मिक और लैंगिक हदबन्दियों को ही अपनी कहानी में नहीं लाँघते हैं। भारतीय समाज में श्रम का जो स्तरीकरण है, उसके अलग-अलग स्तरों पर टिके मनुष्यों और समाज की कहानी को वह लेकर आते हैं। यह जरूर है कि उच्चवर्ग को अपनी कहानियों में उन्होंने जगह नहीं दी है। मजदूर और किसानों से इतर उन्होंने निम्नवर्ग, निम्न वित्तीय मध्यवर्ग, मध्यवर्ग और बहुत हुआ तो थोड़ी अफसरशाही को अपनी कहानी में जगह दी है। लेकिन पक्षधरता के स्तर पर एक सचेत 'वर्गदृष्टि' सदैव उपस्थित है। बल्कि एक कहानी आदिवासी समाज की भी है, जिसके बारे में वे खुद लिखते हैं कि "उड़ीसा के बेहद पिछड़े इलाके सुन्दरगढ़ में छह साल रहा और वहाँ से बस यही एक कहानी 'बलि' कमाकर लाया।"[8] इस कहानी का जो त्रासद अन्त है, वह आज आदिवासी बहुल इलाकों का यथार्थ है। लेकिन आदिवासी विमर्श की निगाह से देखने पर इस कहानी पर सख्त आपत्ति दर्ज की जा सकती है। विशेषकर उसके त्रासद अन्त के लिए। क्योंकि त्रासद अन्त के मूल में एक दूसरा आदिवासी मौजूद है, जिस सम्भावना का अन्त कहानी में होता है, उसके पक्ष में आदिवासी समाज खड़ा नहीं होता है। भारत के कई आदिवासी बहुल राज्यों की यह वास्तविकता है। लेकिन कहानी शरणदाता के रूप में जिस विकल्प को प्रस्तावित करता है, वैचारिक धरातल पर आदिवासी हितों के पैरोकार उससे असहमत हो सकते हैं।

नामवर सिंह ने 'कहानी : नई कहानी' में चेखव के हवाले से कथानक के सन्दर्भ में एक बात रेखांकित की है। वैसे तो यह नई कहानी के बारे में है, लेकिन

उस बात को थोड़े संशोधन के साथ स्वयं प्रकाश पर भी लागू किया जा सकता है। वे उतार-चढ़ावहीन एकदम सपाट कथानकों की बात करते हुए इसका श्रेय अन्तोन चेखव को देते हैं और वहाँ से बाकी संसार में फैलने की बात करते हैं। और इस विस्तार को 'कहानी में यथार्थवाद के विजय के पहले उद्घोष के रूप में देखते हैं।' इसी क्रम में वे यह कहते हैं कि "पाठक को अपनी ओर खींचने का यह पुराना साधन हाथ से निकलते ही कहानीकार ने अन्य साधनों की खोज की। कभी उसने अत्यन्त मार्मिक प्रसंग खंड की संवेदनशीलता का सहारा लिया, तो कभी झकझोर देने वाले विचार स्फुलिंग का। इस तरह नए कहानीकार ने अपने अभीष्ट विचार की अभिव्यक्ति के लिए अत्यन्त प्रभावशाली तथा साभिप्राय घटना-प्रसंग का उपयोग किया, जिसकी सारी शक्ति आद्योपान्त व्याप्त उद्देश्य में है। ऐसी कहानियों के अन्त तक जाते-जाते सम्पूर्ण कथानक एक सारगर्भी विचार के रूप में झंकृत हो उठता है। यह साभिप्राय घटना प्रसंग सर्वथा कल्पित अथवा अविश्वसनीय भी हो सकता है और अत्यन्त वास्तविक भी। घटना प्रसंग जितना ही वास्तविक होगा, कहानी उतनी ही जानदार होगी।"[9] नामवर जी इस शैली के सर्वोत्तम प्रतिनिधि कहानीकार के रूप में यशपाल का नाम लेते हैं। उपरोक्त कथन को स्वयं प्रकाश के सन्दर्भ में भी अक्षरश: रखा जा सकता है। बस यशपाल की तुलना में स्वयं प्रकाश के यहाँ साभिप्राय घटना प्रसंग सर्वथा कल्पित और अविश्वसनीय कम परिमाण में हैं।

स्वयं प्रकाश ने अंग्रेजी में जिसे 'शॉर्ट स्टोरी' कहते हैं, उस 'फार्म' को कायदे से पकड़ा था। लेकिन कहानी की उनकी 'पिच' सपाट ही रही, जिसमें यथार्थ के सीधे बल्ले से ही वह अभ्यास करते रहे। स्वयं प्रकाश के यहाँ अनेक ऐसी कहानियाँ मिलती हैं, जहाँ पात्रों के लिए एक ही नाम कई बार व्यवहृत होता है। यह थोड़ा खटकता है कि नाम बदल देने से ही क्या हो जाता। रोजमर्रे की मामूली बातों को भी उन्होंने अपनी कहानी का विषय बनाया। उनकी कहानियों से गुजरने के बाद मुझे व्यक्तिगत तौर पर जो कहानियाँ पसन्द आईं, उसमें 'क्या तुमने कभी कोई सरदार भिखारी देखा?' और 'पार्टीशन' की बात मैं ऊपर कर चुका हूँ। उससे इतर भी कुछ कहानियाँ हैं। जैसे सम्भवत: 1970 के आसपास मारवाड़ में आई बाढ़ की पृष्ठभूमि में लिखी गई कहानी 'सूरज कब निकलेगा'। अपनी मार्मिकता के कारण 'चीं घोड़ी', 'अविनाश मोटू उर्फ एक आम आदमी' और 'नैन्सी का धूड़ा' मुझे खास पसन्द है। इन तीन कहानियों पर अलग से बात की जा सकनेवाली कई बातें हैं। तीनों के केन्द्र में ऐसे सीधे और निरीह पात्र हैं कि आपका हृदय सीधे उनसे जुड़ जाता है। 'चीं घोड़ी' की लालू की बेबसी तो कुछ इस कदर उभरी है कि आप मुट्ठी बाँधे कहानी में तत्क्षण दाखिल हो जाना चाहते हैं। परिस्थिति आदमी को कैसे

बेबस कर देती है? इसी बेबसी को एक बदले हुए रूप में वे 'नैन्सी का धूड़ा' में लेकर आते हैं। एक मवेशी, एक बैल के जरिए वह कहानी को जिस ढंग से खड़ा करते हैं। और जहाँ उस कहानी को खत्म करके 'नैन सिंग' की टेक लेकर आते हैं। अचानक से वह कहानी इस कदर बड़ी हो जाती है कि लगता है कि स्वयं प्रकाश ने कमाल कर दिया है। कहानी के आखिर में वह बस एक परिच्छेद जोड़ते हैं और धूड़ा की जगह हमें नैन्सी दिखने लगता है। एक बैल की जगह एक मजदूर। बैल और मजदूर जिस ढंग से एकाकार हो जाते हैं। यह कहानी की ताकत है। उस क्षण कहानी में एक जादू घटित होता है। स्वयं प्रकाश आपकी स्मृतियों में नक्श हो जाते हैं। उस क्षण से पहले तक वह कहानी कभी प्रेमचन्द के 'दो बैलों की कथा' कभी कैलास बनवासी की 'बाजार में रामधन' की याद दिलाती है। लेकिन अनायास उस आखिरी परिच्छेद के साथ वह इस 'जॉनर' की अकेली कहानी बनकर खड़ी हो जाती है। वह प्रतीक कथा-सी लगती हुई भी उसके पार चली जाती है। और 'अविनाश मोटू उर्फ एक आम आदमी' में अविनाश का चरित्र उन्होंने जिस ढंग से उतारा है, उसे हम 'प्राण प्रतिष्ठा' करने जैसा कुछ कह सकते हैं। अविनाश मोटू जिस जीवंत ढंग से इस कहानी में उतरता है, ऐसा बहुत कम हो पाता है। अविनाश मोटू की सदाशयता और भलमनसाहत को स्वयं प्रकाश केवल दो-तीन घटना के माध्यम से पकड़ते हैं और उतने में ही एक जीता-जागता-हँसता-खिलखिलाता मनुष्य हमारी कल्पना से बाहर साकार या मूर्त हो उठता है। यह स्वयं प्रकाश की लेखनी की ताकत है। इन कहानियों के कारण स्वयं प्रकाश हिन्दी कहानी के इतिहास में याद किए जाते रहेंगे। सम्भव है कि देश-काल के बदलने पर उनकी कुछेक कहानियों के नए अर्थ और रूप उभरकर सामने आ जाएँ, जो इस वक्त आँखों से ओझल है।

आधार ग्रंथ

इक्यावन कहानियाँ, समय प्रकाशन, दरियागंज, नई दिल्ली, 2003

स्वयं प्रकाश की चुनिंदा कहानियाँ (चयन-सम्पादन हिमांशु पंड्या), साहित्य भंडार, इलाहाबाद, 2014,

करीब से (सम्पादन-गणपत तेली), सम्भव प्रकाशन, कैथल, हरियाणा, 2017

धूप में नंगे पाँव, राजपाल एंड संस, दिल्ली, 2019

संजीव

जन्म : 6 जुलाई, 1947

समता, न्यायपूर्ण व शोषणमुक्त समाज का पक्षधर

संजीव ने कहानियाँ लिखनी साल 1975 में आरम्भ की थी। उनकी पहली कहानी 1976 में प्रकाशित हुई, लेकिन कायदन उनकी कहानियों का प्रकाशन 1981 से आरम्भ होता है। जब 'अपराध' प्रकाशित होता है। 1975 से 1981 के बीच उन्होंने कुल ग्यारह कहानियाँ लिखी थीं। जिसमें साल 1977 में प्रकाशित 'कथा एक चिरकुमार की' को दरकिनार कर दें, तो 1981 में उनकी कुल दस कहानियाँ प्रकाशित हुई थीं। इस तथ्य को दो कारणों से रेखांकित कर रहा हूँ। एक तो यह कि आरम्भ से ही लेखन के प्रति संजीव में एक किस्म की कटिबद्धता रही है। दूसरा आज की पीढ़ी प्रकाशित होते ही मूल्यांकन के लिए जिस कदर बेसब्र हो उठती है, वे देख सकते हैं कि पाँच साल तक कहानियाँ लिखकर रखी जाती रहीं और फिर उनका प्रकाशन आरम्भ हुआ। कोई जल्दबाजी नहीं। वर्ष 1982 में उनकी कोई कहानी नहीं छपी। 1983 में फकत एक लेकिन वर्ष 1984 में फिर उनकी 10 कहानियाँ प्रकाशित हुईं। 1981 में प्रकाशित उनकी दस कहानियों में सबसे चर्चित तो 'अपराध' रही। लेकिन और भी कई कहानियाँ रहीं, जिससे कहानी में उनके बेहतर भविष्य का अनुमान किया जा सकता है। जैसे 'किस्सा एक बीमा कम्पनी की एजेंसी का', 'मरोड़', 'फुलवा का पुल' और 'टीस' आरम्भिक कहानियों की दृष्टि से उल्लेखनीय कही जा सकती हैं। वर्ष 1984 में प्रकाशित दस कहानियों में से दो कहानियाँ फिर से उल्लेखनीय ठहरती हैं। बल्कि पिछली कहानियों की तुलना में ये दोनों 'जसी-बहू' और 'धावक' बीस पड़ती हैं। इसके बाद पुनः आगामी दो वर्ष में उनकी कोई कहानी प्रकाशित नहीं होती है और वर्ष 1987 में फिर से ग्यारह कहानियाँ प्रकाशित होती हैं। फिर दो वर्षों का अन्तराल और 1990 में बारह कहानियाँ। यह उनके कहानी लेखन की आरम्भिक यात्रा की एक बानगी भर है। खुद उन्होंने अपनी इस यात्रा को कहानी लेखन का 'पहला पड़ाव' माना है। कहानीकारों के अपने अध्ययन के अनुभव के आधार पर यह कह सकता हूँ कि किसी भी कहानीकार के लेखन में दस साल में एक 'शिफ्ट' देखने को मिलता है। शिल्प, संवेदना, विचार

और कहन के स्तर पर इसे देखा जा सकता है। अमूमन कोई भी रचनाकार दस साल में अपनी विधा में एक निपुणता अर्जित कर लेता है। यदि वह ऐसा नहीं कर पाता है तो उसकी लेखकीय यात्रा संज्ञान में ली जानेवाली चीज नहीं रह जाती है। इसलिए मैं यह मानता हूँ कि जिस किसी ने भी दस साल किसी विधा को दे दिए हों, उसके बाद न तो उसे कोई रियायत दी जानी चाहिए और न ही उसके साथ नरमी बरती जानी चाहिए। इसलिए देखें तो दस साल के बाद बतौर कहानीकार आपकी यात्रा शुरू होती है कि आप कितना खुद का अतिक्रमण कर पाते हैं। कहानी के स्तर पर आप अपनी परिपक्वता का कितना प्रदर्शन कर पाते हैं। हिन्दी समाज की सबसे अच्छी बात यह है कि कुछेक अपवादों को छोड़ दें तो युवा पीढ़ी के प्रति अपनी सदाशयता प्रकट करने में यह काफी उदार रहा है। लेकिन यह सदाशयता आपको शुरुआती पूँजी भर उपलब्ध कराती है। बाकी धन्धा तो अपने हुनर से ही जमता है। हुनर भी कई तरह के हैं। लेकिन मैं लेखकीय सामर्थ्य के सन्दर्भ में अपनी बात कह रहा हूँ। दूसरे उपायों से समकालीन परिदृश्य को आक्रान्त किया जा सकता है, लेकिन वह दीर्घजीवी नहीं हो सकता। हिन्दी कहानी ऐसे उदाहरणों से भी भरा पड़ा है। खैर, संजीव ने थाह-थाह कर कहानी की दुनिया में कदम बढ़ाने का काम किया और अब उनकी सुदीर्घ कथा यात्रा पर निगाह डाली जाए तो लेखन के प्रति उनकी अकाट्य और अडिग प्रतिबद्धता अलग से दिखती है।

मैंने संजीव के तकरीबन उपन्यास पढ़े हैं और लगभग कहानियाँ भी। इस आधार पर पहली बात जो कहना चाहूँगा वह यह कि एक कहानीकार की तुलना में वे ज्यादा समर्थ उपन्यासकार प्रतीत होते हैं। उनमें चीजों को एक परिप्रेक्ष्य में रखने की आदत रही है। इस क्रम में कतिपय विस्तार या अवान्तर प्रसंगों को बराबर उनकी कहानियों में लक्ष्य किया जा सकता है। इस कारण उनकी कहानियों में कसाव की गुंजाइश बनी रहती है, उपन्यास के साँचे में उपरोक्त बातें सहजता से खप जाती हैं, लेकिन कहानियों में वे दिख पड़ती हैं। इसलिए कहानीकार की बनिस्बत वे ज्यादा समर्थ उपन्यासकार जान पड़ते हैं।

संजीव की कहानियों में उनकी प्रगतिशीलता अनवरत गुंजायमान है। हिन्दी कहानी की प्रगतिशील धारा की लगभग विशेषताओं की व्याप्ति उनके कथा संसार में देखी जा सकती है। लेकिन हिन्दी में प्रगतिशील कविता की तरह प्रगतिशील कहानी जैसा पदबंध प्रचलन में नहीं है। हिन्दी कहानी में 1970 के बाद जनवादी आकांक्षाओं वाले कहानीकारों की उपस्थिति दिखने लगती है। उन कहानियों में सामाजिक-राजनीतिक सोद्देश्यता एक तरीके से विन्यस्त हुआ करती थी, जिसकी मौजूदगी संजीव के यहाँ भी है। इस दृष्टि से संजीव प्रगतिशील मूल्यों को धारण

करने के बावजूद जनवादी कहानी की परम्परा में पड़ते हैं। इस सन्दर्भ में एक तथ्य और रेखांकित करने योग्य जान पड़ता है कि कहानी में उनकी प्रतिबद्धता कथ्य के प्रति जैसी रही है, उसी अनुपात में शिल्पगत सजगता के मोर्चे पर उनको क्रियाशील नहीं पाते हैं। कथ्य के मोर्चे पर की गई मेहनत से संजीव शिल्प के मोर्चे पर की जानेवाली मेहनत की भरपाई कर लेते हैं। कथ्य के स्तर पर वे लगातार खुद का अतिक्रमण करते रहे हैं। इस कारण अपनी पीढ़ी में कहानियों की उनकी जो 'रेंज' है, वह हतप्रभ अवश्य करती है। उनका दृष्टिगत विस्तार उनके कथा साहित्य में दिखता है। उनका कथा संसार पात्रों और अनुभवों के धरातल पर इतना वैविध्यमूलक है कि कई बार भ्रम होता है कि क्या यह एक ही व्यक्ति के द्वारा रची गई कहानियाँ हैं। इसे अंजाम देने के मूल में कहानियों के पीछे शोध कर उसे प्रामाणिक बनाने की उनकी एक खास 'संजीव मार्का' अदा रही है। उनकी 'शोधमूलक प्रविधि' उन्हें हिन्दी कहानी के इतिहास में अलग से रेखांकित करने के लिए काफी है। इसे उनका 'ट्रेडमार्क' या 'सिग्नेचर ट्यून' कहा जा सकता है। हिन्दी कहानी में उनके अवदान पर जब भी बात होगी, कहानी लेखन के पूर्व किए गए अनुसन्धान और शोध का उनका तरीका एक पद्धति के बतौर प्रस्तावित किया जा सकता है। मतलब भविष्य में जब कभी भी हम संजीव की परम्परा पर बात करेंगे तो इस शोधात्मक प्रविधि के बगैर कोई कहानीकार संजीव की परम्परा का कहानीकार कहलाने का हकदार नहीं होगा। बावजूद इस तथ्य के हिन्दी के समकालीन परिदृश्य पर दृष्टिपात करें तो कहानी में तो उनकी परम्परा विकसित होती नहीं दिखती, लेकिन शोधपरक उपन्यास लेखन अब 'चलन' में है। और हिन्दी में उपन्यास से पहले शोध करने की प्रवृत्ति अब घर कर गई है। बल्कि इसे समकालीन हिन्दी उपन्यास में एक 'इस्टैबिलश्ड प्रैक्टिस' के बतौर अब रेखांकित किया जा सकता है। गैर आदिवासियों के द्वारा आदिवासी विषयों पर लिखे जा रहे उपन्यास इस प्रवृत्ति के सबसे समर्थ उदाहरण हैं।

लेखन ही अब तक संजीव के जीवन का प्रथम और अन्तिम सरोकार रहा है। अपने जीवन में लेखन से इतर शायद ही किसी बात को उन्होंने इतनी जगह और महत्ता दी है। लेखन को जिन्दगी में सर्वोपरि स्थान देकर ही इतना और ऐसा रचा जा सकता है। उनके कथा साहित्य के आधार पर उन्हें हिन्दी के उन पूर्णकालिक लेखकों में गिना जा सकता है, जिन्होंने अपना जीवन हिन्दी साहित्य को दे दिया। और जैसा कि होता आया है कि ऐसे हिन्दी सेवियों की सेवा की सर्वाधिक कीमत उनका परिवार चुकाता आया है, तो संजीव के यहाँ भी इसे देखा जा सकता है। अब सवाल उठता है कि अपने जीवन का बहुलांश कथा साहित्य को देने के बाद उनकी कहानियों से कौन-सी विचारणीय बातें निकलकर आती हैं? एक बात जो फौरी

तौर पर कही जा सकती है वह यह कि कहानीकारों को समय-समय पर निबन्ध भी लिखते रहने चाहिए। इससे उनकी बहुत सी चिन्ताएँ कहानी में आने का मुँह नहीं जोहती रहेंगी। कहानीपन भी बचा रहेगा और वैचारिकता की गुंजाइश भी बनी रहेगी।

संजीव ने जिस परिमाण में कहानियाँ लिखी हैं, उस लिहाज से उनके पास उस अनुपात में यादगार कहानियाँ नहीं हैं। लेकिन मेरे जानते ठीक यही वाक्य उनके उपन्यासों के सन्दर्भ में नहीं दुहराया जा सकता है। उपन्यासों में उनकी सफलता की दर काफी ऊँची है। आखिर, कथा की दो अलग-अलग प्रविधियों में सफलता और असफलता के इस असमान दर के मूल में कौन से कारण रहे हैं? इससे जो पहला निष्कर्ष निकलता है, वह यह कि उपन्यास और कहानी दोनों कथा की विधाएँ होने के बावजूद अलग-अलग किस्म की प्रतिभा और विधागत दृष्टि की माँग करते हैं। कहानी और उपन्यास दोनों में समान रूप से सफल होना आसान नहीं है। कहानी के इलाके में परचम लहराने के लिए कहानी की विधागत संजीदगी और समझदारी बहुत जरूरी है। सब कुछ कहानी के दायरे में है, लेकिन सब कहानियों के रूप में गिनी जाएँ, जरूरी नहीं है। कहानी लिखना एक बात है और कहानीकार होना बिलकुल जुदा चीज है। हर बार कहानी बन ही जाए, यह भी कोई जरूरी नहीं है। कमजोर कहानियों की अधिकता के मूल में सम्पादकीय आग्रहों को अस्वीकार न कर पाने की उनकी व्यक्तिगत विवशताएँ रही हैं। इसको उन्होंने कई मौकों पर स्वीकार भी किया है। राजेन्द्र यादव को लिखे अपने पत्र में वे स्वीकार करते हैं कि “फिर भी कहानियों की इतनी माँग रहती है कि मन का लेखन नहीं कर पाता।”[1] ऐसा वे अन्यत्र भी अपने साक्षात्कारों में कई कहानियों के बाबत स्वीकार कर चुके हैं। “इनकार करते-करते भी 70-80 डिमांड्स में से 10-15 रह ही जाती हैं। रचनाएँ पकने के लिए भी वक्त नहीं मिलता।”[2] इस कारण अधपकी कहानियाँ भी संजीव के यहाँ बड़ी संख्या में हैं। लेकिन जैसा कि किसी कहानीकार को याद करने के लिए हमारे पास एकाध दर्जन बेहतरीन कहानियाँ होनी चाहिए तो संजीव के यहाँ दर्जन से ज्यादा अविस्मरणीय कहानियाँ सहजता से उपलब्ध हैं।

कहानी केवल ‘कन्सर्न’ नहीं है, ‘क्राफ्ट’ भी है। सरोकार और शिल्प के मेल से कहानियाँ स्मृतियों में दर्ज होती आई हैं। केवल कथ्य के धरातल पर भी कहानियों ने प्रतिमान रचे हैं, लेकिन ऐसा नहीं है कि वहाँ शिल्प की कोई भूमिका रही ही न हो। कहानी के सन्दर्भ में यह सच है कि पहले-पहल हम कथ्य की ओर ही देखते हैं। लेकिन कहानी जँच जाए तो उसमें एक शिल्प भी दिखने लगता है। लगभग चर्चित कहानियों के साथ इसकी सत्यता की परख की जा सकती है। यह हो ही नहीं सकता कि कोई कहानी बगैर शिल्पगत सजगता के प्रतिमान में बदल जाए। इसे

किसी भी कालजयी कहानी के सन्दर्भ में देखा जा सकता है। एक शानदार कृति में 'कंटेंट' और 'क्राफ्ट' एक-दूसरे में इस कदर घुले-मिले होते हैं कि 'क्राफ्ट' को देखने के लिए अलग से गौर करना पड़ता है। जहाँ अन्तर्वस्तु की बजाय कारीगरी ही पहले दिखने लगे तो वह कलावाद की कोटि में चला जाता है।

संजीव की ज्यादातर कहानियाँ एक खास संरचना का अनुगमन करती हैं। मैं जिस पीढ़ी से आता हूँ, उस पीढ़ी में इस किस्म के संरचनागत अनुगमन को बहुत श्रेयस्कर नहीं समझा जाता है। हमारी पीढ़ी लगातार कथ्य और शिल्प के स्तर पर प्रयोग और अतिक्रमण की पक्षधर रही है। इसलिए एक किस्म के ताने-बाने में कथ्य को परोसने की अदा बहुत लुभाती नहीं है। संजीव की कहानियों का 'सीटी स्कैन' या 'एक्स-रे' करें तो प्राय: वे एक ही किस्म की कहानी पद्धति को दुहराते नजर आते हैं। यह दुहराव है क्या? और इसके मूल में कौन से सम्भावित कारण रहे? इस पर थोड़ा विचार किए जाने की जरूरत है।

हिन्दी कहानी के सन्दर्भ में नहीं बल्कि इसे हिन्दी साहित्य के परिप्रेक्ष्य में देखने की जरूरत है। हिन्दी साहित्य में एक दौर ऐसा भी रहा है जब प्रगतिशील मूल्यों से पूरा हिन्दी साहित्य अनुप्राणित रहा है। उस दौर में प्रगतिशीलता ही सबसे बड़ा साहित्यिक मूल्य समझा गया। प्रगतिशील मूल्यों के प्रचार-प्रसार वाले साहित्य और साहित्यकार विशेष सम्मान और चर्चा के हकदार हो गए थे। कलात्मकता के आग्रह को इस दौर में कोई खास तवज्जो नहीं दी गई थी, बल्कि उसे प्रगतिशीलता के विरोधी मूल्य के बतौर प्रचारित किया गया था। इससे इतना भर हुआ था कि कलात्मकता और प्रगतिशीलता के नाम पर जो खेमेबन्दी हुई, उससे यह परस्पर विरोधी गुणों और मूल्यों के तौर पर दर्ज कर लिए गए। प्रगतिशीलता के पक्ष में होकर, आप तब शिल्पगत आग्रहों की अनदेखी कर सकते थे। ऐसी रचनाओं के मूल्यांकन के क्रम में उनकी शिल्पगत कमजोरियों को 'वॉक ओवर' दे दिया जाता था या मिल जाता था। चूँकि आलोचना में यह एक 'इस्टेब्लिश प्रैक्टिस' हो गई थी, अत: इस दिशा को दुरुस्त करने की जरूरत भी नहीं समझी गई। इससे इतना भर हुआ कि प्रगतिशीलता अथवा जनवादिता की प्रवृत्ति, कथ्य केन्द्रित होती चली गई। कथ्य का होना ही अलम समझा जाने लगा। विषय महत्त्वपूर्ण हो चला। किसी विषय पर लिखी गई कहानी महत्त्वपूर्ण होने लगी। यह देखना भी जरूरी नहीं समझा गया कि उस विषय को बरतने में विधागत शर्तों का अनुपालन भी किया गया है अथवा नहीं। विषय के आधार पर कहानियों को सराहने का चलन चल निकला। ऐसा तो नहीं कहा जा सकता, पर प्रतीत होता है मानो 'पार्टी लाइन' जैसी किसी चीज पर लेखक संगठनों से जुड़े लेखक चल पड़े थे। संजीव और स्वयं प्रकाश

की कहानियों को करीब से देखने पर ऐसा जान पड़ता है, मानो वे किसी अदृश्य 'पार्टी लाइन' पर चल रहे हों। सम्भवतः इसलिए संजीव की कहानियों के बारे में राय व्यक्त करते हुए राजेन्द्र यादव ने यह कहा था कि "ये किसी आइडिया को लेकर बुनी जाती हैं और वैज्ञानिक फार्मूले की तरह सिद्ध कर दी जाती हैं। कहानी में लेखक नहीं होता, सिर्फ पात्र उनकी स्थितियों और द्वंद्व को विकसित करते हैं।"[3] यही कारण है कि इन स्थितियों और द्वंद्व को विकसित करने में चाहे संजीव हों या स्वयं प्रकाश दोनों के यहाँ कहानियों में 'संवाद' सर्वप्रमुख तत्त्व के रूप में उभरकर हमारे सामने आता है। अपने विचार और आग्रहों को कहानी के मार्फत प्रकट करने का कम श्रम में सबसे सस्ता और टिकाऊ तरीका संवाद योजना की होती है। इसमें पात्र और अन्य चरित्र 'माउथ पीस' बनकर रह जाते हैं। स्वयं प्रकाश और संजीव दोनों के यहाँ ऐसे निष्प्राण चरित्रों की भरमार है, जो कहानी में किसी विचार के मद्देनजर आते हैं और फिर बिला जाते हैं। इससे कहानी तो खैर अपना फेरा पूरा कर लेती है। लेकिन इस क्रम में दो-एक बातें और घटित होती हैं। एक तो कहानी में सोद्देश्यता जैसी चीज अनिवार्यतः शामिल हो जाती है। उस सबक या सीख के साथ कहानी खत्म होती है। सोद्देश्यता जैसे कारक के कारण कई बार यह कहानी प्रेमचन्द वाली परम्परा में खड़ी दिखती है, पर वस्तुतः वह होती नहीं है। प्रेमचन्द कहानी के भीतर घटनाओं के मार्फत अपने उद्देश्य तक पहुँचते थे, इनके यहाँ भी चीजें घटना के जरिए कभी-कभी वहाँ तक पहुँचती है। लेकिन वहाँ तक पहुँचने के मूल में इनकी कहानियों में संवाद की महती भूमिका रही है। कहानी का अभिप्रेत घटनाओं के माध्यम से प्रकट हो तो ज्यादा बेहतर होता है। घटनाओं के मार्फत प्रकट होने से आशय कहानी के अर्थ का प्रस्फुटन कहानी के भीतर से होने से है। संवाद के माध्यम से उनका प्रकट होना, अपेक्षाकृत आसान तरीका है। यही कारण है कि स्वयं प्रकाश और संजीव दोनों की कहानियाँ वहाँ पहुँचने की जल्दी में होती है, जहाँ बातचीत हो सके। एक बार बैठकी, बहस या बातचीत की गुंजाइश बन गई तो फिर कहानी निकल गई। पर इससे कहानियाँ फकत अपना फेरा पूरा करती हैं। यह 'नेग पूरने' जैसा है। कहानियों का पूरा होना और कहानियों का बनना दो अलग बातें हैं। क्या कहानियों के स्तर पर स्वयं प्रकाश और संजीव इतने 'आइडेंटिकल' हैं? युक्तियों को इस्तेमाल करने के स्तर पर तो जान पड़ते हैं। लेकिन स्वयं प्रकाश की तुलना में संजीव वहाँ आगे निकल आते हैं, जहाँ वैचारिक आग्रहों की असंगतियों और अन्तर्विरोधों को भी अपनी कहानियों में उजागर करना नहीं भूलते। कहानी जब पार्टी लाइन से बाहर आकर मार्क्सवादी और नक्सलवादी विचारधारा के अन्तर्विरोधों को भी रेखांकित करना आरम्भ करती है तो वे स्वयं

प्रकाश को पीछे छोड़कर आगे निकल जाते हैं। अपने इस विकास को संजीव भी बाद के दिनों में देख सके हैं। इसकी पुष्टि उनके इस वक्तव्य में देखी जा सकती है। "पहले तो चीजें साफ-साफ समझ में आती नहीं थीं, जिसने जैसा बताया, यही मानकर चलता रहा। फिर आया समझ का दूसरा चरण, जब जिज्ञासा और जानकारी के साथ विश्लेषण ने हस्तक्षेप किया...और अब आया है तीसरा चरण, जहाँ अतिरेक और आवेग पर अंकुश लग रहा है विवेक का। अब देखने चला हूँ तो जो सामने है स्पष्ट नहीं है, 'हेजी' है। मानो नए रिफिल की गाढ़ी स्याही को सक्रिय करने के लिए गोंज-गांज दिया हो।"[4] उनके इस कथात्मक विकास के साक्षी रहे रविशंकर सिंह भी अपने आलोचनात्मक लेख में इस ढंग से प्रस्तावित करते हैं। "संजीव की कथा यात्रा के चार मोड़ हैं। आरम्भिक दौर की कहानियों में संजीव यथार्थ को अभिव्यक्त करते हैं, दूसरे दौर में यथार्थ का सृजन करते हैं और तीसरे दौर में यथार्थ का विश्लेषण और पुनर्मूल्यांकन करते हैं।"[5] चौथा चरण जैसा की संजीव स्वयं स्वीकार करते हैं कि वहाँ चीजें स्पष्ट नहीं हो सकी हैं अभी।

जब कोई कहानीकार किसी वैचारिक आग्रह के आईने में अपनी कहानी को ढालने की कोशिश करता है तो उसका एक साँचा-सा बनता हुआ हम पाते हैं। उस साँचे में ऊपर-ऊपर से देखने पर थोड़ा वैविध्य तो जरूर दिखता है, लेकिन थिराकर देखने से उसकी संरचना की समरूपता उजागर होने लगती है। मसलन संजीव की कहानियों में आनेवाले मुस्लिम पात्रों को देखिए। वे बस नाम मात्र के मुसलमान हैं। नाम मात्र के मुसलमान होने से मेरा आशय क्या है, इसके लिए आपको मुस्लिम कहानीकारों के यहाँ जाकर देखना होगा कि कहानी में मुसलमान होना फकत नामकरण का मसला नहीं है। या उसके साथ दो-चार उर्दू के शब्द रख देने से उसके वजूद को हम जिन्दा नहीं कर सकते हैं। प्रगतिशीलता के साथ 'सेकुलर' होने का जो अनुस्यूत आग्रह है, उसके कारण हिन्दी साहित्य में गंगा-जमुनी सामासिकता का एक आग्रह भी 'बाईप्रोडक्ट' के तौर पर दिखता आया है। इसमें दो मत नहीं है कि संजीव एक मनुष्य और रचनाकार के बतौर लगातार अपनी भूमिका का विस्तार करते गए हैं। इस क्रम में वे और उनकी कहानियाँ भी अपने सामाजिक दायरे का विस्तार करती गई हैं। इसलिए चाहे वे आदिवासी हों, मुस्लिम हों, दलित हों, स्त्री प्रश्न हों, इन सबको संजीव ने अपनी कहानियों में जगह तो दी है। और इसके साथ अपनी प्रतिबद्धता भी लगातार जाहिर की है। लेकिन प्रतिबद्धता और प्रामाणिकता दो अलग-अलग बातें हैं। इसलिए अलग-अलग समुदाय और समूह के लोग जब संजीव की कहानियों को पढ़ते हैं, तो उनके निष्कर्ष हमारी पढ़त से बिलकुल अलग ठहरते हैं। जैसे रोहिणी अग्रवाल एक स्त्री के बतौर जब संजीव की कहानियों को

देखती हैं तो उनके निष्कर्ष गौरतलब हो जाते हैं। वे लिखती हैं कि "संजीव स्त्री मानस के चितेरे कथाकार तो बिलकुल नहीं। स्त्रियाँ यदि उनके कथालोक में आई हैं तो महज इसलिए कि कथा को गति दी जा सके या फिर मन में पलती अपराध-ग्रंथियों को खोलने हेतु प्रायश्चित्तनुमा श्रद्धांजलि अर्पित की जा सके। यानी एक सुविचारित कथा योजना।"[6] जो आपत्ति रोहिणी अग्रवाल संजीव की कहानियों के बारे में दर्ज कर रही हैं। वैसी ही आपत्ति संजीव के आदिवासी जीवन पर केन्द्रित कहानियों के बारे में भी दर्ज की जा सकती हैं, यदि कोई आदिवासी उनकी कहानियों का पाठ करे। और तब संजीव के लेखन की एक बड़ी कमी की ओर हमारा ध्यान जाता है कि संजीव का शोध कहानी के परिवेश और उसके तकनीकी पहलुओं पर केन्द्रित रहा है न कि 'सामुदायिकता के आभ्यंतरीकरण' पर और न ही आभ्यंतर अनुभूतियों पर। इसलिए संजीव के यहाँ परिवेश की प्रामाणिकता देखी जा सकती है लेकिन वे जिस समुदाय के पक्षधर बने कहानी में दिखते हैं, वह एक किस्म की 'सॉलिडारिटी' वाला मामला ही है कि हम किन-किन के साथ खड़े हैं। मसलन इस बात को ऐसे समझें कि दलित, मुसलमान, आदिवासी या स्त्रियों के साथ खड़ा भर हो जाने से हम उनकी यातनाओं के न तो साझीदार हो जाते हैं और न ही उनके सहचर। संजीव की शोध पद्धति परिवेश को जीवन्त करने में तो कारगर है लेकिन उनके मर्म के साथ न्याय कर पाने में वह उतनी ही कारगर नहीं है। इसे उनकी एक बहुचर्चित कहानी के हवाले से रेखांकित करना बेहतर रहेगा। उनकी एक प्रसिद्ध कहानी है 'दुनिया की सबसे हसीन औरत'। यदि इस कहानी के बरक्स केवल एक सवाल पूछा जाए कि कहानी में संजीव उस औरत में ऐसी कौन सी बात देखते हैं जिसके कारण उसे 'दुनिया की सबसे हसीन औरत' के विशेषण से नवाजते हैं? जो औरत अपने हक के लिए लड़ने की बजाय टसुएँ बहा रही हो, जिसे 'रेस्क्यू' करने के लिए एक 'आउटसाइडर' की जरूरत पड़ रही हो, उसे कैसे दुनिया की सबसे हसीन औरत की पदवी से नवाजा जा सकता है? इसलिए कि जिस 'आउटसाइडर' ने उसे बचाया है, उसे वह प्रेमिल या स्नेहिल निगाह से देख भर लेती है? कहानी में कृत्रिमता इस कदर आरोपित है कि उसे पढ़ते हुए एकबारगी यह बात समझने के लिए काफी मशक्कत करनी पड़ी कि आखिर क्यों संजीव के साथ इस कहानी का नाम धनात्मक रूप से जुड़ा है? इसका जवाब मैं नहीं तलाश सका। हिन्दी में एक प्रवृत्ति यह भी रही है कि कोई आलोचक किसी कहानी को उछाल दे तो लोग बिना पढ़े भी उस कहानी को उस कहानीकार के साथ जोड़कर देखने लगते हैं। 'दुनिया की सबसे हसीन औरत' हिन्दी के उन हादसों में से एक है। 'सबाल्टर्न स्टडीज' के आने के बाद से 'सबाल्टर्न सेंसिबिलिटी' जैसी चीज भी अस्तित्व में आई है। इसे

दलित, स्त्री, आदिवासी सन्दर्भों में बहुत सहजता से लक्षित किया जा सकता है। इसे आपको आजमाना हो तो संजीव की वैसी कहानियाँ जिसमें आदिवासी पात्र हों, को एक जगह संकलित करके किसी आदिवासी विमर्शकार को पढ़ने के लिए दे दें। उसकी प्रतिक्रिया आपको हैरत में डालने के लिए काफी होगी। ऐसी ही गलती स्वयं प्रकाश ने भी अपनी आदिवासी विषयक कहानी 'बलि' में की है। (इस बात को मैं इसलिए अलग से जोर देकर रेखांकित कर रहा हूँ कि ये दोनों लेखक जिस वामपंथी या मार्क्सवादी विचारधारा के अन्तर्गत आते हैं। उनके पास इन समुदायों से जमीनी तौर पर जुड़ने की कोई नीतिगत चेष्टा नहीं दिखती है। यह सद्प्रयास अपनी सीमाओं के साथ उनके लेखक साथियों के यहाँ दिखता है। पर अपनी तमाम सदाशयता के बावजूद अपनी लेखनी में भी वे उनके साथ न्याय नहीं कर पाते हैं। हर जगह इनका श्रेष्ठता बोध हावी रहता है। मानो इनके जरिए ही उनका उद्धार होना है। यह 'एप्रोच' ही गलत है। इसकी बानगी संजीव और स्वयं प्रकाश दोनों की कहानियों में देखी जा सकती है। बल्कि संजीव की दो और कहानियों में इस दृष्टिकोण का विस्तार देखा जा सकता है। वे दो कहानियाँ हैं—'कुछ तो चाहिए न' और 'गुफा का आदमी'।) इस बात को ऐसे भी समझ सकते हैं कि दलित तो दलित विमर्श के पहले भी हिन्दी कथा साहित्य में मौजूद थे। लेकिन दलित विमर्श के आने के बाद दलितों का जो 'रिप्रेजेंटेशन' हम साहित्य में देखते हैं, क्या पहले उसी रूप में उपलब्ध था? ठीक यही बात 'वीमेन सेंसिबिलिटी' और 'ट्राइबल सेंसिबिलिटी' के आने के बाद सम्भव हो सकी है। इस लिहाज से संजीव अपने 'आइडियोलॉजिकल कोर ग्रुप' में सराहे जा सकते हैं, पर उसके बाहर नहीं। अब भी गर यह बात समझने में कठिनाई हो रही है तो बिलकुल नई लेखिका दिव्या विजय की कहानी 'काचर' को 'दुनिया की सबसे हसीन औरत' के साथ रखकर पढ़िए। तब मालूम होगा कि जिस प्रतिरोध को संजीव की कहानियों के 'कोर वैल्यू' के तौर पर देखते आए हैं, वह कैसे उनकी इस कहानी में नदारद है। और वही कोर वैल्यू कैसे दिव्या विजय की कहानी 'काचर' में दहकते हुए अंगारे की तरह मौजूद है। बल्कि 'काचर' का शीर्षक बदलकर 'दुनिया की सबसे हसीन औरत' रख दिया जाए तो संजीव की कहानी की तुलना में 'काचर' अपने विषय के साथ साफ-साफ न्याय करते दिखाई देगी। बिलकुल एक ही थीम पर लिखी गई इन दोनों कहानियों को पढ़ने के बाद 'वीमेन सेंसिबिलिटी' और 'ट्राइबल सेंसिबिलिटी' वाले मेरे नुक्ते को आप बेहतर तरीके से समझ पाएँगे।

संजीव नैसर्गिक कहानीकार नहीं हैं। कहानी उनके लिए आयास साध्य विधा रही है। भारतीय काव्यशास्त्र में जिस 'व्युत्पत्तिजन्य प्रतिभा' की बात की जाती है,

संजीव उसके उदाहरण हैं। संजीव और स्वयं प्रकाश आदि कहानीकारों के परिदृश्य में होने के कारण ही उदय प्रकाश एक कौंध की तरह हिन्दी कहानी के पटल पर उभर सके। संजीव उस पीढ़ी के कथाकार रहे हैं, जो चीजों को समग्रता में देखने की अभ्यस्त रही है। विमर्श की भाषा में इस दृष्टिगत आग्रह को 'आधुनिकतावादी आग्रह' कहते हैं। संजीव स्वीकार करते हैं कि "मेरी दिक्कत यही है कि मैं चीजों को सम्पूर्णता में परखना चाहता हूँ, कोई भी सपाट या सरलीकृत प्रतिचयन मेरा काम्य या अभिप्रेत नहीं है।"[7] इस क्रम में एक बेमतलब का विस्तार और ढीलापन संजीव की कहानियों में अधिसंख्य जगहों पर तारी है। यह अकारण नहीं है कि हिन्दी कहानी आलोचना के उस्ताद नामवर सिंह ने संजीव की कहानियों पर बमुश्किल एक पन्ने की टिप्पणी में भी यह कहने का अवकाश निकाल लिया था कि "यथार्थ का मतलब यथार्थ का आभास देना होता है, उसकी नकल करना नहीं वो आभास एक शब्द से भी हो सकता है। संजीव की कोशिश ज्यादातर कहानियों, उपन्यासों में यथार्थ के ब्योरे देने की होती है, मानो वे कोई रिपोर्ट तैयार कर रहे हैं। तथ्यात्मकता इतनी हावी होती है कि इस प्रक्रिया में यथातथ्य का शिकार हो जाती है। छोटे-छोटे इतने ब्योरे होते हैं कि उनसे मनुष्य के आनेवाले चरित्र ही ओझल हो जाते हैं। वस्तुओं, परिस्थितियों का विवरण उनकी कहानियों में बहुत ज्यादा है। नतीजा होता है कि भावना पीछे छूट जाती है, कहानी मर्मस्पर्शी नहीं बन पाती है। संजीव की तुलना उदय प्रकाश से इस मामले में नहीं की जा सकती। भले ही दोनों के यहाँ ब्योरे के साथ कलात्मकता और रचनात्मक उड़ान भी है। और सबसे बड़ी विशेषता है उनकी भाषा जो डिटेल्स को दाल में कंकड़ की तरह गड़ने नहीं देती, बल्कि नमक की तरह उसमें घुल जाती है।"[8] यहाँ एक और दिलचस्प तथ्य को रेखांकित करना आवश्यक जान पड़ रहा है और वह यह कि वर्ष 2008 में संजीव का एक उपन्यास 'आकाश चम्पा' प्रकाशित हुआ था। उसमें संजीव ने यथार्थ की जगह यथातथ्यता की बात की थी। मतलब 'रियलिटी' की जगह 'एग्जैक्टिच्यूड'। यथार्थ और यथातथ्य के अन्तर को रेखांकित करते हुए संजीव ने तब अपने उपन्यास में यह बात कही थी कि "रियलिटी का हिन्दी रूपान्तर यथार्थ ही है जो पूरे सच को प्रकट करता है। मगर मुझे लगा, सारी गड़बड़ी की जड़ सच को अपनी ओर खींचने की इसी रियलिटी का है।...मैंने रियलिटी की जगह एग्जैक्टिच्यूड को चुना।"[9] तो नामवर सिंह इसी सन्दर्भ में यथार्थ और यथातथ्य के मामले में संजीव के कथा साहित्य पर अपनी राय व्यक्त कर रहे थे।

संजीव खुद अपने लेखन के बारे में क्या राय रखते हैं? यह भी देखना जरूरी हो जाता है। वे साफ कहते हैं कि "लिखना मेरे लिए मनोरंजन का साधन कभी

नहीं रहा। साहित्य की लड़ाई आदमी को गुलाम बनानेवाली तमाम शक्तियों से है, चाहे वह फंडामेंटलिज्म हो, पूँजीवाद या उपनिवेशवाद, पर साहित्य अपने आप में पर्याप्त नहीं।"[10] बावजूद इसके उनके लेखन का मकसद एक ऐसी बेहतर दुनिया का निर्माण करना रहा है, जहाँ समता और न्याय का राज हो और वह समाज किसी किस्म के शोषण से मुक्त हो। यही कारण है कि उनकी कहानियों में दृष्टि की मूलगामिता मौजूद है। दृष्टि की मूलगामिता मतलब किसी समस्या के मूल तक पहुँचने की प्रवृत्ति। समस्या के मूल में पहुँचने की चाह के कारण ही "जब उनके हाथ कहानी का कोई सिरा पकड़ में आता है तो उन्हें यह जानने की उत्कंठा होती है कि जिस पात्र और परिवेश को चित्रित करना है, उसके विविध पहलू क्या हैं? यही जिज्ञासा मुझे अपने उपजीव्य और उसके अनुषंग के तार-तार, तन्तु-तन्तु की प्रकृति-नियति जान लेने को उकसाती है।"[11] इस एप्रोच के कारण ही संजीव की कहानियाँ लम्बी हुई जाती हैं।

कहानी के सन्दर्भ में यह एक बात याद रखने की है कि जैसे लम्बी कविता का अपना तर्क होता है, वैसे ही लम्बी कहानियों का अपना तर्क होता है। और हर रचना अपनी लम्बाई को अपने ढंग से न्यायसंगत ठहराती है। जैसे मुक्तिबोध की लम्बी कविताओं के मूल में एक तर्क यह भी है कि यथार्थ के तत्त्व परस्पर गुंफित हैं। वे इस कदर संश्लिष्ट और जटिल हैं कि उनको अलगाकर समझने-समझाने की प्रक्रिया में कविता लम्बी हुई जाती है। लेकिन इसी तर्क से 'असाध्य वीणा' कविता की लम्बाई की रक्षा नहीं की जा सकती। वैसे ही उदय प्रकाश की कहानियों में जो लम्बाई है उसके तर्क संजीव की कहानियों के तर्क से अलहदा हैं। तो संजीव की कहानियों के सन्दर्भ में एक जरूरी सवाल यह बनता है कि उनकी कहानियाँ क्योंकर लम्बी हुई जाती हैं? क्या इस लम्बाई का कोई सम्बन्ध उनके अन्वेषण की प्रवृत्ति और प्रामाणिकता के आग्रह से जुड़ता है? ऐसा इसलिए कह रहा हूँ कि कई कहानियों में उनके द्वारा किए गए शोध और उनके ब्योरे एक किस्म का प्रदर्शन मात्र बनकर रह जाते हैं। लगता है कि उस तकनीकी जानकारी के विस्तार के बगैर भी वह कहानी कही जा सकती थी। संजीव की लम्बी कहानियों के पीछे के सुचिन्तित तर्क को ढूँढने की कोशिश करें तो यह बात निकलकर सामने आती है कि अपने लेखन के दूसरे और तीसरे चरण में वे किसी विचार के तमाम पहलुओं से पाठकों को अवगत करा देना चाहते हैं। यह जो 'समग्रतामूलक आग्रह' है इसी के कारण वे किसी भी विषय या विचार के अन्तर्विरोधों को उजागर करने से भी नहीं हिचकते। संजीव ऐसे क्षणों में बेहद प्रिय हो जाते हैं। अपनी वैचारिक निष्ठा और प्रतिबद्धता के बावजूद अपनी विचारधारा के फाँकों का उद्घाटन मामूली साहस की

बात नहीं है। संजीव की कहानियाँ मार्क्सवाद को आईना और रास्ता दोनों दिखाने का काम करती हैं। यह याद रखने की बात है। दूसरी बात जो याद रखने की है, वह यह कि उनकी कहानियों में एक अनुस्यूत समाजार्थिक दृष्टि क्रियाशील रहती है। शोध और विषयगत तैयारी की उनकी अपनी पद्धति किसी भी विषय के साथ न्याय कर सकने का एक विरल आत्मविश्वास उन्हें उपलब्ध कराती है। सामन्ती ताकतों के प्रति संजीव के यहाँ 'जीरो टोलरेन्स' देखने को मिलता है। वे लगातार एक ओर तो सामन्ती मूल्यों पर और दूसरी ओर पूँजीवादी ताकतों पर अपनी कहानी में लगातार प्रहार करते हुए देखे जा सकते हैं। हिन्दी के एक कहानीकार की जो वृहत्तर सामाजिक-राजनीतिक भूमिका हो सकती है, उसका निर्वाह वे पूरी निष्ठा के साथ करते पाए जाते हैं। उनका लेखन इस बात का बड़ा उदाहरण है कि आत्मानुभूत सत्य के बाहर अर्थपूर्ण कहानियाँ कैसे लिखी जा सकती हैं। यह दीगर बात है कि इस मामले में वे विषयगत तैयारी जितनी करते हैं, उतनी शिल्पगत नहीं। इसलिए उनके यहाँ 'फ्लैश बैक' शैली का बारम्बार इस्तेमाल देखने को मिलता है। संवाद के जरिए विचार को स्थापित करने का आजमाया हुआ तरीका दिखता है। इस तरीके का सबसे दयनीय पहलू यह होता है कि संवाद के क्रम में पूछे जानेवाले सवाल और जवाब दोनों कहानीकार के होते हैं। मतलब दोनों ओर से कहानीकार ही खड़ा रहता है। लेकिन यह ऐसी बातें हैं जिसको दरकिनार नहीं किया जा सकता है। समग्रतावादी दृष्टि से यदि संजीव का मूल्यांकन किया जाए तो स्वाभाविक है कि उनकी कमियाँ और अन्तर्विरोधों की ओर भी दृष्टि जाएगी।

संजीव में गैर परम्परागत तरीके से 'मेटाफर' रचने की भी क्षमता है। 'मेटाफर' रचने की क्षमता का ज्यादा शानदार क्रियान्वयन उदय प्रकाश की कहानियों में देखने को मिलता है। संजीव के यहाँ यह एकबारगी नहीं दिखता है, उदय प्रकाश के यहाँ दिखता है। जैसे 'मानपत्र', 'सागर सीमांत' और 'आरोहण' आदि कहानियों को लें। 'मानपत्र' में आयशा का वीणा में नामान्तरित होना प्रतीकात्मक होने के साथ रूपकात्मक भी है। यह सजीव, सप्राण और सवाक् का एक निर्जीव, निष्प्राण और मूक में बदलने की क्रिया को भी चरितार्थ करता है। 'आरोहण' के बारे में विश्वनाथ त्रिपाठी ने विस्तार से लिखा है, इसलिए अलग से रेखांकित नहीं कर रहा हूँ। सागर सीमांत का 'मेटाफर' तो इतना संश्लिष्ट है कि शायद उसे संजीव के अलावा दूसरे सहजता से लक्ष्य नहीं कर सके थे। इसलिए संजीव ने ही एक बातचीत के क्रम में उसका खुलासा करते हुए इस तथ्य को रेखांकित किया कि "कहानी के अन्तिम हिस्से में प्रसंग है कि वे रात के अँधेरे में निकल गए। कुछ दूर चलने के बाद उन्होंने पीछे मुड़कर देखा कि वह खड़ी है या नहीं। इसके बाद वे दोनों नारियल के

पेड़ में बदल गए। नारियल के जल का स्वाद मीठा होता है, लेकिन उन नारियल के पेड़ों के जल का स्वाद खारा होता है। क्यों? क्योंकि उसमें जल नहीं आँसू थे। मानो वो जा रहे हैं फिर उनके जाने की इच्छा नहीं है। उनके अन्दर एक ग्लानि भाव है। और इधर पास में एक पत्थर है जिसमें छोटे-छोटे छेद हैं। छेदों में हमेशा पानी भरा रहता है। वे दोनों पेड़ में बदल गए। और नसीबन पत्थर में। यह पानी कभी सूखता नहीं है।"[12]

संजीव की चर्चित कहानियों पर पर्याप्त चर्चा होती आई है। लेकिन इस क्रम में कुछेक कहानियाँ अनदेखी रह गई हैं। मैं अनदेखी के कारण उन कहानियों की चर्चा यहाँ करना पसन्द करूँगा। इन कहानियों में 'जसी बहू', 'अन्तराल' और 'घर चलो दुलारीबाई' जैसी कहानियाँ हैं। जो ग्रामीण पृष्ठभूमि की वैसी कहानियाँ हैं, जिसके महारथी शिवमूर्ति हैं। लेकिन इन तीनों कहानियों में जो स्वाभाविकता दिखती है। वह संजीव की अधिसंख्य कहानियों में नदारद है। इन कहानियों की खासियत स्वाभाविकता का निर्वहन है। इससे कहानी में रवानगी तो है ही, एक मार्मिकता भी है, जो सीधे मर्म पर चोट करती है। 'जसी बहू' इस दृष्टि से एक अविस्मरणीय कहानी है, जिसमें 'जसी बहू' का संयम, पति निष्ठा की जो कीमत उसे अदा करनी पड़ती है, वह भीतर तक भिगो देती है। बल्कि एक स्तर पर देखें तो वह चाहे 'सागर सीमांत' हो या 'मानपत्र' दोनों कहानियाँ 'जसी बहू' के मर्म का ही विस्तार हैं। यदि यह बात आपको अतार्किक या अतिरंजित लग रही हो तो आप नसीबन और आयशा की विडम्बना को जसी बहू की त्रासदी के साथ रखकर देखें। तीनों जगहों पर 'अनडिजर्व्ड सफरिंग' का एक ही 'फार्म्यूलेशन' काम करता दिखेगा। ऐसे ही 'अन्तराल' भी एक ऐसी मार्मिक कहानी है जिसके मर्म को पढ़कर ही महसूस किया जा सकता है। इस किस्म की निष्पाप शिल्प वाली कहानियाँ संजीव के पास कम हैं। इस कड़ी की तीसरी कहानी 'घर चलो दुलारीबाई' ठहरती है। न्याय की खातिर दुलारीबाई की जो संघर्षशीलता है और उसके संघर्ष की जो दयनीय परिणति है, इस कहानी को वह हमारी स्मृतियों में पैवस्त करने के लिए पर्याप्त है। ये तीनों कहानियाँ बेचैन करती हैं। मर्दों को समाज में जो विशेषाधिकार हासिल है, उसके बेजा इस्तेमाल के अलग-अलग पहलुओं को ये कहानियाँ बहुत निर्मम तरीके से सामने लाती हैं। इन कहानियों को पढ़ते हुए ऐसा लगता है कि यह संजीव की वास्तविक जमीन है। बाकी सब प्रयत्नसाध्य है। लेकिन संजीव भी गजब जीवट आदमी हैं। दुनिया-जहान के तमाम विषयों पर लिखने की उनकी जिद अपने आप में विलक्षण है। इस जिद का निर्वाह भी उन्होंने जिस ढंग से किया है, वह एकबारगी हैरत में डालता तो जरूर है।

यदि उनकी एक-डेढ़ दर्जन अविस्मरणीय कहानियों का नाम लेना हो तो मैं उसमें पौन दर्जन वैसी चर्चित कहानियों को रखना पसन्द करूँगा, जिससे पूरा हिन्दी साहित्यिक समाज परिचित है। मसलन 'अपराध', 'आरोहण', 'सागर सीमांत', मानपत्र', 'हिमरेखा', 'बाघ', 'तिरबेनी का तड़बन्ना', 'टीस', 'पूत-पूत-पूत-पूत' आदि। लेकिन वहीं दूसरी ओर मैं इन्हीं के समकक्ष 'जसी बहू', 'अन्तराल', 'घर चलो दुलारीबाई', 'झूठी है तेतरी दादी', 'मौसम', 'खोज', 'अभिनय', 'अनम्या', 'लाज-लिहाज' आदि कहानियों को रखना पसन्द करूँगा। संजीव की चर्चित कहानियों से इतर जिन कहानियों की मैं बात कर रहा हूँ, उनमें से 'अनम्या' जैसी एकाध कहानी को छोड़कर किसी को उनकी प्रसिद्ध कहानियों से कमतर नहीं मानता हूँ। इनमें से प्रत्येक कहानी पर विस्तार से बात किए जाने की सम्भावना से इनकार नहीं किया जा सकता है। लेकिन यह एक श्रमसाध्य कार्य है। और इसके लिए एक स्वतंत्र पुस्तक की दरकार अलग से होगी।

आधार ग्रंथ

कथा यात्रा : पहला पड़ाव, दूसरा पड़ाव, तीसरा पड़ाव (तीन खंडों में) वाणी प्रकाशन, नई दिल्ली, 2008

झूठी है तेतरी दादी, वाणी प्रकाशन, नई दिल्ली, 2012

अरुण प्रकाश

जन्म : 22 फरवरी, 1948
निधन : 18 जून, 2012

हिंसा के धरातल से जिनगी की दास्तान

स्वयं प्रकाश और संजीव के बाद यदि अरुण प्रकाश की कहानियों पर आएँ तो यह देखकर हैरत जरूर होती है कि बेहद सधे और ठोस ढंग से लिखने के बावजूद अरुण प्रकाश का नाम बतौर कहानीकार उस ढंग से गूँजता हुआ नहीं मिलता है। कहानी में जिसे 'क्राफ्ट' कहते हैं, उसकी जबर्दस्त समझ अरुण प्रकाश के यहाँ मौजूद है। स्वयं प्रकाश, संजीव और अरुण प्रकाश तीनों की सम्बद्धता मार्क्सवादी विचारधारा से रही। अन्तर क्या रहा? अन्तर यह रहा कि जहाँ स्वयं प्रकाश की कहानी वैचारिक सरोकार के इर्द-गिर्द घूमती रही, वहीं अरुण प्रकाश की मानवीय सरोकार के। संजीव भी जहाँ वैचारिक सरोकारों का कहें या पार्टी लाइन का अतिक्रमण कर सके हैं, वहाँ वे अपने बेहतर रूप में मौजूद हैं। इसका यह मतलब नहीं निकाला जाए कि वैचारिक सरोकार में मानवीय सरोकार अनुस्यूत नहीं होते हैं। वैचारिक सरोकार से आशय है कि वह विचार के धरातल पर ज्यादा है। अरुण प्रकाश के यहाँ वह अनुभूति के स्तर पर है। यदि कोई इस सवाल के साथ इन कहानीकारों के पास जाए कि उनकी कहानी कला से क्या ग्रहण किया जा सकता है? तो स्वयं प्रकाश और संजीव दोनों के यहाँ इस बात की समझ विकसित हो सकती है कि कहानी में क्या नहीं करना चाहिए और किन बातों से बचना चाहिए। जबकि अरुण प्रकाश से यह सबक लिया जा सकता है कि किन बातों को कहानी में शामिल किया जाना चाहिए। 'अवांछित अतिरिक्त' कहानी को कितना नुकसान पहुँचा सकता है, इसे स्वयं प्रकाश की कहानियों में सहजता से लक्षित किया जा सकता है। जबकि अरुण प्रकाश कहानी में 'मितव्ययिता' और 'सांकेतिकता' के सिद्धहस्त ठहरते हैं। कहानी को कैसे निर्मित किया जाता है। कहानी के भीतर यह प्रक्रिया कैसे घटित होती है? कहानी कैसे विकसित (इवॉल्व) होती है? यह अरुण प्रकाश की कहानियों से सीखने वाली चीज है। अरुण प्रकाश कहानी के अन्तरालों को फिजूल की चीजों से नहीं भरते हैं। जिस पृष्ठभूमि या पेशा को वे अपनी कहानी में लेते हैं, उसकी इतनी पुख्ता जानकारी उनके पास होती है कि कहानी में व्यवहृत होनेवाले ब्योरे तक

कथ्य का हिस्सा बन जाते हैं। इसे आप 'दोनों तरफ' (1971) जैसी उनकी बेहद शुरुआती और संक्षिप्त कलेवर वाली कहानी में भी देख सकते हैं। आगे चलकर 'कहानी नहीं', 'जल प्रान्तर', 'शंख के बाहर', 'स्वप्नघर', 'गजपुराण' या झुग्गियों की जिन्दगी को आधार बनाकर लिखी उनकी कई कहानियों में देख सकते हैं। इस बात को रेखांकित करने से मेरा आशय इतना भर है कि इस बात का वे 'लोड' ही नहीं लेते हैं कि जिस विषय या सन्दर्भ को कहानी में लेकर आए हैं, उसके ब्योरे से उस सन्दर्भ में अपनी प्रामाणिकता स्पष्ट करें। यहाँ वे संजीव की तुलना में बिलकुल अलग छोर पर खड़े नजर आते हैं। ब्योरे कहानी के क्रम में आते हैं, अलग से ज्ञान प्रदर्शन वाली मुद्रा में नहीं। अभी नौकरशाहों के गद्य में और गैर-आदिवासी लेखकों के द्वारा लिखे जा रहे आदिवासी केन्द्रित कथात्मक गद्य में यह 'लोड' आप देख सकते हैं कि वे जिस विषय या सन्दर्भ को अपने कथा साहित्य में लेकर आ रहे हैं, उसके बारे में इतनी जानकारियाँ और ज्ञान ठेल देंगे कि कोफ्त होने लगेगी। कथ्य कहीं पीछे रह जाएगा और ज्ञान का एक आतंक या आभामंडल अलग छिटककर खड़ा हो जाएगा। अरुण प्रकाश के पास गैर जरूरी ब्योरों को छोड़ने की गजब की अन्तर्दृष्टि थी। इसे 'जल प्रान्तर' और 'भैया एक्सप्रेस' जैसी उनकी स्मरणीय कहानियों में देखा जा सकता है।

लेकिन ठहरिए। उपरोक्त बातों से आप ऐसा अनुमान कतई न लगा लें कि वे पैदाइशी किस्सागो थे। उन्होंने इसे श्रमपूर्वक, अभ्यासपूर्वक अर्जित किया था। और ऐसा रातों-रात नहीं हो गया था। उनकी आरम्भिक कहानियों को गर आप ध्यान से देखें तो पाएँगे कि उनकी जिस कहानी कला की हम बात कर रहे हैं। वह चरण उनके जीवन में कहानी लेखन के एक दशक बाद कायदे से साकार होना शुरू होता है। 1971 के आसपास उनकी कहानी यात्रा की शुरुआत होती है। लेकिन उनकी कहानी की जिन खासियतों की चर्चा ऊपर की गई हैं, वे क्रमशः 1981 के आसपास से लक्षित होने आरम्भ होते हैं। बल्कि एक बहुत बड़ा 'शिफ्ट' (बदलाव) कथाभूमि के धरातल पर हमें 1981 से ही देखने को मिलता है। इस प्रस्थान बिन्दु के बतौर उनकी कहानी 'शेष' को देखा जा सकता है। जहाँ वे नक्सल क्रान्तिकारी की कथा लेकर आते हैं और कहानी उसके मुठभेड़ में मारे जाने की सूचना के साथ आरम्भ होती है। पुलिसिया हत्या के साथ कहानी स्मृतियों के गलियारे में दाखिल हो जाती है। और दीपक की कहानी सामने आती है। 'शेष' को मैं अरुण प्रकाश की कहानी यात्रा में एक प्रस्थान बिन्दु के बतौर इसलिए देख रहा हूँ कि इससे पहले मृत्युबोध की ऐसी गाढ़ी उपस्थिति उनकी कहानियों में नहीं है। इससे पहले की कहानियों में रोजगार का संघर्ष है। निम्न-मध्यवर्गीय जीवन स्थितियाँ हैं।

नौकरी की जद्दोजहद है। यद्यपि रोजमर्रा का अभाव मनुष्य के भीतर कैसे हिंसा के भाव के लिए उर्वर मनोभूमि साबित होते हैं, इसके संकेत उनकी एकदम शुरुआती कहानियों में भी मौजूद है, लेकिन तब शायद एक उम्मीद बची थी। इस कारण तब की कहानियों में वैसी हिंसा, भाषा और आचरण के धरातल पर, अपनी उपस्थिति दर्ज कराने की पुरजोर कोशिश करती नहीं दिखती हैं। लेकिन 1981 तक आते-आते लगता है, उनके भाव और विचार जगत ने एक निर्णायक दूरी तय कर ली है। और अब जिन्दगी और कहानियों को लेकर वे ठोस ढंग से कुछ कहने की स्थिति में है। इसके बाद की उनकी कहानियों को पढ़ते हुए मुक्तिबोध की वह काव्य पंक्ति कौंधती है 'जीवन से बढ़ हिंसा क्या है?'

बुनियादी तौर पर जिन्दगी एक हिंसक गतिविधि है, जिसके जीवन में जितना ज्यादा अभाव है, उसकी दुनिया में अलग-अलग किस्म की अनचाही हिंसा का अगाध विस्तार है। यह हिंसा शाब्दिक धरातल पर हो सकती है, मानसिक धरातल पर हो सकती है, शारीरिक धरातल पर हो सकती है। व्यक्तिगत स्तर पर हो सकती है, पारिवारिक स्तर पर हो सकती है, सामुदायिक स्तर पर हो सकती है। उनकी कहानियों में हिंसा की मौजूदगी को 1981 के आसपास से किसी न किसी रूप में लक्षित किया जा सकता है। लेकिन हिंसा की हमारी समझदारी के अर्थ में नहीं अपितु एक वृहत्तर अर्थ में। इस हिंसा को एक बहुसंख्यक आबादी के परिप्रेक्ष्य में देखने की आवश्यकता है। वह आबादी जिसे हमारी आज की प्रचलित समझदारी 'सबाल्टर्न' कहती है। 'निम्नवर्गीय' वाले अर्थ में भी इसे ग्रहण कर सकते हैं। लेकिन इनमें दलित या दमित अस्मिताओं से इतर जीवन की मूलभूत आवश्यकताओं के लिए संघर्ष करती आबादी प्रमुख तौर पर शामिल है। प्रकृतिप्रदत्त आपदाएँ जैसे बाढ़ और मानवनिर्मित आपदाएँ जैसे आतंकवाद अपने साथ कैसी हिंसक दुनिया लेकर आते हैं, इन सबको उनके यहाँ देखा जा सकता है। झूठी प्रतिष्ठा को बचाने की खातिर किसी निरीह के साथ हिंसक हुआ जा सकता है (दोनों तरफ), इच्छा की पूर्ति न होने पर मनुष्य कैसे हिंसक हो सकता है (शान्ति पाठ), झुग्गी के नाम पर रंगदारी की एक पूरी दुनिया आबाद दिखती है (मझधार किनारे), किसी रेस्त्रां के रसोई में बेयरे, रसोइयों और मैनेजर के बीच इस किस्म के समीकरण हो सकते हैं, हैरान करता है (शंख के बाहर)। कमजोर हिंसा सहता है और अपने से कमजोर के साथ हिंसक होता है। अरुण प्रकाश के यहाँ हिंसा के अनेक रूप और परतें हैं। उन सबको उद्घाटित करना बहुत इत्मीनान से करने वाला काम है।

अरुण प्रकाश के परवर्ती चरण (1981 के बाद) की कहानियाँ या तो किसी 'क्राइसिस' से आरम्भ होती हैं या किसी अभाव या संकट को अपने कोख में धारण

किए रहती हैं। कहानी में उस 'क्राइसिस' से उबरने की कोशिशें होती हैं, उन अभावों या संकट के कारण जीवन में अनायास पैदा हो जानेवाली स्थितियाँ होती हैं। उससे बाधित होनेवाली जिन्दगी की सहजता होती है। और सहजता जब बाधित होती है तो हिंसा के अलग-अलग प्रारूप साकार होने लगते हैं। अरुण प्रकाश अभाव की पूर्ति के लिए किए जा रहे प्रयत्न और उसकी परिणति को जिस स्वाभाविक और निस्पृह तरीके से कहानी में सम्भव करते हैं। वह उन्हें अलग से पढ़ने के लिए बाध्य करता है। इस बात को उनकी 1981 के आसपास की कहानियों में साफ तौर पर देखा जा सकता है कि कैसे कहानी के स्तर पर उनके लिए चीजें स्पष्ट हो गई थीं, 'क्राफ्ट और कंटेंट' दोनों के स्तर पर।

अरुण प्रकाश की कहानी यात्रा में 1981 के जिस प्रस्थान बिन्दु की ओर संकेत कर रहा हूँ, उस पर थोड़ा रुककर बात किए जाने की जरूरत है। इससे पहले उनकी 'छाला'(1971), 'सनडे'(1971), 'दोनों तरफ' (1971) और 'कुबड़े पेड़' (1972) जैसी कहानियाँ मिलती हैं। इन कहानियों में 'दोनों तरफ' को छोड़ दें तो बाकी तीन कहानियों में निम्न-मध्यवर्गीय जीवन स्थितियों और उसके संघर्ष की छवियाँ हैं। लेकिन 1981 में प्रकाशित 'शेष' नक्सली युवक की चिन्ता और संघर्षों के साथ निम्न-मध्यवर्गीय चिन्ता से इतर एक व्यापक जीवन-दृष्टि के साथ प्रस्तुत होती है। उसके बाद 'कहानी नहीं' (1982) तो एक ऐसी क्रूरता के साथ नमूदार होती है, जो एक बड़ी आबादी के रोजमर्रे का सच होते हुए भी, उससे कहीं बड़ी आबादी के लिए अकल्पनीय ही रहती आई है। हिन्दी में सामन्ती-जातिगत क्रूरता की ऐसी दूसरी कहानी उस वक्त खयाल नहीं पड़ती। बाद में तो खैर दलित साहित्य ने इससे भीषणतम क्रूरताओं को दर्ज करने का काम किया। यद्यपि अरुण प्रकाश को याद करते हुए इस कहानी को उस ढंग से लोग याद नहीं करते हैं, पर यह कहानी व्यक्तिगत तौर पर मुझे बुरे तरीके से 'हांट' करती है। मुसहर जाति की लड़की की हत्या को यह कहानी जिस ढंग से दर्ज करती है, वह बहुतों के लिए आज भी अकल्पनीय है। बाद में तो 'गजपुराण' में वे मुसहरी कांड को बाजाप्ता अपनी कहानी में पिरो देते हैं। इसके बाद की उनकी केवल वैसी कहानियों का ध्यान किया जाए, जिसमें बिहार कथाभूमि के रूप में है, तो वे रेणु के बाद बिहार से आनेवाले दूसरे कद्दावर कथाकार इस मायने में प्रतीत होते हैं कि जीते जी उनको भी उनका दाय नहीं मिला, जबकि उनमें कथागत सामर्थ्य अपने समकालीनों से कहीं से कमतर नहीं था।

'कहानी नहीं' (1982) के ठीक बाद 1983 में वे 'आँखों में अन्धकार' लिए उपस्थित होते हैं। यदि कहानी नहीं कि सवितरी अपनी बेचारगी में आपकी स्मृति में टँगी रह जाती है तो 'आँखों में अन्धकार' के भरत और श्रीराम भी अपनी पूरी

बेबसी के साथ जेहन में रह जाते हैं। 1984 में प्रेमचन्द की कहानी 'कफन' को वे फिर से 'कफन-84' शीर्षक से लेकर आते हैं। इसी साल 'शान्ति-पाठ' कहानी भी प्रकाशित होती है। 'कहानी नहीं' में सामन्ती-जाति अपने ताकत के नशे में हत्या करती है, थाना-कचहरी सँभाल लेने की एक पुश्तैनी आश्वस्ति उनके पास है। 'आँखों में अन्धकार' में भी कानून को हाथ में लेकर ही दया बाबू जान लेने की हद तक भरत, सुमरना और श्रीराम को बाँधकर मार रहे हैं। 'कफन-84' अस्पतालों की अमानवीयता की टेक लेती है, लेकिन अब भी जारी सूदखोरों की हरामखोरी को रेखांकित करती है। फर्क इतना है कि यहाँ हत्या नहीं, बीमारी से मृत्यु के बाद की स्थितियाँ हैं। लेकिन 'शान्ति पाठ' में फिर से न सिर्फ दोहरी हत्या है, बल्कि और हत्याओं की बनती सम्भावनाएँ भी हैं। उन सम्भावनाओं के मूल में उस दौर में शहरों, कस्बों और गाँव में विकसित होनेवाले जातिगत समीकरणों से इतर 'अपराध के राजनीतिकरण की प्रक्रिया' है, इस जमीनी बदलाव को अरुण प्रकाश बहुत सटीक तरीके से दर्ज करते हैं। इसलिए वह हिस्सा उद्धृत कर रहा हूँ—"वे पाँच थे। एक, गाँव के पुराने जमींदार का बेटा था जिसका बाप बेनामी जमीन बेच-बेचकर ऐश करता था। दूसरा, गाँव के ही ठाकुर दारोगा का बेटा था जो पढ़-लिख तो नहीं सका अलबत्ता बाप की बन्दूक से चिड़िया मारते-मारते आदमी का शिकार करने लगा था। तीसरा, गाँव के उभरते ठेकेदार का भाई था। ठेकेदार सभी राजनीतिक पार्टियों को पटाकर चलने में मशहूर था। चौथा, एक महंत का बेटा था जो सारे इलके में औरतबाजी के लिए जाना जाता था। पाँचवां एक लोहार का बेटा था जो छोटी-मोटी चोरियाँ करते-करते हथियारों की भी मरम्मत करने लगा था।"[1] सम्भव है कि 1984 के जमीन पर बनते इस नए आपराधिक गठजोड़ और समीकरणों को दूसरे लोग भी देख पा रहे हों। लेकिन दो बातें जो इस कहानी में मार्के की हैं, उनमें से एक तो है हत्या का कारण। हत्या जिसकी हुई है वह एक छोटे से कारखाने का मामूली स्टोरकीपर था। हत्या की वजह इतनी भर थी कि शिफ्ट से लौटते "मदन से उन लोगों ने रास्ते में साइकिल माँगी थी। शायद वे तुरन्त किसी अपराध में जाना चाहते थे। मदन ने देने से इनकार किया। उन लोगों ने साइकिल छीनने की कोशिश की। मदन साइकिल भगाता घर आ गया। वे लोग उसके पीछे आए। आवाज बदलकर हाँक लगाई। बाहर निकलने पर गोली मार दी।"[2] बस इतना ही। इसके बाद कानून जिस ढंग से भारत में काम करता है अर्थात् कुछ नहीं करता है, उस अकर्मण्यता की वजह से दूसरी हत्या होती है। और यह पर्याप्त है आगे होनेवाली हत्याओं की पृष्ठभूमि निर्मित करने के लिए। मतलब इसके बाद की हत्या की जो सम्भावनाएँ बन रही हैं, उसके मूल में प्रतिहिंसा और प्रतिशोध की भावना है। इस

कहानी में 1984 में मार्क करनेवाली दूसरी बात है, उस आपराधिक गठजोड़ का पाँचवाँ साझीदार अर्थात् लोहार। चार उसमें अगड़ी जाति के हैं। यह पाँचवाँ बाहर का है। आनेवाले वर्षों में हिन्दी भाषी राज्यों में अपराध या आपराधिक छवि का जो विस्तार दिखता है, यहाँ उसे सूत्र रूप में देखा जा सकता है। दूसरी बात यह कि अगड़ों को हथियार बनाने-चलाने के लिए जब ऐसा साझीदार मिल गया तो फिर उनकी ताकत दिन दूनी रात चौगुनी बढ़ती गई। 15 नवम्बर, 2000 को बिहार से कटकर अलग हुए झारखंड राज्य में अपराध का यह पैटर्न साफ-साफ देखा जा सकता है। बल्कि अब इस गिरोह में रियल इस्टेट के बिल्डर, भू-माफिया, पत्रकार, नौकरशाह भी शामिल हो गए हैं। यह एक समानान्तर सत्ता है, जिसके बीज या उत्स को अरुण प्रकाश 1984 में देख रहे थे। इतना ही नहीं इस कहानी में दो बातें और हैं, जो शायद तब भी और आज भी भारत के राजनीतिक इतिहास में उतने ही प्रासंगिक हैं। मदन और अनय की हत्या के बाद एक पीस कमिटी का गठन कर दिया जाता है। अरुण प्रकाश जिस डरावनी सम्भावना को कहानी के आखिर में उकेरते हैं वह यह कि "अब अपराधी छह हैं—वे पाँच और पीस कमिटी। उन पाँचों के नाम...न पूछिए। कुछ भी रख लीजिए। वे कहीं के भी हो सकते हैं। पीस कमिटी हर जगह बन सकती है।"[3] यह जो नाम भरने की जगह वे छोड़ते हैं, उस रिक्त स्थान में, उस पीस कमिटी के हत्यारे भी शामिल हो सकते हैं, बल्कि ज्यादा सम्भावना इसी बात की है। इस अन्त को पढ़कर 'तमस' का वह आखिरी दृश्य याद आता है, जहाँ साम्प्रदायिक दंगों के बाद पीस कमिटी जैसी ही कोई चीज अमन और शान्ति बहाल करने के लिए गठित की गई है। और अब वह कमिटी अमन और शान्ति की अपील के लिए मुहल्ले-मुहल्ले जानेवाली है। 'तमस' जहाँ खत्म होता है, वहाँ मुराद अली बस के भीतर ड्राइविंग सीट की बगल में पहले से बैठा है। असल ध्वन्यात्मकता तो मुराद अली की उस मौजूदगी में है, जिसकी शिनाख्त करनेवाला नत्थू मर चुका है, जो उस पूरे साम्प्रदायिक उन्माद के मूल में है। खैर, इस कहानी के आरम्भ में अरुण प्रकाश एक और जरूरी बात रेखांकित करते हैं कि "लम्बी बहसें मुद्दे को नष्ट करने का सर्वसम्मत तरीका है। वैसे जाँच कमीशन भी कफन का काम करती है।"[4] आज के भारत में तो यह बात अक्षरशः सही साबित हो रही है।

इसी साल 1984 में उनकी एक और कहानी 'साँप' और 1985 में 'नाव में अकेले' प्रकाशित हुई थी। दोनों कहानियाँ कुछ खास प्रभावित नहीं कर पाई थीं। इन दोनों में दफ्तर की राजनीति और मध्यवर्गीय मानसिकता की कुछ बानगी थी। और यह बात उतना ही सही है कि अरुण प्रकाश मध्यवर्गीय संवेदना के कहानीकार

कम से कम नहीं थे। उनकी जो ताकत थी, वह इसी साल 'भैया एक्सप्रेस' (1985) में फिर से देखने को मिलती है, बल्कि इसके बाद तो उन्होंने यादगार कहानियों की हैट्रिक बना डाली। इसी के बाद वे 'बेला एक्का लौट रही है' (1986) और 'जलप्रान्तर' (1988) जैसी अविस्मरणीय कहानियाँ लेकर आते हैं। ये तीनों कहानियाँ ऐसी हैं कि इन पर बात करने के लिए अलग से एक-एक लेख की आवश्यकता होगी। लेकिन यहाँ संक्षेप में इन कहानियों के सन्दर्भ में कुछ जरूरी बिन्दु की ओर संकेत भर कर रहा हूँ। यह संकेत उनकी राजनीतिक समझदारी वाली लाइन की दिशा में करना चाहूँगा। इन कहानियों का सामाजिक पाठ काफी किया जा चुका है, लेकिन इनमें निहित राजनीतिक निहितार्थों पर बात कम हुई है। 'भैया एक्सप्रेस' की सतह पर यों तो प्रवासी बिहारी मजदूर की पीड़ा है। प्रवासी मजदूरों के जान की कोई कीमत नहीं है, यह बात तो कोरोना के बाद अलग से बताने की रह नहीं गई है। कोरोना ने हरेक भारतवासी को मजदूरों के जान की कीमत बता दी है। कहानी में इस बात का हल्का संकेत भर है कि विशुनदेव पंजाब में एक वक्त जो आतंकवाद पसरा हुआ था, उसका शिकार हो गया। आतंकवाद पर अरुण प्रकाश बहुत जोर नहीं देते हैं। शायद इसके जरिए वह इस बात को रेखांकित करना चाह रहे थे कि प्रवासी मजदूर जिन भी कारणों से मरें, न तो वह कारण महत्त्वपूर्ण होते हैं और न उनकी मौत कोई खास असर राज्य या राष्ट्र की सेहत पर डाल पाती है। फर्क पड़ता है तो बस उनके परिवार को। 'भैया एक्सप्रेस' की तुलना में 'बेला एक्का लौट रही है।' ज्यादा बढ़ी हुई राजनीतिक या सामाजिक चेतना का पता देती है। पंजाब कमाने गया विशुनदेव अपने घर लौट नहीं पाता है। बेला एक्का की सामाजिक और आर्थिक स्थिति विशुनदेव से बहुत बेहतर नहीं कही जा सकती। पर बेला एक्का लौट आती है। बेला एक्का लौटती है क्योंकि वह सहना नहीं चाहती है। वह जानती है 'सहना मरना है'। विशुनदेव सहता है "विशुनदेव का गौना सामने था। खर्चा जुटाने उसे दूसरी बार भी पंजाब जाना पड़ा। अपने इलाके में न सालों भर मजदूरी का उपाय और मजदूरी भी पंजाब से आधा। विशुनदेव पंजाब से थोड़ा भविष्य लाने गया था।"[5] मजदूरों का पलायन इस देश के सबसे बड़े राजनीतिक सवालों में से एक है, लेकिन किसी राजनीतिक दल की कार्यसूची में यह शामिल नहीं है। इसलिए इनकी मौत भी किसी राजनीतिक दल के लिए कोई मुद्दा नहीं है। मजदूरों का सवाल पहली बार इस देश के संज्ञान में कोरोना के समय में ही दर्ज हो सका है। इस पर भी सरकारें अचेत हैं।

बेला एक्का तब के अविभाजित बिहार से थीं और अब के झारखंड से। झारखंड तब बिहार का उपनिवेश था। आदिवासियों के साथ बिहारियों के दोयम दर्जे के

आचरण को यह कहानी तो दर्ज करती ही है। आदिवासियों के अन्तर्विरोधों को भी अपने निगाह से ओझल नहीं होने देती। बेला एक्का ईसाई धर्मांतरित आदिवासी है। झारखंड की राजनीति में आदिवासी और ईसाई धर्म स्वीकार कर चुके आदिवासी एक नहीं हैं। दोनों के बीच राजनीतिक मतभेद उभर आए हैं। खैर, तब हालात ऐसे नहीं थे। कहानी में फादर विलियम उस सदाशयता, भलमनसाहत, मानवीयता से भरे हैं, जिससे आदिवासियों ने स्वेच्छा से धर्मांतरण किया है। मृदुल टोप्पो खुद इसके उदाहरण के बतौर कहानी में मौजूद है। लेकिन इस कहानी में बेला एक्का के लौटने से भी ज्यादा बड़ी एक और बात मौजूद है। लौटने के निर्णय को खुले मन से स्वीकार कर सकने वाला पिता सोना एक्का। सोना एक्का सातवीं पास है और चपरासी है। बेला एक्का उसकी बेटी है। बेला एक्का की माँ मोदेस्ता बाबुओं के घर में चूल्हा-चौका का काम करती है और शिक्षा का महत्त्व समझ गई है। वह चाहती है कि बेटी पढ़े और नौकरी करे। लेकिन सोना एक्का दूसरे ढंग से सोचता है। उसके सोचने के मूल में उसका अपना जीवन अनुभव है। अपनी पत्नी से बेला एक्का के भविष्य को लेकर होनेवाली कहासुनी में वह कहता है, "मोदेस्ता, क्या होगा पढ़कर? सातवीं क्लास तक मैं पढ़ा, चपरासी बना। तनखा पाता हूँ। लेकिन आदिवासी से दिकू (गैर आदिवासी, ऊँचे लोग) नहीं हो जाऊँगा। मेरा अफसर बात-बात पर गाली देता है—साला आदिवासी! तीर की तरह चुभता है यह! सब कुछ दिकुओं का है—रुपिया भी, इज्जत भी।"[6] सोना एक्का की यह जो बात है, इसमें झारखंड का भूत, वर्तमान और भविष्य तीनों समाहित है। झारखंड के संसाधनों पर अब भी दिकुओं का राज है। लेकिन त्रासदी यह है कि जो आदिवासी ऊँचे ओहदे पर पहुँच जाता है, वह भी उस लूट में शामिल हो जाता है। मधु कोड़ा, एनोस एक्का जैसे आदिवासी नेता कुछ नाम भर हैं। वे पकड़े गए क्योंकि इनकी आरम्भिक पहचान निर्दलीय रही। जो आरम्भ से राष्ट्रीय राजनीतिक दलों के साथ जुड़े हैं, वैसे आदिवासी नेता भी संसाधनों की लूट में शामिल हैं, लेकिन उनको संरक्षण प्राप्त है। चाहे सोना एक्का हो या एनोस एक्का आदिवासियों के मन में भी दिकुओं की तरह जीने की चाह है और अवसर मिलते ही उनका कायान्तरण इस दिशा में तेजी से हुआ है। लेकिन इस सबके बावजूद आदिवासियों में अपने आत्मसम्मान को लेकर जो संघर्षशील चेतना है, वह सोना एक्का में पियक्कड़ी के बाद भी मौजूद है। इसलिए वह कहता है, "पढ़ने से नौकरी मिलती है, नौकरी से पैसा। पैसा के बाद भी इज्जत नहीं तो कुछ नहीं! बोलता है—ए साला आदिवासी! मोदेस्ता, पहले इज्जत। इज्जत लड़ने से ही मिलेगी, पढ़ने से नहीं।"[7] सोना एक्का की एक और बात को अरुण प्रकाश कहानी में रेखांकित करते हैं, जिसके मर्म

को आप तभी समझ पाएँगे, जब आप झारखंडी हों। "सोना एक्का नहीं सुधरेगा। हँडिया पियेगा, धुत्त रहेगा। घर खर्च के लिए भले ही दो सौ रुपये दे देगा, पर बेला को पैसा भेजने के लिए मोदेस्ता को गिड़गिड़ाना पड़ेगा। लेकिन सड़क छाप लड़कों को, जो दिकुओं का विरोध करते हैं, हर महीने खुशी-खुशी चन्दा देगा।"[8] झारखंड को अलग राज्य बनाने के लिए सड़कों पर होनेवाले हिंसक प्रदर्शनों के मूल में जो आदिवासी चेतना काम कर रही थी, उसकी प्रेरणा या अक्षय स्तोत्र को यहाँ देखा जा सकता है। झारखंड की आदिवासी अस्मिता के मूल में एक खौलता हुआ स्वाभिमान और आत्मसम्मान रहा है। उसे सोना एक्का के चरित्र में देखा जा सकता है। जो झारखंड के नहीं हैं, वे इस कहानी को पढ़ते हुए बेला एक्का को याद रखते हैं, लेकिन जो झारखंडी हैं, वे सोना एक्का के चरित्र को नहीं भूल सकते हैं। क्योंकि बेला एक्का के संघर्षशीलता के मूल में दिपदिपाता हुआ सोना एक्का और कुंदन की तरह तपा हुआ उसका यह वाक्य है—"बेला, पढ़ना-लिखना-नौकरी ही सब कुछ नहीं है। इज्जत से रहना।"[9] इसलिए बेला एक्का मरियम मुर्मू की तरह छत से छलाँग लगाने की बजाय नौकरी से इस्तीफा देकर लौटना पसन्द करती है। क्योंकि वह जानती है, "लाशें हिलतीं नहीं, सहती हैं।"[10] और सहना मूलतः मरना ही होता है। चाहे वे स्वयं प्रकाश हों, संजीव हों या फिर अरुण प्रकाश। इस प्रसंग में एक बात जो रेखांकित किए जाने योग्य लगती है कि इन तीनों का सम्बन्ध वामपंथी विचारधारा से था। तीनों ने आदिवासियों को अपनी कहानी का विषय बनाया। लेकिन स्वयं प्रकाश और संजीव की तुलना में अरुण प्रकाश ही आदिवासी विषय के साथ न्याय कर पाए।

1988 में अपने कलेवर में औपन्यासिकता की हदों को छूनेवाली दो कहानियों के साथ अरुण प्रकाश आते हैं एक 'जलप्रान्तर' और दूसरी 'फिर मिलेंगे'। पहले 'जलप्रान्तर' पर बात करते हैं। बिहार में हर साल बाढ़ आती है, पर बाढ़ पर ऐसी मार्मिक और जीवंत दूसरी कहानी कुछ हद तक पूरन हार्डी की 'बुड़ान' याद पड़ती है, लेकिन वह कहानी औपन्यासिकता के हदों को नहीं छूती है। पंडित वासुदेव (पाहुन) की जो मार्मिक कथा है, वह अपनी परिणति में तो खुशवंत सिंह की अंग्रेजी में लिखी हुई कहानी 'दी मार्क ऑफ विष्णु' की याद दिलाती है। यद्यपि पंडित जी के अन्त को छोड़ दें तो शेष कहानी में कोई साम्यता नहीं है। लेकिन दोनों कहानियों में ईश्वर के प्रति पंडित में जो निष्कम्प आस्था है, वह एक समान है। दोनों बिलकुल एक तरीके से अपनी आस्था की कीमत भी चुकाते हैं। खैर, मैं जलप्रान्तर की उस दिशा में व्याख्या नहीं करूँगा। यहाँ पुनः मैं अरुण प्रकाश की उसी सामाजिक-राजनीतिक समझदारी की ओर इशारा करूँगा, जो उनकी उल्लेखनीय कहानियों

में तकरीबन मौजूद है। अव्वल तो बिहार में हर साल आने वाली बाढ़ ही अपने आप में राजनीतिक अकर्मण्यता का सबसे बड़ा उदाहरण है। अरुण प्रकाश इसमें एक वाक्य लिखते हैं, "चूहे जैसे ठेकेदारों ने बाँध के अन्दर-अन्दर बिलें बना रखी थीं।...अजीब यह था कि गुप्ता बाँध पर हर साल बाढ़ नियंत्रण के नाम पर कागजी तौर पर मिट्टी डाली जाती थी। पर गंगा का तल गहरा हो जाता तो शासन तंत्र की हरियाली सूख जाती।...फिर भी बाढ़ के कई फायदे थे। बाढ़ का प्रकोप असन्तोष, राजनीतिक उठापटक, हड़ताल सबको स्थगित कर देती थी और सालों भर रिश्वत के पानी से शासन की जड़ों को सींचती रहती थी।"[11] अभी साल 2019 में बिहार और झारखंड दोनों राज्यों में एक-एक बाँध बह जाने की घटना हुई। बिहार में यह कहा गया कि बाँध को चूहों ने कमजोर कर दिया था। मतलब जो बात अरुण प्रकाश प्रतीकात्मक रूप में कह रहे थे, उसे बिहार सरकार अभिधात्मक रूप में 2019 में कहती पाई गई है। उपरोक्त पंक्तियों में बाढ़ के नाम पर आपदा राहत की राशि की जो बन्दरबाँट होती है, उसी मुफ्त की मलाई के लोभ में बिहार में बाढ़ की इस समस्या का निदान अब तक नहीं हो पाया है। रिलीफ सेन्टर का जो वर्णन अरुण प्रकाश ने किया है, वह इस देश में अब किसी भी आपदा के आने पर आम हो चला है। यह 'न्यू इंडिया' का 'न्यू नार्मल' है। बेगूसराय रिलीफ सेन्टर में तैयार राहत सामग्री हेलिकॉप्टरों के रहते बँटने इसलिए नहीं जा पा रही है क्योंकि जिले के दो सांसद और पाँच विधायक इस बात पर पिले पड़े हैं कि उन राहत सामग्रियों में उनके नाम की पर्ची जानी ही चाहिए। पर्ची नहीं तो राहत सामग्री नहीं। जिलाधिकारी की परेशानी यह है कि उन लाखों राहत पैकेटों को तैयार करने में दो दिन लगे हैं। उन पैकेटों में रोटियाँ हैं, सत्तू नहीं। और देर हुई तो सड़ जाएँगी। अब इन लाखों पैकेटों के भीतर उनके नाम की पर्ची डालना सम्भव नहीं है। अरुण प्रकाश के बारे में इस लेख के आरम्भ में मैंने एक बात कही थी, उसे इस प्रसंग से समझा जा सकता है कि कैसे वे कहानी में कथ्य के सूत्रों से ही कहानी को विकसित किया करते थे, वे अलग से ब्योरे शामिल नहीं करते थे। कथ्य के जरूरी बिन्दुओं को शामिल करके ही ब्योरों का काम चला लिया करते थे। इससे विषयवस्तु पर उनकी तैयारी और जानकारी का पता चलता है। 'योगदान' (1988) में भी उनकी विषयवस्तु विषयक तैयारी को तो देखा ही जा सकता है, इसे 'जलप्रान्तर' की एक अन्तर्कथा के तौर पर भी देखा जा सकता है। इन दोनों कहानियों को जोड़नेवाला सूत्र भी बाढ़ ही ठहरता है। हरिजन प्राथमिक विद्यालय, बिनटोली गाछ के नीचे चलता है। दस साल पहले "मुसहर लोग फूस-बाँस जुटाकर इस्कूल बनाया। तीन साल किसी तरह इस्कूल चला भी। बस बालान नदी का बाँध टूटा, इस्कूल, गाँव का सब बह गया। मुसहर

लोग अपना उजड़ा घर बनाता कि इस्कूल?...ऊ टैम बड़ा हंगामा था। चाँपाकल, इस्कूल, सरकारी कर्जा सब आया।...इस्कूल बनिये जाता त पढ़ाइएगा किसको? मुसहर का बेटा धान काटेगा, अल्हुआ (शकरकंद) खोदेगा कि पढ़ेगा। पढ़ेगा त खाएगा सुपरघंट?"[12] आलम यह है कि "इस्कूल नदारद, लड़का नई, अ मास्टर तीन।"[13] इस व्यवस्था का है कोई जवाब? असल समस्या यह है। "सब इसे जानते हैं, कौन लड़ेगा इन सबों के खिलाफ अकेले की ईमानदारी से क्या होगा?"[14] यह कहानी एक ओर 'सिस्टम' के फेल होने की है तो दूसरी ओर मध्याह्न भोजन जैसी योजनाएँ क्यों आवश्यक हैं? इसका भी उत्तर देती हैं। 'फिर मिलेंगे' कहानी ट्रक ड्राइवरी के पेशे से जुड़ी है। इस कहानी की मार्मिकता पर अलग से लिख नहीं रहा हूँ, पर मनुष्य के स्वभाव में कितनी परतें होती हैं, उसकी एक बानगी इस कहानी में देखी जा सकती है।

यहाँ थोड़ा रुककर अरुण प्रकाश की कहानी कला के एक पक्ष की चर्चा आवश्यक जान पड़ती है और वह है यथार्थ को आयत्त करने की उनकी प्रविधि। उनके यहाँ यथार्थ आवयविक रूप से विकसित होता है (आर्गेनिक इवोल्यूशन)। यथार्थ को बरतने के क्रम में वे यथार्थ के साथ कोई हरकत नहीं करते हैं। हरकत से आशय संगीत में सुरों के साथ किए जानेवाले हरकत से है। एक 'गजपुराण' केवल इस मामले में अपवाद ठहरता है। शेष कहानियों में यथार्थ जितने सादे तरीके से व्यवहृत होता आया है, वह उनकी कहानी को 'कला' में बदलता है। क्योंकि किसी 'क्राफ्ट' का संज्ञान ही तब लिया जाता है, जब उसके कुछेक सफल उदाहरण मौजूद हों। अरुण प्रकाश की तकरीबन स्मरणीय कहानियाँ उनकी इसी शैली की उदाहरण हैं। लेकिन जैसा कि होता है कि साधारण सी चीजों को साकार करना कई बार असाधारण कौशल की माँग करता है। और यथार्थ को कथा में बरतने का यह असाधारण कौशल उनके पास था। क्योंकि 1981 के बाद की उनकी तकरीबन कहानियों का एक स्तर रहा है। मतलब यदि उनकी कहानियों की ग्राफ जैसी कोई चीज बनाई जाए तो उनकी कहानियों का एक स्तर रहा है। ऐसा प्रतीत होता है कि कहानी या अन्य विधाओं की उनकी जो आलोचकीय समझ थी, वह कहानी लिखने के क्रम में खुद-ब-खुद सक्रिय हो जाती थी। इसलिए उनकी कहानियों में एक नपा-तुलापन जैसा सन्तुलन दिखता है। और हर बार वे इसे जिस सटीकता से निभा ले जाते थे, वही बात उनकी कहानी कला पर सोचने को उकसाती है कि इतनी सादगी या सहजता से कहानी को सम्भव कर सकने के मूल में कौन-सी बात थी? ऐसा प्रतीत होता है कि कहानी को समग्रता में देख सकने के बाद ही वे इसे साकार करते थे। ऐसा कहने का आधार यह है कि उनकी कहानियों को पढ़ते हुए

ऐसा कभी भी नहीं लगता है कि यह कहानी शुरू में अच्छी है या इसका मध्याह्न अच्छा है या इसका अन्त जोरदार है। कहानी उनके यहाँ समग्रता में है। यह समग्रता ही है, जिसका आस्वाद कहानी के बाद भी स्मृति में बचा रह जाता है।

यूँ तो अरुण प्रकाश की कहानियों में एक किस्म की 'व्यक्तिगत त्रासदी' लगभग मौजूद रही है। उनकी परवर्ती कहानियों में भी यह बोध कम होने की बजाय गहराता गया है। 'एक जिन्दगी स्थगित'(1989) को ही लीजिए। सुच्चा सिंह को देखकर उसकी 'पर्सनल ट्रेजडी' का रत्ती भर भी अनुमान नहीं होता है, लेकिन जहाँ वह अपना दर्द वर्मा साहेब के सामने बयाँ करता है तो उसमें 1984 का कहीं जिक्र नहीं है। लेकिन सिक्खों के साथ जो कुछ इस देश में हुआ वह आँखों के सामने तैरने लगता है। अनायास हम मंटो या भीष्म साहनी, मोहन राकेश के विभाजन और उसके बाद के साम्प्रदायिक दंगों वाली कहानियों की दुनिया में लौट जाते हैं। सुच्चा सिंह जब अपनी बेबसी को स्वीकार कर रहा है, वह अंश इतना मार्मिक है कि किसी भी साम्प्रदायिक हिंसा के शिकार आदमी का वह कबूलनामा हो सकता है। वस्तुतः उस संवाद में विन्यस्त लाचारगी और बेबसी इस देश के किसी भी डरे हुए आदमी का सच या हलफनामा है। "डर ऐसा है कि मैं चीख भी नईं सकता साहबजी। साहबजी, जानवर डरता है तो जोर-जोर से रोता है। आदमी रोता है तो पानी भरे मिट्टी के घड़े की तरह हिलता है। कोई आवाज नहीं होती। साहबजी, आपको डर नहीं है, आप नहीं समझोगे। मुझे अभी हरजिन्दर को ढूँढ़ना है। मेरी हरजिन्दर मरी नहीं है, वह लापता है। मेरी रीढ़ है कि नईं, मैं कुछ नईं सोचता साहबजी, मुझे हर हालात में हरजिन्दर को ढूँढ़ना है।"[15] इसी में एक जगह सुच्चा सिंह यह भी कहता है कि "पहले मैं रेट के लिए आप ही से झिक-झिक कर लेता था। अब नईं करता, किसी से नईं करता।"[16] इसमें एक कौम के मन में बैठा वह डर बोल रहा है कि अपनी वाजिब मजदूरी माँगने पर भी उसके साथ हादसा हो सकता है। उसने खुद को दूसरों के रहमोकरम पर छोड़ दिया है। अरुण प्रकाश की कहानियाँ महीन पढ़त की माँग करती कहानियाँ हैं।

अरुण प्रकाश की कहानियाँ कहीं से प्रयोगधर्मी नहीं रहीं। लेकिन 1991 के बाद कहानियों के स्तर पर उन्होंने कुछ छिटपुट प्रयोग किए और इसमें एक निरंतरता-सी रही। तीन-चार ऐसे प्रयोगों की ओर ध्यान दिलाना चाहता हूँ। 1991 और 1993 में उन्होंने क्रमशः 'अच्छी लड़की' और 'बहुत अच्छी लड़की' शीर्षक से कहानी लिखी। इन दोनों कहानियों के साथ चाहें तो 'अथ मिस टपना कथा' को भी रखकर देख सकते हैं। लेकिन प्रयोग उन्होंने 'अच्छी' और 'बहुत अच्छी' में किया था। इन कहानियों से उनकी स्त्री विषयक दृष्टि का कुछ-कुछ अनुमान हमें

होता है कि वह कौन सी बात है जिसके कारण वे एक को 'अच्छी लड़की' बता रहे हैं और दूसरे को 'बहुत अच्छी'। बल्कि समग्रता में आप अरुण प्रकाश को पढ़ रहे हों तो यहीं से उनकी कहानियों में आईं स्त्रियों की ओर हमारा ध्यान जाता है। उनकी निगाह में अच्छी लड़की वह थी, जो खुद के सुख से पहले परिवार के सुख के बारे में सोचे। और 'बहुत अच्छी लड़की' वह थी जो खुद के सुख के बारे में पहले सोचे। 1991 के बाद उनकी कहानियों में स्त्री विषयक दृष्टि में एक सचेत स्तर पर बदलाव देखने को मिलता है। 1992 में आई 'ना' कहानी की फूलसुन्दरी की 'ना' में उसके आत्मनिर्भर व्यक्तित्व का दमकता हुआ सौन्दर्य मौजूद है। 1993 की 'बहुत अच्छी लड़की' के रूप में हमारी परम्परागत सोच पर चोट करती अनिता राव तो है ही। लेकिन इसके बाद उनकी चार कहानियों को एक साथ पढ़े जाने की जरूरत है। 'तुम्हारा सपना नहीं' (1992), 'मँझधार किनारे'(1993), 'विषम राग' (1998) और 'नहान'। इन चार कहानियों को पढ़ने पर कहानी के स्तर पर किए गए उनके एक दूसरे प्रयोग का पता हमें चलता है। और वह प्रयोग है झुग्गियों के जीवन के अलग-अलग शेड्स को सामने लाने का। 'तुम्हारा सपना नहीं' महानगर में झुग्गी की समस्या से हम पहली बार दो-चार होते हैं। यह कहानी भी मुम्बई की पृष्ठभूमि पर है और झुग्गी बांद्रा में आबाद होती है। लेकिन झुग्गी वाली उनकी श्रृंखला में यह सबसे कमजोर कहानी ठहरती है। इसके बाद की तीनों कहानियाँ अलग-अलग कारणों से एक दूसरे का विस्तार जान पड़ती हैं। 'नहान' को छोड़ दें तो 'मँझधार किनारे' और 'विषम-राग' तो दिल्ली की झुग्गियों के जीवन को जिस ढंग से सामने लेकर आती है, उसकी 'ऑथेंटिसिटी' हतप्रभ करती है। 'नहान' में चॉल जैसा जीवन है, लेकिन जिन्दगी की तासीर तीनों में एक-सी है। झुग्गियाँ कैसे आबाद होती हैं? झुग्गियों में जीवन कैसे आबाद होता है? झुग्गियों के रोजमर्रे के लफड़े, इन सबको 'मँझधार किनारे' में देखा जा सकता है। कहानी के केन्द्र में असलम और रंजो है। असलम बांग्लादेशी है। यह कहानी इतने स्तरों पर चलती है कि क्या कहूँ? झुग्गियों की दुनिया में प्यार कैसे पनपता है? अपराध कैसे पनपता है? कबाड़ी की जिन्दगी क्या होती है? किसी बांग्लादेशी घुसपैठिये के रोजमर्रे का भय क्या होता है? अपने कुनबे से अलग ब्याह करने का डर क्या होता है? कई परतें हैं, जिसमें कहानी एक साथ सन्तरण करती है। जैसे इस कहानी में असलम और रंजो हैं 'विषम राग' (1998) में कम्मो और सतनाम हैं। असलम कबाड़ी का काम किया करता था तो सतनाम भी कचड़ा-गंदगी साफ करने का काम करता है। यह कहानी भी जिन्दगी के अभाव और संकट को बिलकुल अलहदा ढंग से उठाती है। इसमें उम्रदराज कम्मो और उससे कम से कम दस साल छोटे सतनाम की

कहानी है। कहानी में अचानक लौट आई सतनाम की पत्नी कलिया है, जो अपने आशिक के साथ अपने दोनों बच्चों को लेकर भाग गई थी तो दूसरी ओर कम्मो का बेटा है, जिसे माँ के अधेड़ उम्र में बनाए इस सम्बन्ध से खासी दिक्कत है। कलह के अलग-अलग कारण दोनों कहानियों में है। 'नहान' में फिर सूरज और नहान उर्फ माला के साथ नन्दू की कहानी है। इन तीन कहानियों में प्रेम का ऐसा रूप मौजूद है, जिसके आमतौर पर न तो हम अभ्यस्त हैं और न ही हमारी जानकारी में ऐसे प्रेम देखने में आते हैं। यह अलग ही दुनिया है। जितनी अलग उतनी ही वास्तविक। श्रम के सौन्दर्य से आबाद एक ऐसी दुनिया जहाँ मर्द औरत को ब्याह के बाद छोड़ दे तो औरत टसुए नहीं बहाती है। चूल्हा-चौका, झाड़ू-पोंछा, कलंदरी, चूड़िहारिन बनकर अपना जीवन खुद्दारी के साथ अपनी शर्तों पर गुजार लेती है। ऐसा भी नहीं कि उनकी जिन्दगी में कोई मुलायमियत मौजूद हो, भयंकर खुरदरेपन के बीच छोटी-छोटी खुशियों से अपने जीवन को आबाद करने की इन कोशिशों में जीवन का सौन्दर्य पसरा पड़ा है। अरुण प्रकाश के गद्य का रियाज यहाँ दिखता है।

इन कहानियों से इतर भी अरुण प्रकाश की 'स्वप्न घर', 'गज पुराण', 'भासा' पर बात की जा सकती है। इन तीनों में से किसी एक पर बात करनी हो तो मैं 'गज पुराण' को चुनूँगा। इसलिए कि ऊपर जिन प्रयोगों के बाबत मैंने बात की है, वह है तो 'स्वप्न घर' में भी। 'स्वप्न घर' में उन्होंने कुमार विकल की कविताओं को कहानी में बहुत प्यार से पिरोया है। लेकिन 'स्वप्न घर' की तुलना में 'गज पुराण' में उन्होंने एक साथ कई प्रयोग किए हैं। एक बहुत लम्बे समय को वे कहानी में लेकर आते हैं। पहली बार 'फैंटेसी' के जरिए यथार्थ को बरतने की कोशिश करते हैं और निभा ले जाते हैं। हाथी के स्वभाव उसके भय को लेकर जगह-जगह उनकी जो टिप्पणियाँ हैं, वे अलग से रेखांकित कर पढ़ने लायक हैं। कहानी का जो उनका 'क्राफ्ट' था, 'गज पुराण' में वे उसका अतिक्रमण कर गए थे। जितने बड़े देश-काल को वे इस कहानी में नापते हैं। वह खासा उल्लेखनीय है। एक कहानीकार के बतौर जब आप सोचें कि इन सब बातों को कहानी में उतारना हो, तब 'गज पुराण' की उल्लेखनीयता को ठीक-ठीक समझ पाएँगे। कहानी के केन्द्र में यद्यपि हाथी मस्तान है। लेकिन उसके समानान्तर यह कहानी काली बाबू, नूरा, पुत्तू की भी है। स्वप्न की भी है, पलायन की भी है। दलित की भी है, सवर्ण की भी है। दलित और मुस्लिम एकता की भी है। हाथी के सामन्ती इस्तेमाल से लेकर कॉरपोरेट इस्तेमाल की भी है। हाथी की बीमारी भी है, हाथी का प्रेम भी है। एक हाथी राजधानी दिल्ली की रफ्तार भी रोक सकता है? ऐसी असम्भव कल्पना भी है।

समग्रता में देखें तो अरुण प्रकाश की कहानियों की एक बड़ी 'रेंज' है। इतने किस्म के जीवन अनुभव को उन्होंने अपनी कहानियों में जगह दी है कि यकीन कर पाना मुश्किल हो जाता है कि एक ही आदमी का जीवन अनुभव इतना विस्तृत हो सकता है। 1971-72 के बाद जब 1981 में वे कहानी की दुनिया में वापसी करते हैं। तब कहानी के मोर्चे पर एक पूरी तैयारी के साथ लौटते हैं। एक 'प्रॉपर' कहानीकार। कई मुद्दों को कहानी में सहजता से पिरोने की सलाहियत के साथ। जैसे उनके जिस्म पर कोई अतिरिक्त चर्बी नहीं थी, वैसे ही उनकी कहानियाँ भी छरहरी रहीं। ब्योरे के स्तर पर अतिरिक्त का एक निषेध सदैव उनकी कहानियों में रहा। कहानी कितनी सधी हुई होनी चाहिए, इसका एक बोध उनकी कहानियों में व्याप्त रहा। कहानी आवयविक तौर पर कैसे विकसित होनी चाहिए, इसकी एक तमीज उनकी कहानियों में रही। कोई अभाव या संकट (क्राइसिस) उनकी कहानियों के केन्द्र में रहा। 'क्राइसिस' उनकी कहानियों का प्रस्थान बिन्दु रहा। उनकी कहानियाँ क्राइसिस में किरदारों के विकसित होने की रही। जूझने की रही। समर्पण या पलायन का भाव उनकी कहानियों में नहीं रहा। संघर्षशीलता से लबरेज ये कहानियाँ श्रम के सौन्दर्य को बराबर सामने लाती रहीं। उनकी कहानियाँ अभाव और दुर्दिनों में भी इनसानियत और आदमीयत को रेखांकित करती कहानियाँ हैं। यद्यपि इस किस्म के सबक भी साथ-साथ मौजूद रहे कि आज के समय में सीधेपन और ईमानदारी की कीमत चुकानी पड़ती है। या तो आप में इतना साहस होना चाहिए कि आप आततायी के सामने खड़े हो जाएँ (मँझधार किनारे) या फिर समझौता कर लें (योगदान), एक बीच का रास्ता भी वे सुझाते हैं लौट जाने का (बेला एक्का लौट रही है), लौटने की चाह न हो और सामने भी बेहतर विकल्प न हो तब मृत्यु भी हो सकती है (गज पुराण), आदि। उनकी कहानियाँ जिन्दगी के अलग-अलग धरातल पर हमें लेकर जाती हैं। वह संघर्षों की एक अनदेखी दुनिया को हमारे सामने लेकर आते हैं या हमें उस दुनिया में लेकर जाते हैं, जो हमारे आसपास की दुनिया है। लेकिन उसके बारे में हम कितना कम जानते हैं। हिंसा किस कदर हमारे चारों ओर पसरी है, इसका रत्तीभर भी अनुमान हमें नहीं है। इसलिए मैंने कहा कि हिंसा ही वह धरातल है, जहाँ से अरुण प्रकाश की कहानियों की बेहतर समझ विकसित की जा सकती है। मृत्युबोध को अरुण प्रकाश की कहानियों में एक रूढ़ि के बतौर देखा जा सकता है। उनकी कहानियों में पिता की मृत्यु एक रूढ़ि के रूप में उपस्थित है। मानो कहानी एक आश्रय के छिन जाने के बाद आरम्भ होती है। मानो जिन्दगी की जद्दोजहद भी छत या पैर तले की जमीन खिसक जाने के बाद ही आरम्भ होती है। 1992 के आसपास उनकी कहानियों में घर की चिन्ता भी शामिल हो जाती है।

झुग्गियों के जीवन पर केन्द्रित उनकी कहानियों में एक झुग्गी खड़ा कर लेने की चिन्ता, अपना घर बसाने की चिन्ता बार-बार ध्वनित होती है। एक तीसरी रूढ़ि जो इससे कम बारंबारता के साथ मौजूद है, वह है बच्चा न होना। यद्यपि इसकी अर्थपूर्ण ध्वन्यात्मकता को मैं डिकोड नहीं कर सका कि वे क्यों यह सूचना कहानियों में कई बार देते हैं। आमतौर पर बिहार, दिल्ली, मुंबई और पंजाब की पृष्ठभूमि पर उन्होंने कहानियाँ लिखी। मैथिली भाषा को हिन्दी कहानी में खूबसूरती से उन्होंने पिरोने का काम किया। उनके निधन के पश्चात् सुदीप्ति ने उन्हें याद करते हुए एक स्मरणीय वाक्य लिखा, जिससे मेरी अक्षरशः सहमति है कि "अरुण प्रकाश कहानी की संख्या बढ़ानेवाले कथाकार भर नहीं थे, उन्हें कहानी कला की गहरी समझ थी।"

आधार ग्रंथ

विषम राग, राजकमल प्रकाशन, नई दिल्ली, 2003

नवीन सागर

जन्म : 29 नवम्बर, 1948
निधन : 14 अप्रैल, 2000

परम्परा के प्रचलित खाँचों के बाहर छलकता सागर

हिन्दी कहानी की दुनिया में नवीन सागर उन नामों में है, जो जितनी चर्चा के हकदार थे, उतना दाय उनको मिला नहीं। इसके मूल में कुछ तो वे खुद रहे और कुछ हिन्दी का साहित्यिक समाज रहा। उनकी गुमनामी के मूल में जो चार बड़ी वजहें मुझे प्रथम दृष्ट्या जान पड़ती हैं। वह कुछ यों है कि एक तो उनकी असामयिक मृत्यु ने उनसे और हमसे, उनका बहुत कुछ छीन लिया। दूसरे, अपने लेखकीय सफर में उन्होंने एक लम्बी खामोशी चुनी। उनकी ओर से यह लेखकीय चुप्पी 15-20 वर्षों की रही। उसके बाद की उनकी मुखरता का संज्ञान सही से लिया नहीं जा सका। तीसरे, विचारधारा के स्तर पर उनका समाजवादी होना भी शायद एक गुनाह साबित हुआ। जबकि उनके लेखन के मूल में "किसी भी रचना को परखने के लिए सामाजिक सरोकार एक कसौटी का काम करते थे।"[1] लेकिन सामाजिक सरोकारों के प्रति अपनी अक्षुण्ण कटिबद्धता के बावजूद व्यक्तिगत स्तर पर "अज्ञेय, निर्मल वर्मा, विनोद कुमार शुक्ल और रमेशचन्द्र शाह ऐसे ही कुछ नामों के प्रति नवीन सागर जीवन भर आदर और कृतज्ञता के भाव से भरा रहा।"[2] प्रगतिशील लेखक संघ के स्वर्णिम दिनों में इस वैचारिक व वैयक्तिक आग्रह के साथ अपने लिए सम्मान अर्जित कर पाना एक कठिन काम था। कहना न होगा कि उनकी हिन्दी समाज की अनदेखी के मूल में इस बिन्दु को दरकिनार नहीं किया जा सकता है। चौथा, उनकी कहानियों का एकमात्र संग्रह उनके जीवनकाल में प्रकाशित हुआ, उसकी सहज उपलब्धता का अभाव भी एक कारण रहा। बाकी कहानियाँ बिखरी रहीं। अब साल 2019 में उनकी सम्पूर्ण कहानियाँ[3] प्रकाशित होने के बाद उन पर बात करने की सूरत बन पाई है या कहें कि बन रही है। बाकी उनकी कहानियाँ भी सहजता के शिल्प में नहीं हैं। वक्त माँगती हैं। तसल्ली चाहती हैं। शिल्प और अन्तर्वस्तु दोनों धरातल पर कुछ अपरिचित-सा उनकी कहानियों में दिखता है। यह कुछ ऐसा है, जो प्रतीत होता है, लेकिन एकबारगी ठीक-ठीक हाथ में नहीं आता है। तकरीबन वैसा जिसे हम कहते हैं पेट में है जुबान पर नहीं आ रहा है।

निम्न-मध्यवर्ग या निम्न वित्तीय व्यवस्था वाले परिवारों की त्रासदी, विडम्बना और बेबसी को अपने समकालीन और पूर्ववर्ती कहानीकारों से कुछ अलग ढंग से दर्ज करने का काम नवीन सागर ने किया है। निम्न-मध्यवर्ग और मध्यवर्ग के अलग-अलग स्तरों को हिन्दी कहानीकारों ने जिस ढंग से अपना विषयवस्तु बनाया है। उससे केवल इस श्रेणी की कहानियों में कहानीकारों के बीच गलाकाट स्पर्धा का माहौल बन गया है। उस पूरी परम्परा का मूल्यांकन तो यहाँ सम्भव नहीं है। लेकिन उस पूरी परम्परा में नवीन सागर क्या जोड़ते हैं या कैसे अपनी विशिष्ट छाप छोड़ते हैं? इस लेख में इतना तो किया ही जा सकता है। अखिलेश की कहानियों में जैसे कस्बा का भी एक चेहरा उभरता है, उदय प्रकाश की कहानियों में 'इन्फार्मेशन' के धरातल पर देश-काल का भी अक्स उभरता है। लेकिन नवीन सागर की कहानियों में यह निपट घर के भीतर का अन्दरूनी मामला है। रोजमर्रे के जीवन की दुश्वारियों का मामला है। जिन्दगी की बुनियादी जरूरतों के पूरा न हो सकने से उपजी बेबसी का आख्यान है। इन कहानियों में वैयक्तिकता का एक गाढ़ा प्रभाव है। जिसके कारण इन कहानियों के साथ अनायास ही उनका व्यक्तिगत जीवन नत्थी हो जाता है। मतलब इन कहानियों को समझने के संकेत सूत्र एक तो उनके निजी जीवन में मिलते हैं। यद्यपि कहानियों को देखने का यह तरीका सही नहीं है, लेकिन नवीन सागर की कहानियों में निजता की जो प्रगाढ़ता है, उसके साथ न्याय करने का दूसरा तरीका समझ में नहीं आता है। कारण कि नवीन सागर की कहानियों में कुछ है, जो कहानियों के समानान्तर अनुगूँजित होता रहता है। जो कहानी की पहली पढ़त में ठीक-ठीक पकड़ में नहीं आता है। बस प्रतीत होता है कि कुछ है जो कहानी के भीतर होते हुए भी उसके बाहर है। जो मानो हाथ में आकर भी छूट-छूट जाता है। ऐसा वे अपनी कहानियों में बार-बार करते हैं। ऐसा करने के मूल में वजह तलाशने निकला तो उनकी कहानी में ही यह सूत्र मिला कि "दरअसल ऐसा किस्सा चाहता हूँ जो देखे-सुने-जाने और हुए से अलग हो। जिसकी कल्पना भी नहीं है। और जो किस्सा जिन्दगी पर भरोसा करा दे।"[4] और जब इस सूत्र को वे कहानियों के स्तर पर बरतना आरम्भ करते हैं तो उससे होता इतना भर है कि 'कुछ अनदेखी चीजें दिखने लगती हैं।' नवीन सागर के शब्दों में कहें तो "वो दिख रहा है जो नहीं दिख रहा है।"[5] कहानी विषयक उनकी इस सोच को कहानी के स्तर पर क्रियान्वित करने पर कहानी जिस रूप में दरपेश होती है। उससे होता यह है कि कहानी के सन्दर्भ में एक दुविधा-सी बनी रहती है कि क्या हम इस कहानी को ठीक-ठीक समझ पा रहे हैं? क्या कहानी यही कहना चाहती है? एक 'सायास आरोपित अविश्वसनीयता' उनकी कहानियों

की खासियत रही है। यह आलोचकों के लिए तो एक चुनौती रही ही है कि वे इसे कैसे ग्रहण करते हैं? और उसकी कैसी व्याख्या प्रस्तुत करते हैं? इस लिहाज से देखें तो नवीन सागर सहज कहानीकार नहीं हैं। मसलन उनकी कहानी 'किसी की शक्ल' को लें। आज उस कहानी को पढ़ते हुए उसमें आपातकाल की छाया की अनुगूँज दिखती है। बल्कि किसी भी समय-समाज में जहाँ लोकतंत्र या लोकतांत्रिक मूल्यों का क्षरण हो रहा हो और फासिज्म के लक्षण प्रकट हो रहे हों, यह कहानी उस समय-समाज की जान पड़ती है। सेना का एक ट्रक है जो किसी एक को दिख रहा है और बाकियों को नहीं दिख रहा है। आप इस पर कैसे यकीन करेंगे? कहानी के भीतर भी जिसे ट्रक दिख रहा है, उस पर कोई यकीन नहीं कर रहा है और कहानी के बाहर भी उस पर यकीन कर पाना मुश्किल है। यह अविश्वास कहानी के पात्र के स्तर से निकलकर कहानी की विश्वसनीयता की धरातल तक पहुँच जाता है कि क्या ऐसी कहानी पर यकीन किया जा सकता है? आखिर क्यों यह बात कहानी के धरातल पर हमें 'कन्विंसिंग' नहीं जान पड़ती है? मेरे लिए मूल सवाल यह है। यहीं से कहानी की गिरह खुलती है कि हमने एक ऐसा समाज रच डाला है, जिसमें एक ही चीज सबको न दिखे तो हम उसके वजूद पर यकीन ही नहीं कर पाते हैं। इसे आज के उदाहरण से समझें। एक 'भक्त' जिस ढंग से इस समय देश को देख रहा है, उस ढंग से दूसरे नागरिक देख ही नहीं पा रहे हैं। बल्कि उन्हें वह दिख ही नहीं रहा है। एक की जो वास्तविकता है, उस तक दूसरा अपनी कल्पनाशीलता के जरिए भी नहीं पहुँच पा रहा है। इस 'थीम' की जटिलता और इसे साकार करने की जो कठिनाई है, उसको ध्यान में रखें तब जाकर 'किसी की शक्ल' कहानी की परतें खुलती हैं। इस कहानी को समझने के लिए आपातकाल के भयावह माहौल को समझना होगा, जिसके सूत्र पूरी कहानी में पसरे हैं। मतलब उन सूत्रों को एक साथ रखें तो उस दौर की तस्वीर मूर्तमान हो उठती है। नवीन सागर उस अमूर्त भय को साकार करने के लिए सेना के एक ट्रक को मूर्त रूप दे डालते हैं। यहीं से उनकी कहानियों को समझने का एक और महत्त्वपूर्ण सिरा हाथ लगता है। यह सिरा चित्रकला की दुनिया का है। चित्रकला के संसार में जो भी कलात्मक आन्दोलन हुए हैं। उसके मूल में 'यथार्थ के अभिग्रहण की बदली हुई दृष्टि' है। इसका मतलब यथार्थ को 'परसीव' करने के बदले हुए नजरिए से है। हिन्दी कहानी में जोर 'परिवर्तित यथार्थ' को व्यक्त करने पर रहा है। बदले यथार्थ को पकड़ने का रहा है। लेकिन चित्रकला की दुनिया में यथार्थ के अभिग्रहण का तरीका साहित्य से थोड़ा अलहदा रहा है। इम्प्रेशनिज्म, सुर्रियलिज्म आदि के उदाहरणों से इसे समझा जा सकता है। कल्पना की हल्की-सी हरकत

क्या कमाल कर सकती है, इसे सल्वाडोर डाली के चित्रों से समझा जा सकता है। नवीन सागर अपनी कहानियों में कल्पना की ऐसी ही हल्की-सी हरकत का इस्तेमाल करते हैं, जिसे हम अक्सर अपनी नासमझी में फैंटेसी और पता नहीं क्या-क्या समझ लेते हैं। फैंटेसी अपने आप में एक 'मुकम्मल काल्पनिक प्रतिसंसार' होता है। कल्पना के कुछेक 'स्ट्रोक्स' भर से आप कथा में 'फैंटेसी' की सर्जना नहीं कर सकते हैं। 'फैंटेसी' का निर्वाह आद्यन्त करना होता है। नवीन सागर की कहानियों से ही कुछेक उदाहरण रख रहा हूँ जिससे यह बात थोड़ी और साफ हो जाए। "उसने एक बढ़िया बात भी कही, आप जा रहे हैं, सामने पेड़ आ गया तो आप उसे देखते हैं। यह पेड़ न देखने की आपकी स्वतंत्रता पर पेड़ का हमला है। एक दिन सेना के ट्रक की चर्चा के बीच वह अचानक उत्तेजित होकर खड़ा हो गया और विभोर होता हुआ बोला, अभी-अभी मुझे एक कल्पना आई कि सेना के ट्रक की चोंच निकल आई है। और वह पंख फैला कर उड़ने वाला है।"[6] या फिर 'घोड़े का नाम घोड़ा' कहानी का यह अंश देखिए "पापा! क्या ऐसा नहीं हो सकता कि जो आजाद नहीं हैं उनके पंख निकल आएँ और वे सबकी पकड़ से बहुत ऊपर उड़ जाएँ! कुत्तों के सूअरों और भेड़ों और शेरों के और हाथियों के भी पंख...।...कभी क्या ऐसा नहीं हो सकता कि जिस तरह सड़क पर आजाद मैं जा रही हूँ, उसी तरह बगल में घोड़ा आजाद गुजर जाए जो किसी का न हो।"[7] यह जो मामूली-सी कल्पनाएँ हैं। इन मामूली कल्पनाओं को गैर मामूली ढंग से नवीन सागर अपनी कहानियों में पिरोते रहे हैं। गैरमामूली इसलिए कह रहा हूँ कि इससे उनकी कहानियों के अभिग्रहण और अवबोध दोनों के स्तर पर एक समस्या खड़ी हो जाती है। बावजूद इसके उन्होंने अपनी इस प्रवृत्ति या आदत को बनाए रखा। यह उनका अपने सृजन कर्म के साथ-साथ उसे पढ़नेवाले पर उनके भरोसे का द्योतक है।

अभिग्रहण और अवबोध की इस समस्या को समझने की आवश्यकता है, इसे पुनः चित्रकला के उदाहरण से समझाने की कोशिश करता हूँ। मेरे बचपन में सोवियत रूस की कई पत्रिकाएँ मेरे घर आया करती थीं। उसमें चित्रकला से सम्बन्धित तस्वीरें भी होती थीं। उन्हीं में से किसी अंक में एक चित्रकार की कुछ तस्वीरें थीं। जिसमें से एक की स्पष्ट याद मुझे है कि एक हिरण है लेकिन उसका सिर किसी स्त्री का है। एक बच्चे के बतौर उस तस्वीर को देखकर मुझे सबसे ज्यादा दुख इस बात का हुआ था कि वह चित्रकार एक सुन्दर हिरण बना सकता था, एक रोती हुई औरत वह अलग से बना लेता। लेकिन यह क्या कि अच्छे-भले हिरण के चित्र को उसने बर्बाद कर डाला। लेकिन वह तस्वीर मेरी

स्मृतियों में नक्श रह गई थी। बाद में वयस्क होने पर पाब्लो पिकासो के चित्रों को देखते हुए पुनः महसूस हुआ कि पिकासो इतनी विरूपित स्त्रियों की तस्वीरें क्यों बनाते हैं? क्या सधे हुए पोर्ट्रेट बनाने का सामर्थ्य उनमें नहीं था? फिर पिकासो, वैन गॉग, डॉली, आदि के चित्र देखता हुआ इस बात की समझदारी विकसित हुई कि यह तो यथार्थ को विरूपित या रूपान्तरित फार्म में रखना है। चित्रकार की सोच का सूत्र यहीं छिपा है। तब जाकर कोई तीसेक साल बाद बचपन में देखी उस हिरणी की तस्वीर में उसके सीने में धँसा शिकारी का तीर दिखा और हिरणी के रुदन और स्त्री के रुदन का तादात्म्य समझ में आया। हिन्दी कहानी में यथार्थ और रैखिकता का जो आग्रह है, वह अर्थ ग्रहण के स्तर पर पाठकों-आलोचकों के लिए एक सहूलियत पैदा करता आया है। नवीन सागर की कुछेक कहानियों को छोड़ दें तो वह कहानी की इस परम्परागत संरचना में कल्पना की हल्की-सी हरकत से एक विक्षोभ पैदा करते हैं। यह विक्षोभ तरंगों की शक्ल में वलयित होता हुआ मानो पूरी कहानी को अपने घेरे में ले लेता है। इसलिए नवीन सागर की कहानियों को भीतर के साथ बाहर से भी देखने की जरूरत बनती है। मतलब 'जूम इन' और 'जूम आउट' दोनों का इस्तेमाल किए बगैर, उनकी कहानियों को ठीक-ठीक पकड़ पाना मुश्किल है। कुछ मूल्यवान लग सकता है, लेकिन वह मूल्यवान है क्या? इसका ठीक-ठीक जवाब नहीं दिया जा सकता है। मसलन वह निजी जीवन के दुखों को कहानियों में रखते हुए उसका अनायास अतिक्रमण कर जाते हैं। वह जानबूझकर कहानी के अर्थग्रहण की प्रक्रिया को बाधित करते हैं। उस अर्थग्रहण की प्रक्रिया में वे किसी काल्पनिक बिम्बयोजना को लेकर आते हैं, जो होता तो उसी अर्थग्रहण की सीध में है लेकिन लगता नहीं है। इसे कुमार गंधर्व के एक हवाले से समझाने का जतन करता हूँ। कुमार गंधर्व कहा करते, "हाथी को हम सामने से ही तो नहीं देखते ना हमेशा? इस बाजू से, उस बाजू से, पीछे से भी देखते हैं ना? वैसा ही नजरिया क्यों नहीं रखते आप रागों के प्रति? एक महल है, उसमें क्या सिर्फ दर्शनी द्वार ही है? और भी तो दरवाजे हैं। खिड़कियाँ भी हैं बहुत सारी। फिर मुख्य दरवाजे से ही प्रवेश करने का आग्रह क्यों?"[8] नवीन सागर अपनी उन कहानियों में कुछ ऐसा ही करते हैं। यह अविश्वसनीय से लगनेवाले दृश्यविधान उस कहानी में प्रवेश करने के अन्य दरवाजे हैं, जहाँ से उस कहानी का अर्थ और आशय बदल जाता है। चूँकि हिन्दी कहानी में अर्थग्रहण का एक परम्परागत संस्कार रहा है, जिसकी प्रविधि से यह तरीका मेल नहीं खाता है तो हमें थोड़ी असुविधा होती है।

यह आधुनिक कहानी में 'पौराणिक प्रविधि' का सन्निवेश करने जैसा है।

'सत्यकथा', 'बोझ', 'अपनी जमीन', 'घर', 'मोर', 'अँधेरा प्रहसन' आदि कहानियाँ ऐसी ही हैं। जिसमें विन्यस्त बिम्ब और प्रतीकों का ठीक-ठीक अर्थ कर पाना कठिन है। कारण प्रतीकों की कई व्याख्याएँ की जा सकती हैं। इस लिहाज से देखें तो हर आनेवाली पीढ़ी उसमें अपना अर्थ भरेगी। मैं भी अर्थ भरने की ऐसी कोशिश ही कर रहा हूँ। अर्थ करने या भरने के मामले में उपरोक्त कहानियाँ उनकी कठिनतम कहानियों में से है। मजे की बात यह है कि उनकी कठिनतम कहानियाँ भी पाठ के धरातल पर अपनी कठिनता का बोध कतई नहीं कराती हैं। लेकिन यदि आपको रुककर इन कहानियों पर ठोस ढंग से बात करने की जरूरत पड़ जाए तो मामला गम्भीर हो जाता है। इन कहानियों पर बात करने का प्रस्थान बिन्दु ढूँढ़ना मुश्किल हो जाता है। यह भी एक बड़ी वजह है कि उनकी कहानियों पर बात नहीं हो सकी है। इस कठिनाई को भी ठीक से रेखांकित किए जाने की जरूरत है कि यह दरअसल है क्या? नवीन सागर कहानी में कहीं भी और कभी भी एक अविश्वसनीय-सा लगनेवाला दृश्य रच देते हैं। इस बिम्ब, प्रतीक या रूपक के आलोक में पाठक और आलोचक को अपनी स्थिति को फिर से पूरी कहानी के साथ 'एडजस्ट' करना होता है। उस बिम्ब के आशय को कहानी के स्तर पर 'डिकोड' किए बगैर आपका काम नहीं चल सकता है। इसे ही मैं 'पौराणिक प्रविधि' कह रहा हूँ। मतलब एक तो उसका कोई एक सुनिश्चित अर्थ तय करने की कोई प्रविधि हमारे पास नहीं है। तो यहाँ हम उस कहानी के सम्भावित अर्थ के सन्धान के काम में जुट जाना पड़ता है। और यह कोई जरूरी नहीं कि आप जिस सम्भावित अर्थ के साथ वापस लौटें उससे अन्य सहमत हो ही जाएँ। मतलब लगातार एक बहस की सम्भावना से इनकार नहीं किया जा सकता है। नवीन सागर की अनेक कहानियों के साथ व्याख्या का यह संकट विद्यमान है। उनके जीवित रहते उनकी कहानियों पर उनसे बात करने की जरूरत थी। यदि उनकी मित्र-मंडली में ऐसी बातें हुई हों, तो उसे भी सामने लाने की जरूरत है। अमूमन इस किस्म का संकट उनके समकालीन कहानीकारों में किसी के साथ पेश नहीं आया है। यह तथ्य इस बात की तस्दीक करता है कि उन्होंने कहानी को अपने समकालीनों की तुलना में अलग ढंग से बरतने की प्रविधि ईजाद कर ली थी। उनके पास कहन की अपनी भंगिमा थी। इस कहन की भंगिमा को उनकी कहानियों के उदाहरण के जरिए ज्यादा बेहतर तरीके से समझा जा सकता है। यह और ज्यादा बेहतर हो सकता था, यदि उनकी सम्पूर्ण कहानियों के प्रकाशन के साथ उन कहानियों का रचना वर्ष भी उपलब्ध हो गया होता। पर उस क्रमिकता को दरकिनार करके भी कुछ बातें तो निवेदित की ही जा सकती हैं। जैसे उनकी एक कहानी है 'सत्यकथा'। इस कहानी को अभिधात्मक

अर्थ में लें तो कहानी के कथ्य को स्वीकारना मुश्किल जान पड़ता है। ऐसा भी नहीं है कि उसमें कोई लक्षणा या व्यंजना है जिसे समझकर उस कहानी के साथ न्याय किया जा सकता है। नवीन सागर अपनी कहानियों में कब अपनी निजता का कथ्य के बतौर इस्तेमाल कर लेते थे, यह बता पाना मुश्किल है। यदि आप उन निजी प्रसंगों को जान जाएँ या उसका अनुमान कर लें तो कहानी का अर्थ और आशय बिलकुल बदल जाता है। जैसा इस कहानी के साथ होता है। कम लोग जानते हैं कि मैथिलीशरण गुप्त नवीन सागर के नाना लगते थे। तो साहित्य नवीन सागर को विरासत में मिला था। केवल इस सन्दर्भ को ध्यान में रखकर 'सत्यकथा' में किताबवाले मुकुन्द की त्रासदी, विडम्बना और बेबसी वाली पंक्तियों को पढ़िए। तब यह कहानी बिलकुल अलहदा रूप में हमारे सामने खुलती है। एक विरासत जिसका कोई मोल नहीं रह गया है। उस विरासत का उत्तराधिकारी उसका मोल समझता है, इसलिए उससे खुद को अलगा नहीं सकता है। धन्धा बदलने के मशवरे पर उसका जवाब हर दफा यही होता है कि "बाप-दादे जो करते आए, वही ठीक है।"[9] इस पर भी सलाह देनेवालों की कमी नहीं है। "अगर किताबें ही बेचना है तो ऐसी बेचो, जो बिके।...जमाने के साथ चलो तो खैर, नहीं तो मारे जाओगे।"[10] वह बाजारू बनने को तैयार नहीं है। बाजार के हिसाब से खुद को ढालने को तैयार नहीं है। लेकिन उसे उम्मीद है कि एक दिन लोग उसकी दुकान पर आएँगे। यह उम्मीद भवभूति वाली उम्मीद है। ('उत्पस्यते मम तु कोअपि समानधर्मा...।') और जैसा कि अक्सर देखा गया है कि उम्मीद के मूल में एक नाउम्मीदी हुआ करती है। इस कहानी में जो नाउम्मीदी है, वह तो 'प्रोफेटिक' है। मालूम नहीं यह कहानी किस साल प्रकाशित हुई थी। लेकिन इस कहानी का नायक अपने बारे में लोगों की सोच बयाँ करता है कि "यह पचास का होगा, जल्दी मरे और इस दुकान के चिक्कट हरे दरवाजे सदा के लिए बन्द हो जाएँ।"[11] (नवीन सागर को मात्र 52 साल की उम्र नसीब हुई, सोचा बताता चलूँ।) मुकुन्द जो अपनी दुकान में उपलब्ध साहित्य के कद्रदान के इन्तजार में है, उसकी चौखट पर 'सत्यकथा' ढूँढ़ने वाले बार-बार पहुँच जाते हैं। यों तो इसे लोकप्रिय साहित्य बनाम गम्भीर साहित्य की बाजारू माँग के रूप में भी देखा जा सकता है। पर असल में यह जो प्रस्तुत है, उसकी अनदेखी का मामला है कि जो है वह नहीं चाहिए। अपने समकाल के द्वारा खुद के निषेध को नवीन सागर 'सत्यकथा' के तौर पर रूपायित करते हैं। 'सत्यकथा' एक बहुध्वन्यात्मक प्रत्यय के तौर पर कहानी में व्यवहृत हुआ है। यह आप पर है कि आप उसके किस अर्थ का सन्धान कर, किस आशय तक पहुँच पाते हैं। कहानी के स्तर पर यह जो आत्म का प्रक्षेपण है उसकी असली

चुनौती है कि इसको समेटा कैसे जाए? यदि कहानी में नवीन सागर के 'स्व' या 'आत्म' की अभिव्यक्ति को आप नहीं पकड़ पाते तो फिर कहानी आपकी पकड़ से छूट जाती है। कहानी का अन्त बिलकुल भी 'कन्विंसिंग' नहीं जान पड़ता है। पूरी कहानी बिखर जाती है। लेकिन उस आत्म को पहचान भर लेने से कहानी में जो अविश्वसनीय अन्त की परिकल्पना है। उसकी भी एक सुसंगत व्याख्या खुद ब खुद आ उपस्थित होती है। सोलह-सत्रह साल के लड़के के द्वारा आकर सत्यकथा माँगना इस बात का सूचक है कि नई पीढ़ी भी पुरानी विरासत से परिचित नहीं है, तो वह जो उम्मीद है कि लोग उसकी दुकान पर आएँगे। यह उस उम्मीद का खात्मा है। इसलिए कहानी के अन्त में जो हत्या की कल्पना है। वह कल्पना में की गई, उस उम्मीद की हत्या है, जिस पर आगे का जीवन और भविष्य टिका है। इसलिए उस काल्पनिक हत्या का कोई वास्तविक सुराग नहीं मिलता है। इस ढंग से देखें तो नवीन सागर की अविश्वसनीय-सी लगनेवाली कहानियों के मूल में एक तार्किक संगति है। जो बेहद आसानी से हाथ नहीं आता है।

नवीन सागर की वैसी कहानियाँ जिसमें अनायास वे कोई अविश्वसनीय-सा लगनेवाला दृश्य टाँक दिया करते हैं, अलग से श्रम की माँग करता है। हर बार उसे 'डिकोड' करना एक श्रमसाध्य कार्य है और यह कोई जरूरी नहीं कि उसमें कामयाबी हाथ लगे ही। क्योंकि अविश्वसनीय-सी लगनेवाली यह प्रतीक योजना या दृश्य योजना हर बार एक ही तरीके से कहानी में व्यवहृत नहीं होती है। कभी वह नवीन सागर के 'आत्म' को ही एक आवरण में व्यक्त करता है तो कभी व्यक्त 'निजता' को ढकने के लिए प्रयुक्त होता है। इस तासीर की सभी कहानियों में नवीन सागर की वेदना और त्रास की उपस्थिति है। इसमें कोई दो राय नहीं है कि नवीन सागर को अपनी लेखनी पर अटूट भरोसा था। लेकिन लेखनी से जिन्दगी के मोर्चे पर जो हासिल होना था, उस मोर्चे पर मिली नाकामयाबी से उनका व्यक्तिगत जीवन बुरी तरह प्रभावित हो रहा था। इसलिए घर और परिवार की त्रासदी की एक सतत उपस्थिति उनकी कहानियों में है। जैसे प्रभार और भार के अन्तर को रेखांकित करती उनकी कहानी 'बोझ' को लें। कहानी यह बताती है कि यदि आप में निर्वहन का सामर्थ्य है, तो ठीक है, अन्यथा स्वाभाविक जिम्मेदारियाँ भी 'बोझ' बन जाती हैं। दरअसल नवीन सागर की कहानियों में यह जो अविश्वसनीय-सा घटता है, वह पूरी कहानी की संगति में नहीं होता है। वह पूरी कहानी से विलग प्रतीत होता है। उसका इस छिनगे हुए होने के मूल में जो असंगति है, दरअसल वह एक प्रच्छन्न संगति है। उस प्रच्छन्नता का सन्धान कर लेने पर जो अविश्वसनीय है, वह विश्वसनीय हो जाता है। अब 'बोझ' को ही लें। माँ केवल अपने बेटे पर

गिरती है, और जितनी दफा गिरती है, उतनी दफा उसकी कोई हड्डी टूट जाती है। नवीन सागर की कहानियों में ऐसी दृश्य योजना के साथ पहली प्रतिक्रिया यही होती है कि ऐसा कैसे हो सकता है? मतलब वह प्रचलित अर्थों और तौर-तरीकों से इतना अलहदा होता है कि यकीन का संकट खड़ा हो जाता है। यह यकीन का संकट कहानी के अभिग्रहण के संकट में तब्दील हो जाता है। ऐसा हर बार होता है कि ऐसा कैसे हो सकता है? हर बार इस सवाल का जवाब ढूँढ़ना होता है। माँ बेटे पर ही गिरती है क्योंकि माँ बेटे की जिम्मेदारी हुआ करती है, वह किसी और के सिर कैसे गिर सकती है? माँ और घर को एक-दूसरे से अलगाया नहीं जा सकता। इसलिए कहानी में माँ से भागना और घर से भागना एक ही बात का पर्याय बन-सा जाता है। "कोई कुछ बोले नहीं गूँगे बोझ-सा अचानक ऊपर गिर पड़े थोड़ी देर बाद फिर गिर पड़े तो उसे देखते ही बचने के लिए भागना जरूरी। पर घर से कोई भागे क्या!"[12] जवाबदेही से भागकर कहाँ जाया जा सकता है? संवेदनशील आदमी भाग भी जाए तो अपराधबोध और ग्लानिबोध उसका पीछा नहीं छोड़ता है। इस अहसास को नवीन सागर ली जानेवाली साँस की तरह महसूस करते हैं। साँस माने अस्तित्व। इसलिए इस 'क्राइसिस' के लिए जो प्रतीक या 'मेटाफर' लेकर आते हैं वह 'साँस लेने की आवाज' है। इसी प्रतीक का इस्तेमाल वे ज्यादा बेहतर तरीके से 'घर' शीर्षक कहानी में करते हैं। इसमें माँ की जगह पिता हैं और बेटे की जगह विवाहित बेटी है। पिता अपनी विवाहित बेटी के जीवन में हारकर आश्रय तलाशता अचानक नमूदार होता है। वह कितना बेबस होगा, इसका अनुमान बेटी से कही गई इन पंक्तियों से कर सकते हैं—"क्या मैं यहाँ तुम्हारे घर में मरने तक जिन्दा रह सकता हूँ?...तुमने कभी सोचा तक नहीं होगा कि मैं अपने आखिरी दिन तुम्हारे घर में गुजारूँगा। हो सकता है, ये अधिक दिन न हों। बहुत बाद में आएँ। लेकिन वे कभी भी आ सकते हैं। लावारिस मरने से मुझे डर लगता है। शायद लावारिस मरता हुआ आदमी अधूरा मरता होगा।"[13] उसकी मौजूदगी उसके चित्रकार दामाद की दिनचर्या और एकान्त में एक खलल पैदा कर देता है। अनचाही जिम्मेदारियाँ नवीन सागर के यहाँ 'साँस की आवाज' के रूप में उपस्थित होती हैं। उनसे मुक्ति का एक ही रास्ता है, उनका गला घोंट दिया जाए। न रहेगी श्वसन की प्रक्रिया और न आएगी साँस की आवाज। नवीन सागर की यह अविश्वसनीय दृश्यों वाली कहानियों से गुजरते हुए इस बात का भान होता है कि ऐसे दृश्यों के मूल में एक तार्किकता अनुस्यूत है। उस तार्किकता से उत्पन्न विचार को वे प्रतीक के तौर पर कहानी में व्यवहृत करते हैं, जो एकबारगी तो पूरी कहानी की संगति में ठीक से नहीं ही बैठते हैं। लेकिन यह कोई जरूरी नहीं कि हर बार उनकी कहानियों में

व्यवहृत प्रतीकों की सुसंगत व्याख्या तक हम पहुँच ही जाएँ। जैसे घोड़ा, मोर और गधा को उन्होंने क्रमशः अपनी तीन कहानियों में बहुत ही अलग ढंग से बरतने का काम किया है। इसमें सबसे सहज 'घोड़े का नाम घोड़ा' शीर्षक कहानी है। जिसमें बहुत मेहनत नहीं करनी होती है। लेकिन इस कहानी की भाषा में जो रचाव और कसाव है, वह अद्‌भुत है। घोड़े को लेकर नवीन सागर का जो 'ऑब्जर्वेशन' है, वह 'रिमार्केबल' है। मतलब उसे पढ़कर मुग्ध हुआ जा सकता है। इस गद्य पर गर्व किया जा सकता है। वह पूरा परिच्छेद उद्धृत करने का लोभ संवरण नहीं कर पा रहा हूँ। आप भी देखें। "मुझे घोड़ों से प्यार है। पर वे ज्यादातर मेरी कल्पना के घोड़े हैं। सचमुच के घोड़ों को देखकर मुझे दुःख ही होता है। ताँगे में जुता घोड़ा कितना निरीह। रेस दौड़ता घोड़ा भी एक दयनीय चीज। सर्कस में या खेलों में खिलाड़ियों को पीठ पर लादे वे जब करतब करते हैं तो अस्तबल की गंध में फैली उनके चुपचाप सिसकने की आवाज आती है। ताज्जुब की बात है कि आज तक ऐसा कोई घोड़ा नहीं दिखा जिसका कोई मालिक न हो। जानवरों में शायद इससे ज्यादा अभागी कोई कौम न होगी। घोड़ों को कितने युद्ध लड़ने पड़े, जबकि युद्ध से उनका कोई लेना-देना नहीं था। पुराने जमाने में करोड़ों घोड़े इस धरती के युद्ध क्षेत्रों में मारे गए। अब लड़ाइयों में उनकी जरूरत नहीं रही तो वे कहाँ गए! ताँगों, बग्घियों, रथों के साथ घोड़े कहाँ गए? जो हमारे काम का नहीं, वह धीरे-धीरे धरती से गायब होने लगता है।"[14]

'घोड़े का नाम घोड़ा' कहानी को दरकिनार कर दें तो 'मोर' और 'अँधेरा प्रहसन' जिसमें गधे का वर्णन है, नवीन सागर की अपेक्षाकृत कठिन कहानियाँ हैं। 'मोर' कठिनता के बावजूद भी उनकी सराही गई कहानी है। लेकिन 'अँधेरा प्रहसन' की चर्चा उस ढंग से नहीं मिलती है। जबकि भाषा के स्तर पर जो बेधकता 'अँधेरा प्रहसन' में है, वह उनकी कम कहानियों में ही है। बल्कि मुक्तिबोध की 'सभ्यता समीक्षा' वाली बात इस कहानी में चरितार्थ होती दिखती है। इस कहानी में जिन्दगी की सचाई को जिस ढंग से सूत्र वाक्यों में बाँधा गया है, उसकी बहुलता हैरत में डालती है। एक ही कहानी में बहुतायत में ऐसी पंक्तियों का होना उनकी प्रतिभा को रेखांकित करने के लिए पर्याप्त जान पड़ता है। लेकिन इस कहानी के साथ पुनः संकट 'डिकोड' करने का है कि गधे की कौन-सी व्याख्या की जाए? सवाल तो मोर कहानी के सन्दर्भ में भी किया जा सकता है कि वस्तुतः 'मोर' के चुनाव के मूल में नवीन सागर की मंशा क्या थी? उनका ठीक-ठीक अभिप्रेत क्या था? तो एकबारगी इस सवाल के साथ मामला फँसता जान पड़ता है। क्योंकि कहानी में मोर निमित्त मात्र है। कहानी के केन्द्र में है 'हुल्ले काछी', इसलिए

मोर को बाईपास करके भी काम चल जाता है। लेकिन 'अँधेरा प्रहसन' में गधे की अनदेखी असम्भव है। गधा कमरे के बीचों-बीच नहीं कहानी के बीचों-बीच अपने बढ़ते आकार और लगातार पेट से रिसते खून के साथ खड़ा है। इसकी संगत व्याख्या के बगैर इस कहानी पर कोई भी बात बेमानी जान पड़ती है। गधा को एक पल के लिए प्रकाश राव के द्वारा की गई हत्या से उपजे अपराधबोध का प्रतीक मान लें तो एक हद तक ही कहानी की व्याख्या हो पाती है। लेकिन बात जमती नहीं है। ठीक ऐसे ही 'मोर' कहानी में मोर की कोई सुसंगत व्याख्या हाथ नहीं लगती। यदि खींचकर अर्थ करने की कोशिश करें तो भारत कभी सोने की चिड़िया थी, फिलहाल भारत का राष्ट्रीय पक्षी मोर है। भारत की धन-सम्पदा को सबसे ज्यादा अंग्रेजों ने लूटा था और कहानी में मोर की हत्या भी अंग्रेज सिपाही के हाथों होती है। उस अंग्रेज सिपाही को बचाने में देशी रियासत के महाराजा और कुँअर साहब की भूमिका को देखें तो भारत की लूट, अंग्रेजी राज और रियासतों की भूमिका की एक रूपरेखा उभरती तो जरूर है। स्वाधीन भारत में पुलिस थाने, उसमें भी हिन्दी प्रदेशों के खास करके, उसी आततायी व्यवस्था के उत्तराधिकारी हैं। इस पृष्ठभूमि के आलोक में हुल्ले काछी का अनवरत और अदम्य प्रतिरोध इस कहानी की असल चीज जान पड़ती है। जिसके बारे में नवीन सागर कहानी में लिखते हैं कि "सनकी और जिद्दी आदमी कितना अच्छा लगता है, जब उसकी जिद और सनक में उसका अहंकार नहीं होता। गरीब है, कमजोर है और विपत्तियों में किसी सहारे के लिए हाथ नहीं फैलाता, बल्कि सामना करता हुआ पिटता चला जाता है। नहीं चाहता कि कोई उसकी ओर ध्यान दे। आखिरी साँस तक अपनी जिद और सनक में रहता है। कितना मुश्किल होता है एक ऐसा आदमी जबकि बस्तियाँ आबादियों से भरी पड़ी हैं। कितने कम लोग इस तरह जीते हैं जिन्हें कुछ भी बटोरना नहीं है, न किसी को लूटना है।"[15] हुल्ले काछी यह सम्भव कर सका क्योंकि उसके साथ उसकी औरत थी। "उसकी औरत ने कभी यह नहीं होने दिया कि हुल्ले को जेल में रहना पड़ा हो, वह कहती थानेदार को गाली दिए बिना उसे चैन नहीं पड़ता तो क्या उसे जेल में सड़ने दे? सरकार रुपया लेकर गाली देने देती है।"[16] इस देश में कानून को हाथ में लेने का हक सिर्फ कानून को है। दूसरे लेना चाहें तो कीमत अदा करने का सामर्थ्य होना चाहिए। पैंतीस साल तक लगातार थाना प्रभारी को गरियाते रहने के पराक्रम को हुल्ले काछी और उसकी पत्नी की मौत के बाद समाज भुला देता है। कहानी के अन्त में हुल्ले काछी की स्मृति को नवीन सागर कहानी में जिस ढंग से पुनर्जीवित करते हैं, वह बहुत शानदार है। यह वैसा ही है कि किसी रचनाकार को बिसरा दे

तो भी उसकी कोई रचना उसे गुमनामी की अतल गहराइयों से बाहर खींच लाने का सामर्थ्य रखती है।

इन कठिन कहानियों से इतर नवीन सागर के पास संक्षिप्त कलेवर वाली भी कहानियाँ हैं। लेकिन तमाम कहानियों में जो बात समान रूप से देखी जा सकती है, वह है जिन्दगी की बेबसी और त्रासदी। इस लिहाज से नवीन सागर की कहानियों का गद्य उदास करनेवाला ठहरता है। इनकी कहानियों में हँसी के क्षण विरल हैं। घर और परिवार के भीतर अभाव किस कदर आपसी रिश्तों के बीच की नमी को सोखकर उसे रूखा कर देता है, इसे नवीन सागर की कहानियों में देखा जा सकता है। घुटन, निराशा, ऊब, अवसाद कैसे घर-परिवार में उपजता है, इसे भी उनकी कहानियों में देखा जा सकता है। एक निस्पृह और ठंडा गद्य रचने की काबिलियत उनमें थी। नवीन सागर एक चिन्तक कहानीकार के रूप में विकसित हो रहे थे, यदि वे असमय काल-कवलित नहीं हुए होते तो कहानी में अविश्वसनीय से लगनेवाले क्षणों को जिस सहजता से पिरोने का सामर्थ्य विकसित कर रहे थे, उसकी चमक जरूर अपना प्रभाव छोड़ गई होती। विशेषकर जीवन अनुभवों को सूक्तियों या मार्मिक वाक्यों में अभिव्यक्त करने में वे जिस ढंग से सिद्धहस्त हो गए थे, वह किसी भी रचनाकार के लिए ईर्ष्या या गर्व का विषय हो सकता है। भाषिक इस्तेमाल के इस कोण से उनकी कहानी 'अँधेरा प्रहसन' मुझे विशेष प्रिय है। इस अकेली कहानी में उद्धृत करने योग्य इतनी पंक्तियाँ हैं कि मुझे याद नहीं पड़ता दूसरी ऐसी कहानी कौन-सी इसके बराबर ला रखूँ। भाषा में पर्यवेक्षण की यह क्षमता और विचार के अनुरूप प्रतीक योजना का सामर्थ्य तथा अपनी निजी यातना को कहानी के भीतर आवरण में व्यक्त करने की अदा को उनकी प्रतिनिधि कहानियों के 'सिग्नेचर एलेगरी' के रूप में देखा जा सकता है। इसलिए उनकी कहानियों में विषयवस्तु का वह अपेक्षित विस्तार हमें देखने को नहीं मिलता जैसा हम हिन्दी के प्रतिनिधि कहानीकारों से उम्मीद करते हैं। पर उनके कहानियों की जो 'टर्फ' या जमीन थी, उसमें वे शानदार थे। जैसे उनकी कहानियों में एक अनुपस्थित तत्त्व का आतंक लगातार बना रहता है, जो कहानी के पात्र को सहज नहीं रहने देता है। जिन्दा रहना किस कदर हिंसक गतिविधि है, उनकी कहानियाँ इसे रेखांकित करती हैं। उनकी कहानियों में जो पात्र होते हैं, वे थोड़ी देर बाद चरित्र में तब्दील हो जाते हैं। गौर करें तो पाएँगे कि कहानी के साथ उन चरित्रों का एक व्यक्तित्व निर्मित या विकसित हो जाता है। तब इस बात की ओर ध्यान जाता है कि बिना व्यक्तित्व के चरित्र हो ही नहीं सकता। व्यक्तित्व चरित्र की आत्मा है। इस दृष्टि से उनकी कहानी 'तीसमार खाँ' देखी जानी चाहिए। कैसे महादेव एक

चरित्र बन जाता है और कैसे जनार्दन अपना व्यक्तित्व गँवा बैठता है। मुफ्त की शराब को पचा न पाने के कारण कहानी की आखिर में जो उबकाई है, वह इस बात को रेखांकित करता है कि उसके भीतर जो कुछ भी था सब बाहर आ चुका है। वह वापस भीतर नहीं जा सकता है। दिक्कत यह है कि इसमें उसका चरित्र भी बाहर आ गया है।

नवीन सागर पर ज्यादा नहीं लिखा गया है, जो लिखा गया है। उसमें कुछेक बातें जो बतौर कहानीकार नवीन सागर को समझने में मददगार हो सकती हैं। उसमें से तीन उद्धरण मैं यहाँ बारी-बारी से रख रहा हूँ। राजकुमार केसवानी ने नवीन सागर के सन्दर्भ में एक बहुत जरूरी बात रेखांकित की है कि "मेरी नजर में वह 24 घंटे का लेखक था। लिखता तो वह देर रात में था, मगर जब वह लिख नहीं रहा होता था, तब भी उसका विचार तंत्र लिखने की प्रक्रिया में ही लीन होता। हो सकता है कि वह आपसे कोई ऐसी बात कर रहा हो जिस बात को आप उसके लेखन से जोड़कर कभी न देख सकें पर वह उसके 'प्रॉसेस ऑफ ऑब्जर्वेशन' या 'स्टडी ऑफ ह्यूमन नेचर एंड सॉइकोलाजी' का हिस्सा जरूर होता था। यह सारा काम उसके दैनिक जीवन व्यवहार में, अध्ययन में, बहस में, अकेले में, चलता ही रहता था।"[17] उनकी कहानियों को पढ़ते हुए इस बात की तस्दीक की जा सकती है।

विष्णु खरे के दो 'ऑब्जर्वेशन' हैं, जो हैं तो उनकी कविता के बारे में, लेकिन उनकी कहानियों पर भी वे समान रूप से लागू होते हैं। "नवीन ने सर्जनात्मकता का एक ऐसा अनिवार्य न्यूनतम श्रेष्ठ स्तर तो हासिल कर ही लिया था, जिसे वह कभी भी अतिक्रमित कर ही लेता था कि जिससे उसके एक सार्थक कवि माने-जाने में कोई सन्देह न रहे।"[18] और भी कि " निम्न-मध्यवर्गीय विपन्नता, यंत्रणा, असुरक्षा, आतंक और अकेला कर दिए जाने को दोनों (नवीन सागर और मुक्तिबोध) अपनी कविता में मार्मिक रूप से लाते हैं।"[19] उसमें यह जोड़ना रह गया कि इन सबके तनाव को इन दोनों के स्नायुतंत्र ने अपने जानते धारण किया, लेकिन जब सामर्थ्य चूक गया तो दोनों स्नायविक रोगों के शिकार हो गए। इसलिए नवीन सागर की कहानियों को गजानन माधव 'मुक्तिबोध' की कहानियों के साथ रहकर भी देखे जाने की जरूरत है। जिस किस्म के बिम्ब मुक्तिबोध कविता में लेकर आते हैं, उससे थोड़ी इतर किस्म का प्रतीक विधान नवीन सागर भी अपनी कहानियों में लाते हैं। दूसरी जरूरी बात यह कि नवीन सागर की कहानियों को उनके जीवन से अलगाकर देखना मुश्किल है। जितना आप उनके निजी जीवन से परिचित होते चलते हैं, उतना कहानियों में उसके प्रतिबिम्बन को देख पाते हैं। खासकर घर, परिवार, मित्र वाले

सन्दर्भ में। इसी से मिलती हुई एक बात और कही जाती है कि जैसे उनके जीवन से अलगाकर उनकी कहानियों को नहीं समझा जा सकता है, वैसे ही उनकी कविता और कहानी को भी एक-दूसरे से अलगाकर नहीं देखा जा सकता है। लेकिन यह अलग से एक श्रमसाध्य कार्य है।

आधार ग्रंथ

सम्पूर्ण कहानियाँ, आइसेक्ट पब्लिकेशन, भोपाल, 2019

ओमप्रकाश वाल्मीकि

जन्म : 30 जून, 1950
निधन : 17 नवम्बर, 2013

दलित चेतना के वृहत्तर पाठ का प्रस्तावक

ओमप्रकाश वाल्मीकि को पढ़कर इस बात का अहसास हो जाता है कि साहित्य से इतर 'दलित साहित्य' की अवधारणा पर भी बात क्यों की जानी चाहिए। हिन्दी साहित्य में स्वानुभूति और सहानुभूति या समानुभूति के सवाल पर क्यों पुनर्विचार करना चाहिए? क्यों दलित साहित्य के सन्दर्भ में इस सवर्ण आपत्ति का कोई अर्थ नहीं रह जाता है कि क्या घोड़े की कहानी लिखने के लिए हमें घोड़ा होना पड़ेगा? घोड़े की कहानी घोड़ा हुए बगैर लिखी जा सकती है, लेकिन जिस दिन घोड़ा अपनी कहानी खुद लिखेगा वह घोड़े पर लिखी कहानियों से जरूर जुदा होगा, बुनियादी बात बस इतनी है। और इस तथ्य का सत्यापन ओमप्रकाश वाल्मीकि समेत अन्य दलित कहानीकारों की कहानियाँ से हो जाता है। दलित यथार्थ, दलित अनुभूति या दलित बोध का आशय क्या होता है, इसे गैर दलित कहानीकारों की दलित कहानियों को पढ़कर ठीक-ठीक नहीं समझा जा सकता है। इस वाक्य के आशय को भी दलित कथाकारों को पढ़े बगैर ठीक-ठीक नहीं समझा जा सकता है। गैर दलित कहानीकारों की सदाशयता, उदारता और सहानुभूति के बावजूद जब हम दलित कहानीकारों की कहानियों से गुजरते हैं तो दलितों का जीवन, उनकी अनुभूतियाँ, उनका यथार्थ जिस रूप में हमारे सामने प्रकट होता है। कहना न होगा कि वह गैर दलित कहानीकारों के द्वारा समुचित रूप से उपस्थित नहीं हो सका था। इसके मूल में वही बात है जिसे दलित साहित्य की सीमा के बतौर प्रस्तावित किया जाता रहा है अर्थात् आत्मानुभूति। अपमान, वंचना और प्रताड़ना के क्षणों को गैर-दलित कैसे उसी रूप में दर्ज कर सकते हैं, जैसे एक दलित ने जिया है! 'अनुभूत सत्य का प्रत्यंकन' दलित साहित्य की सबसे बड़ी ताकत रही है, लेकिन इस वैशिष्ट्य को आत्मकथा के खाते में डाल दिया गया है। जबकि ओमप्रकाश वाल्मीकि स्वयं अपनी कहानियों के बारे में यह लिखते हैं कि "इन कहानियों की अन्तर्वस्तु मेरे अनुभव जगत की त्रासदियों और दुखों से उपजी सामाजिक संवेदनाएँ हैं। जिन्हें शब्द-दर-शब्द गहरे अवसादों के साथ यंत्रणा से गुजरते हुए लिखा है।"[1]

इसमें दो मत नहीं है कि दलित आत्मकथाओं के प्रकाशन ने दलित साहित्य की अवधारणा और स्वानुभूति के सवाल को हिन्दी साहित्य की मुख्यधारा के समक्ष इतनी मजबूती से रखा है कि अब किन्तु-परन्तु की कोई गुंजाइश बची नहीं है। लेकिन यहाँ हम ओमप्रकाश वाल्मीकि की आत्मकथा पर नहीं, उनकी कहानियों को केन्द्र में रखकर बात करेंगे। उनकी आत्मकथा से मालूम होता है कि कहानी लेखन में हाथ वे काफी पहले से आजमा रहे थे लेकिन उनका समुचित प्रकाशन बाद में सम्भव हो सका। अपनी आत्मकथा में वे लिखते हैं कि "कहानी का पाठक तो प्रारम्भ से ही था। 1978-79 के आसपास मैंने कहानी लिखना शुरू किया था। 'जंगल की रानी' आदिवासी पृष्ठभूमि पर आधारित कहानी मैंने सारिका को भेजी थी। सारिका से स्वीकृति का पत्र आ गया था।...लेकिन कई बरस तक सारिका ने व्रह कहानी अटकाकर रखी।...1990 में कहानी की वे दोनों प्रतियाँ एक टंकित पत्र के साथ वापस आ गईं कि हम आपकी कहानी अभी तक छाप नहीं पाए हैं; हाँ, प्रतीक्षा का और हौसला हो तो वापस भेज दें। यानी पूरे दस वर्ष तक प्रतीक्षा कराने के बाद और प्रतीक्षा...यह कैसा मजाक है। साहित्य के भीतर भी एक सत्ता है जो अंकुरित होते पौधे को कुचल देती है।"[2] ओमप्रकाश वाल्मीकि स्वयं लिख रहे हैं कि दस साल के बाद कहानी लौटा दी गई। आज जब दस वर्ष में युवा कहानीकारों की एक पूरी पीढ़ी खड़ी हो जा रही है, बल्कि दूसरी पंक्ति भी तैयार होने को आतुर है, ऐसे में दस वर्ष की प्रतीक्षा का अर्थ आप स्वयं लगाएँ। एक तथ्य यह भी है कि 'जंगल की रानी' कहानी 22 नवम्बर, 1987 में जनसत्ता में प्रकाशित हो गई थी। इस सन्दर्भ में यह भी ध्यातव्य है कि यदि राजेन्द्र यादव न होते तो मालूम नहीं दलित और स्त्री कहानीकारों की जो खेप हिन्दी समाज के सामने है, उनमें से कितने आज सामने आ पाते? एक बात और यहाँ जिन कहानीकारों के साथ उन्हें रखा गया है, कहानियों के प्रकाशन के लिहाज से वे उस रूप में उनके समकालीन नहीं पड़ते हैं। लेकिन दलित कहानीकारों से किसी एक नाम को निर्विवाद रूप से इन नामों के समकक्ष रखा जा सकता है, तो वह नाम ओमप्रकाश वाल्मीकि का ठहरता है। हिन्दी में दलित साहित्य की जो आरम्भिक पीढ़ी रही है, उसके समर्थ प्रतिनिधियों में से वे एक हैं। लेकिन उनकी कहानियों के साथ न्याय दलित साहित्य के आरम्भिक प्रतिनिधि होने के आधार पर नहीं किया जा सकता है, इसके लिए उनकी कहानियों का रुख करना होगा। इसलिए अब यह देखना जरूरी हो जाता है कि ओमप्रकाश वाल्मीकि की कहानियों से कौन-सी बातें और स्थापनाएँ निकलकर सामने आती हैं?

हाल की दलित कहानियों की तुलना में ओमप्रकाश वाल्मीकि की कहानियों में सवर्णों के प्रति अतिरिक्त कटुता की मौजूदगी प्रभूत परिमाण में नहीं है। इसका यह मतलब नहीं है कि सवर्णों की ज्यादतियों के प्रति वे उदासीन रहे हैं। बस बातें आक्रामकता की बजाय शान्त शिल्प में कही गई हैं। जैसे उनकी 'सलाम' कहानी को ही लें। हरीश की बारात में कमल उपाध्याय भी मौजूद है। खुद को ब्राह्मण बताने पर भी चूहड़ा समझा जाता है और दलितों के हिस्से आनेवाले रोजमर्रे के अपमान का भागीदार बनता है। कहानी के प्रचलित संस्कार से 'सलाम' कहानी इस स्तर पर भिन्न ठहरती है कि यह अपने अन्त को कई बार मुल्तवी करती है। मतलब लगता है कि कहानी को यहाँ खत्म हो जाना था, पर कहानी आगे बढ़ जाती है। ऐसे दो मौकों को लाँघकर वह जहाँ खत्म होती है, वहाँ वह अलग से नोटिस लेने लायक है। इस कहानी में दलितों की तीन पीढ़ियाँ हैं, तीनों बिलकुल अलग-अलग तेवर के साथ मौजूद हैं। एक जुम्मन है, जो सवर्णों के आगे घुटा-झुका है। उसका दामाद है, जो 'सलाम' जैसी अमानवीय प्रथा के खिलाफ तनकर खड़ा है और उसका साफ मानना है कि यह प्रथा हमारे आत्मविश्वास को तोड़ने के लिए प्रचलन में है। और आखिर में एक दलित बच्चा है, जो अपने साम्प्रदायिक आग्रह के साथ है। कहानी की खूबी यह है कहानी में ये बातें विमर्श के रूप में घटित नहीं होती है, अपितु कहानीपन का निर्वाह करते हुए घटित होती हैं। मतलब कहानी की सहजता बाधित नहीं होती है। अलग से इसे रेखांकित इसलिए कर रहा हूँ कि दलित कहानियों में सहजता की जगह एक किस्म का आरोपण ज्यादा देखने को मिलता है। इसलिए वह फकत कहानी न होकर 'दलित विमर्श की कहानी' के तौर पर गिनी-पढ़ी जाने लगी है। दलित विमर्श की कहानियाँ कई बार कहानीपन के शर्तों की अवहेलना करती हैं और अपने विचारों को एक फार्मूलाबद्ध तरीके से कहानी में ढालने की कवायद भर रह जाती है। दलित कहानी के सन्दर्भ में लगनेवाली कहानीहीनता के आरोप के मूल में शायद दलित कहानीकारों का कहानी के प्रति अपनाया गया यह रवैया भी हो सकता है। ओमप्रकाश वाल्मीकि के बाद की दलित कहानियों में आरोपण की वजह से, एक किस्म का 'फार्म्यूलेशन' देखने को मिलता है। इसलिए 'सलाम' में वर्णित घटनाओं की सहजता को अलग से रेखांकित कर रहा हूँ। अब इसके निहितार्थ पर गौर करें तो मालूम होता है कि ओमप्रकाश वाल्मीकि सामाजिक बदलाव पर जोर देने के बावजूद राजनीतिक लक्ष्य को अपनी दृष्टि से ओझल नहीं होने देते। दूसरे शब्दों में कहें तो सामाजिक लक्ष्य की प्राप्ति की राह में बाधक आन्तरिक अन्तर्विरोधों को सम्बोधित करने का साहस उनमें हम पाते हैं। ओमप्रकाश वाल्मीकि के लेखन को समझने का यह एक जरूरी नुक्ता है

'आन्तरिक अन्तर्विरोधों का सम्बोधित करने का साहस'। इसे उनकी कहानियों में और आत्मकथा में भी देखा जा सकता है। यह गुण उनके व्यक्तित्व का अविभाज्य अंग रहा है, जो चलकर उनकी कहानियों तक में पहुँचा है। इसे उन्होंने सम्पादित या सेंसर करने की कोशिश नहीं की है। इस कारण वे दलित लेखक संघ और संगठनों की आलोचना के भी शिकार हुए हैं। उनकी कहानी का एक बड़ा हिस्सा अपनी जातिगत कमजोरी या सामुदायिक कमजोरी को सम्बोधित है। उनकी यह ईमानदारी गैर दलितों के बीच उनकी स्वीकार्यता की जमीन अलग ढंग से तैयार करती है। अभी के दलित लेखन की एक बड़ी सीमा यह है कि वह अपनी कमजोरियों को सम्बोधित करने की बजाय लगातार एक हमलावर मुद्रा में है। बल्कि अब सोशल मीडिया के दौर में आक्रामकता अस्मितामूलक विमर्शों का एक स्थायी भाव हो गया है। इसमें दलित सबसे आक्रामक तौर पर सामने हैं, फिर आदिवासी विमर्श और स्त्री-विमर्श भी कतारबद्ध हो गए हैं। बहरहाल, ओमप्रकाश वाल्मीकि का लेखन आक्रामकता की इस अतिरंजना से मुक्त रहा है।

ऊपर 'सलाम' कहानी के सन्दर्भ में मैंने एक बात रेखांकित की है कि कहानी में एक दलित बच्चा भी अपने साम्प्रदायिक आग्रह के साथ मौजूद है। बतौर कहानीकार ओमप्रकाश वाल्मीकि राजनीतिक की चेतना को यह प्रसंग अलग ढंग से प्रकाशित करता है। वे इस बात को रेखांकित कर रहे हैं कि उस पिछड़े गाँव में भी जहाँ चूहड़ों की बारात में आए ब्राह्मण को चूहड़ा मानकर गैर दलित वर्ग उसे चाय नहीं बेच रहे हैं। उस गाँव में एक दलित का बच्चा हिन्दूवादी आग्रहों से चालित है। मतलब प्रगतिशील और उदार मूल्यों वाली चेतना उस बच्चे तक तो नहीं ही पहुँची है। इसके उलट साम्प्रदायिक आग्रह वाली चेतना उसके मानस में पैठ गई है, जो मुसलमान के हाथ बनी रोटी-बोटी कुछ भी खाने को तैयार नहीं है। इस प्रसंग को रुककर रेखांकित करने के मूल में एक उद्देश्य और है, और वह यह कि ओमप्रकाश वाल्मीकि ने इसे बहुत सचेत तौर पर अपनी कहानी में बुना है। इसके लिए उनकी अन्य कुछेक कहानियों का भी रुख करना होगा। तीन कहानियों को लेते हैं 'कहाँ जाए सतीश?', 'शवयात्रा' और 'खानाबदोश'। 'कहाँ जाए सतीश?' में सतीश की जाति उजागर हो जाने पर, जब सिर की छत छिन जाती है तो उसे एजाज साहब की याद आती है। जहाँ वह बहुत उम्मीद के साथ जाता है, और वहाँ उसे एक अप्रत्याशित नाउम्मीदी हाथ लगती है। 'शवयात्रा' कहानी में चमारों के टोले में रहनेवाला सुरजा बल्हार जब अपना पक्का मकान बनाना चाहता है तो चमार उसका विरोध करते हैं। इसके बावजूद सुरजा को उम्मीद है कि पेशगी मिलने के बाद साबिर मिस्त्री उसका मकान खड़ा कर देगा। पर साबिर के

घर जाकर उसे निराशा हाथ लगती है। 'खानाबदोश' में सुकिया और मानो के साथ ब्राह्मण जसदेव आ खड़ा होता है, लेकिन उसे भी किनारे लगाने का काम असगर ठेकेदार यह कहते हुए करता है कि "अपने काम से काम रखो। क्यों इन चमारों के चक्कर में पड़ते हो?"[3] अब इस पैटर्न पर गौर कीजिए, दलित पात्रों का सम्बल के रूप में मुसलमानों का मुँह जोहना, क्या फकत इत्तेफाक भर लगता है? ओमप्रकाश वाल्मीकि की कहानियों में इन स्थितियों की बारम्बारता उनकी सामाजिक दृष्टि और राजनीतिक चेतना का पर्याय जान पड़ता है। हिन्दी भाषी प्रदेशों में दलितों को वोट बैंक की तरह इस्तेमाल करने की राजनीति के बरक्स वे एक स्थायी गठजोड़ की ओर इशारा कर रहे थे, जहाँ दलितों और मुसलमानों को एक साथ आने की कामना थी। इसके मूल में दोनों समुदायों को मिलनेवाली प्रताड़ना थी। वे अपनी कहानियों के मार्फत एक सामाजिक-राजनीतिक विकल्प भी प्रस्तावित कर रहे थे। उनकी कहानियों से दलित सशक्तिकरण की यह नई राह निकलती दिखती है। सीएए और एनआरसी के मसले पर भीम आर्मी के चन्द्रशेखर के मुसलमानों के साथ खड़ा होने में इसी राजनीतिक चेतना के दर्शन होते हैं। बाहरी मोर्चे से अलग वे घर के मोर्चे पर भी कई बातें प्रस्तावित कर रहे थे। जिसका साफ-साफ मतलब था कि बाहरी ताकतों से मुकाबला करने के लिए पहले घर की मरम्मत जरूरी है। उनकी कहानियों के सन्दर्भ में इसे ही मैंने 'आन्तरिक अन्तर्विरोधों को सम्बोधित करने का साहस' कहा है। उनकी कहानियों का बड़ा हिस्सा अपनी जाति और समुदाय को सम्बोधित है। बल्कि ज्यादा बेहतर यह कहना होगा कि अपनी जाति और समुदाय के अन्तर्विरोधों, विसंगतियों और विडम्बनाओं को सम्बोधित है। इन सामुदायिक अन्तर्विरोधों और विसंगतियों को लेकर उनमें खासा नाराजगी का भाव था। लगातार इसे वे अपनी कहानियों के जरिए जताते भी रहे। उनकी सबसे बड़ी नाराजगी अपने समुदाय के नौकरीशुदा तबके से थी। नौकरीशुदा तबके में भी उनसे, जो खासकर अपनी जातिगत पहचान छिपाकर नौकरी कर रहे थे, जातिगत पहचान छिपाकर किराये के मकान में रह रहे थे। उनकी अधिसंख्य कहानियों में यह मुद्दा घूम-फिर कर आता रहा है। इन कहानियों में तीन जो सबसे याद रह जाने लायक हैं। वे हैं—'भय', 'मैं ब्राह्मण नहीं हूँ' और 'मकड़जाल'। पर इनके अलावा भी इस सन्दर्भ को 'अंधड़', 'दिनेशपाल जाटव उर्फ दिग्दर्शन' और 'कूड़ाघर' जैसी कहानियों में देखा जा सकता है। ओमप्रकाश वाल्मीकि ने पहचान छिपाकर सवर्ण समाज में घुल-मिल कर रहने की प्रवृत्ति को जिस अनुपात में अपनी कहानियों में जगह दी है, वह रुककर विचार करने की जरूरत को रेखांकित करता है। वे सचाई से भागना नहीं, उसे बदलना चाहते थे। उसका सामना करना चाहते थे,

इसकी कीमत अदा करना चाहते थे। छिपकर हासिल की गई सुविधा की तुलना में सच के साथ हासिल असुविधाएँ उन्हें स्वीकार थीं। सामाजिक धरातल पर एक आरोपित नीचता के जवाब में सत्य से हासिल एक नैतिक ऊँचाई के वे पक्षधर थे। ऐसा नहीं है कि जातिगत सत्यता उजागर किए जाने के बाद मिलनेवाली प्रताड़ना और अपमान का उन्हें अनुभव नहीं था। उनकी आत्मकथा इन प्रसंगों से आबाद है। स्वयं अपनी आत्मकथा 'जूठन' में अपने परिवेश के बारे में वे लिखते हैं कि "अस्पृश्यता का ऐसा माहौल कि कुत्ते-बिल्ली, गाय-भैंस को छूना बुरा नहीं था लेकिन यदि चूहड़े का स्पर्श हो जाए तो पाप लग जाता था। सामाजिक स्तर पर इनसानी दर्जा नहीं था। वे सिर्फ जरूरत की वस्तु थे। काम पूरा होते ही उपयोग खत्म। इस्तेमाल करो, दूर फेंको।"[4] सवर्ण समाज दलितों से कैसा बर्ताव करता है? इससे वे अनजान नहीं थे। उनकी आत्मकथा में ही आगे वह हिस्सा भी आता है, जब जातिगत पहचान के साथ वे मकान ढूँढ़ने निकलते थे, तो सवर्ण समाज का बदरंग चेहरा कैसे निकलकर सामने आ जाता था। लेकिन उनकी जिद रही कि वे पहचान छिपाकर मकान किराये पर नहीं लेंगे। अब जब इस प्रसंग पर टिककर सोचता हूँ तो ओमप्रकाश वाल्मीकि का यह एप्रोच एक स्तर पर सही लगता है। सही लगने के मूल में जो तर्क है, वह यह कि दलित समाज के कामयाब चेहरे ही अपनी पहचान छिपा लें तो वे अपने समाज में कौन-सा आदर्श प्रस्तुत करेंगे? जिस अस्पृश्यता और सामाजिक भेदभाव से जूझकर वे वहाँ तक पहुँचे हैं, वहाँ पहुँचकर चन्द सुविधाओं के लिए अपनी जातिगत पहचान को छिपाना एक किस्म की कायरता है। यह संघर्ष से पलायन है। सवर्ण समाज के भेदभावमूलक आचरण के आगे नतमस्तक होना है। यह तो शुतुरमुर्ग सरीखा आचरण हुआ कि रेत में सिर छिपाकर यह मान लेना कि, संकट दूर हो गया। इससे एक अच्छी रणनीति इसलिए नहीं माना जा सकता है क्योंकि ऐसा करने से समस्या तो यथावत् बनी ही रहती है। इसलिए ओमप्रकाश वाल्मीकि सामाजिक पहचान छिपाकर 'सर्वाइव' करने की दलित रणनीति को बारम्बार अपनी कहानियों में निशाना बनाते हैं। दलितों के सामाजिक स्वीकार्यता के लिए यह आवश्यक है कि वे अपनी पहचान के साथ, गर्व के साथ जी सकें। यदि पहचान जाहिर करने पर उनके हिस्से वही अपमान और वंचना आती है तो यह समझना चाहिए कि अभी लड़ाई बाकी है। और उसके लिए तैयार रहना चाहिए। लेकिन फिर पायल तड़वी, रोहित वेमुला को याद करके एक सवाल मन में उठता है कि जातिगत पहचान जाहिर होने के कारण ही उनको यह कीमत चुकानी पड़ी। समुदायगत पहचान के कारण ही एन.एफ.एस. अकादमिक जगत में एक प्रैक्टिस-सा बन गया है। ओमप्रकाश वाल्मीकि की कहानियों में 'घुसपैठिए' को छोड़ दें

तो दलित छात्र-छात्राओं के रोजमर्रे के जीवन में होने वाले जातिगत भेदभाव पर कोई निर्णायक बात नहीं मिलती है। छात्रों के लिए ओमप्रकाश वाल्मीकि के पास 'कहाँ जाए सतीश?' वाली विकल्पहीनता है। ओमप्रकाश वाल्मीकि यह चाहते थे कि जो भी दलितों का नौकरीपेशा या मलाईदार परत (क्रीमीलेयर) वाला समूह है, वह खुलकर अपने समुदाय के लोगों के साथ खड़ा हो। लेकिन नौकरीपेशा और 'क्रीमीलेयर' वालों की समझौतापरस्ती और सुविधाजीविता ने आनेवाली पीढ़ी के लिए राहें आसान करने की बजाय मुश्किल करने का काम किया है। सुखद बात यह है कि अब का पढ़ा-लिखा और नौकरीशुदा तबका अपने समाज के वंचित लोगों के साथ कंधे से कंधा मिलाकर खड़ा है। बदलाव की जो बयार राजनीतिक नेतृत्व के स्तर पर चलनी थी, वहाँ दलित समाज धोखे का शिकार हो रहा है।

ओमप्रकाश वाल्मीकि बाहरी चुनौतियों के बरक्स भीतरी चुनौतियों को भी रेखांकित करना नहीं भूलते। इस बाहरी अपमान और वंचना से लड़ने के लिए आवश्यक है कि समाज के अन्दरूनी कमजोरियों की पहचान हो। अपने जातिगत और समुदायगत अन्तर्विरोधों को रेखांकित करने में भी ओमप्रकाश वाल्मीकि पीछे नहीं हटे। जाति के आधार पर दलितों के साथ होनेवाले भेदभाव को किसी भी सूरत में सही नहीं कहा जा सकता है। लेकिन दलित अपने बीच भी नीची जातियाँ तलाश कर उनके साथ वही भेदभावमूलक आचरण करना शुरू कर दें, तो फिर सवर्ण समाज के साथ उनके संघर्ष का कोई नैतिक आधार नहीं रह जाता है। ओमप्रकाश वाल्मीकि दलितों के मध्य अपने से नीची जाति खोजने और उसके साथ भेदभावपूर्ण आचरण का विरोध अपनी कहानियों में करते हैं। इस सन्दर्भ में उनकी दो कहानियाँ 'मकड़जाल' और 'शवयात्रा' जरूर पढ़ी जानी चाहिए। 'शवयात्रा' कहानी से कुछ पंक्तियाँ रख रहा हूँ "चमारों के गाँव में बल्हारों का एक परिवार था, जो जोहड़ के पार रहता था। चमारों और बल्हारों के बीच एक सीमा रेखा की तरह था जोहड़। बरसात के दिनों में जब जोहड़ में पानी भर जाता था तब बल्हारों का सम्पर्क गाँव से एकदम कट जाता था। बाकी समय में पानी कम हो जाने से किसी तरह वे पार करके गाँव पहुँचते थे। यानी बल्हारों के गाँव तक जाने का कोई रास्ता नहीं था। रास्ता बनाने की जरूरत कभी किसी ने महसूस ही नहीं की थी।"[5] इन्हीं बल्हारों के बारे में ओमप्रकाश वाल्मीकि इसी कहानी में यह लिखते हैं कि बल्हार माने "समाज व्यवस्था में सबसे नीचे यानी अछूतों में भी अछूत।" और यह समाज व्यवस्था हिन्दू समाज वाली समाज व्यवस्था नहीं है। मनु महाराज वाली समाज व्यवस्था नहीं है, जिसके निचले पायदान पर शूद्र हैं। बल्कि यह दलितों के भीतर की अपनी समाज व्यवस्था है जिसमें जातियों का अपना सोपान है, इससे मुख्यधारा

का समाज अनजान है। "उनकी (चमारों की) दृष्टि में वह अभी भी बल्हार ही था, समाज व्यवस्था में सबसे नीचे यानी अछूतों में भी अछूत।"[6] इससे ऐसा प्रतीत होता है कि ओमप्रकाश वाल्मीकि एक व्यापक सामाजिक एकजुटता के पक्षधर थे। इस एकजुटता के लिए एक ओर वे दलितों के मध्य प्रचलित श्रेणीकरण का समूल विच्छेद चाहते थे, दूसरी ओर मुसलमानों से भी दलितों के संग आ खड़ा होने की उम्मीद कर रहे थे। अब मालूम नहीं इस प्रेरणा के मूल में उनके जनपद उत्तर प्रदेश में दलित-मुस्लिम एकता वाली राजनीति रही है, या फिर वे अपने अनुभवों से इस समीकरण तक पहुँचे थे? यह अलग शोध का विषय है।

दलितों की जिन भीतरी कमजोरियों से उन्हें एतराज था, उसमें रीति-रिवाजों के नाम पर जारी अंधविश्वासमूलक आचरण प्रमुख है। इसे उनकी 'भय' और 'हत्यारे' कहानी में देखा जा सकता है। 'भय' कहानी में माई मदारन की पूजा के लिए सूअर के बच्चे को चढ़ाने का जो पूरा उपक्रम है, वह सच में सिहरन पैदा कर देता है। 'हत्यारे' तो खैर अपने पूरे प्रभाव में इतना त्रासद और दुखद है कि उसके बारे में सोचकर मन में न जाने कितने तरह के भाव एक साथ तैर जाते हैं। जिसे उपचार और विशेष देखरेख की जरूरत है, उसे कोड़ा मारा जा रहा है। जिसे दवा की जरूरत है, उस सलेसर के मुँह में कलेजी का टुकड़ा जबरन डाला जा रहा है। झाड़-फूँक के नाम पर सलेसर के साथ जो कुछ भी होता है, उसके मूल में कोरा अंधविश्वास है, जिसकी कीमत सलेसर जान देकर चुकाता है। 'भय' कहानी पढ़ते हुए हाल ही में नेटफ्लिक्स पर आई फिल्म 'अखुनी' की याद बेतरह आती है। जैसे पूर्वोत्तर के लोगों के लिए उनका व्यंजन अपनी कॉलोनी और मुहल्ले में बना सकना एक दुःस्वप्न हो जाता है। वैसे ही 'भय' कहानी में सूअर की बलि एक दुःस्वप्न में तब्दील हो जाता है। यहाँ जो बात महत्त्वपूर्ण है वह यह कि मुर्गे और बकरे को छोड़कर अब इस देश में किसी पशु की बलि निरापद नहीं है। लेकिन सनद रहे होली के दिन, सावन के खत्म होने पर इस देश में बकरों की बलि रेखांकित करने योग्य तथ्य अब नहीं है। केवल बकरीद के दिन हलाल होनेवाले बकरों की गिनती जारी है। ओमप्रकाश वाल्मीकि के जीते जी इस देश में ऐसे हालात नहीं थे। बावजूद इसके उनकी कहानी 'गौकशी' को पढ़ें तो पाएँगे कि वे भारत के भविष्य में घटनेवाली घटना का पूर्वानुमान कर पा रहे थे। 'गौकशी' तो आज के सन्दर्भ में उनकी एक 'प्रोफेटिक' कहानी जान पड़ती है, जिसमें मानो वह देश का भविष्य देख-पढ़ पा रहे हों।

इसमें कोई दो मत नहीं है कि दलितों के लिए भारतीय समाज अमानवीय, क्रूर और पाशविक रहा है। हालाँकि ऐसा अध्ययन कम ही हुआ है जिसमें एक ही जनपद

से आनेवाले दलित और गैर दलित कथाकारों के गद्य को आमने-सामने रखकर देखा गया हो। और नतीजों पर इस लिहाज से गौर किया गया हो कि एक ही देश-काल से आने के बावजूद दोनों के लेखन में फर्क आता कहाँ से है? एक दलित अपने समाज की जो तस्वीर अपने साहित्य में दर्ज कर रहा होता है, एक सवर्ण उसी समाज में रहकर उससे अलग तस्वीर प्रस्तुत कर रहा होता है। उनकी कहानियों को पढ़ते हुए यह अनुमान लगाना मुश्किल होता है कि वे एक ही समाज से आते हैं। 'दलित यथार्थ' की अवधारणा को समझने की लिहाज से ऐसा अध्ययन बहुत उपयोगी हो सकता है। क्यों दलित आत्मकथाओं में शिक्षा ग्रहण करना इतना चुनौतीपूर्ण और संघर्षपूर्ण रहा है? इसे तब सहजता से समझा जा सकता है। ओमप्रकाश वाल्मीकि ने सवर्ण समाज की ज्यादतियों को अपनी आत्मकथा में बेहतर तरीके से दर्ज किया है। हाल के दलित विमर्श की कहानियों में सवर्ण समाज कहानियों में जितना हिस्सा घेरता है, ओमप्रकाश वाल्मीकि के यहाँ वह उस अनुपात से कम है, पर पर्याप्त है। उनकी ग्रामीण परिवेश वाली कहानियों में सवर्ण समाज एक सामन्ती ताकत के रूप में मौजूद है। 'सलाम' में वह नवविवाहित दलित दम्पती को अपने दरवाजे जबरदस्ती खड़ा करानेवाली ताकत के बतौर मौजूद है। 'बैल की खाल' में मरे बैल को ठिकाने लगाने में हुई देरी पर गाली-गलौज पर उतर आनेवाले बदतमीज के रूप में उपस्थित है। 'भय' में तो वह किसी भी क्षण उपस्थित हो सकनेवाले दहशत के रूप में मूर्तमान है, जो दिनेश के मानस को अपनी अनुपस्थिति में भी आक्रान्त किए हुए है। 'गोहत्या' में यह सवर्ण समाज अपने निर्मम और क्रूरतम चेहरे के साथ उपस्थित है। ग्रामीण परिवेश में सवर्ण समुदाय जिन सामन्ती तेवर के साथ विद्यमान रहा है। 'गोहत्या', 'खानाबदोश', 'यह अन्त नहीं', 'शवयात्रा' आदि में वह उसी आततायी रूप में उपस्थित है। सवर्ण समाज का सामन्ती चेहरा शहर में आकर कैसे शक्ल बदलकर दलितों के साथ पेश आता है? इसे उनकी 'सपना', 'भय', 'कहाँ जाए सतीश?', 'कूड़ाघर' और 'ब्रह्मास्त्र' आदि कहानियों में देखा जा सकता है। संस्थाओं में दलितों के साथ होनेवाली हिंसा व अत्याचार को उनकी 'घुसपैठिये', 'कुचक्र', 'दिनेशपाल जाटव उर्फ दिग्दर्शन' आदि कहानियों में देखा जा सकता है। मजदूर संगठन कैसे दलितों का इस्तेमाल करते हैं, इस पहलू को 'कूड़ाघर' व 'प्रमोशन' में देखा जा सकता है। लेकिन सवर्णों की आलोचना करते हुए ओमप्रकाश वाल्मीकि के कुछ पूर्वग्रह भी सामने आते हैं। अब तो दलित लेखन में यह पूर्वग्रह अपनी प्रचुरता के कारण एक रूढ़ि का रूप धारण कर चुका है। जैसे सवर्णों के यहाँ लेखकीय पूर्वग्रह रहे हैं, वैसे ही दलितों के भी अपने लेखकीय पूर्वग्रह हैं। ओमप्रकाश वाल्मीकि की कहानियाँ भी इन पूर्वग्रहों से मुक्त नहीं है। पूर्वग्रहों के

निर्माण में जातिगत चेतना काम करती है। जातिगत चेतना समूहगत चेतना के निर्माण में निर्णायक भूमिका निभाती है। यह समूहगत चेतना लगातार अभ्यास से धारणा बन जाती है। ऐसे कुछ जातिगत पूर्वग्रह या धारणाएँ ओमप्रकाश वाल्मीकि के लेखन में भी मौजूद है। जैसे सवर्ण या गैर दलित समाज में रिश्तों की मर्यादा तार-तार होती रहती है, लेकिन प्रतिष्ठा के नाम पर यौन प्रताड़ना की कहानियाँ घर-परिवार की चारदीवारी से बाहर नहीं आ पाती हैं। इन बड़े घरों में पुरुष स्त्रियों को भली निगाह से नहीं देखते हैं। ओमप्रकाश वाल्मीकि इसे 'जिनावर' कहानी में सामने लेकर आते हैं। जिसमें मामा से लेकर ससुर तक सरोज का यौन शोषण करते हैं। यह प्रसंग जिस दलित पात्र जगेसर के समक्ष उजागर होता है। ओमप्रकाश वाल्मीकि जगेसर के जरिए 'डिस्क्लेमर' की शक्ल में यह विचार वहाँ रखते हैं कि "उसे रह-रह कर खयाल आ रहा था कि अपनी बस्ती में ऐसा न कभी देखा था, न सुना था।"[7] एक दूसरी प्रवृत्ति भी दलितों के द्वारा लिखी जा रही कहानियों में बारम्बार लक्षित हो रही है। और वह यह कि सामन्ती जातियाँ अपनी वंश परम्परा बढ़ाने में सक्षम नहीं रह गई हैं। उनका पौरुष चूक गया है। उनमें सन्तानोत्पत्ति की क्षमता नहीं रही और इस नेक काम के लिए गाहे-बगाहे दलित नौकर व मजदूर आदि का इस्तेमाल सवर्ण स्त्रियाँ करती हैं। इस विषय पर ओमप्रकाश वाल्मीकि की कहानी 'ग्रहण' को देखा जा सकता है। इसके समानान्तर सवर्णों के यहाँ भी दलित स्त्रियों को लेकर ऐसे ही पूर्वग्रह देखने को मिलते हैं। इस अन्तर के साथ कि दलित स्त्रियाँ यदि सहज तैयार न हो जाएँ तो उनके साथ बलात्कार किया जा सकता है। सवर्ण कथाकारों के यहाँ भरे-पूरे यौवन वाली दलित युवतियाँ मिलती हैं, जो लोभ-लाभ में अपनी शुचिता गँवा बैठती हैं। इस पूरे प्रसंग में जो याद रखने लायक बात है वह यह कि सवर्ण और दलित कथाकार दोनों एक-दूसरे के कुनबे की स्त्रियों को लेकर एक-सा पितृसत्तात्मक भाव रखते हैं। दोनों दूसरे शिविर की स्त्रियों की देह की लालसा रखते हैं। बस इसके लिए शिल्प और तर्क अलग-अलग अपनाते हैं। कथ्य को अलग तरीके से बुनते भर हैं। पर मकसद के स्तर पर दोनों एक ही जमीन पर खड़े नजर आते हैं। मर्द या पुरुष के इस मर्दाने स्वभाव को उसके जातिगत गुणों में न्यूनीकृत करने की प्रवृत्ति दोनों ओर से समान तौर पर देखने को मिलती है। पितृसत्तात्मक अवशेषों को सामन्ती अवशेषों में या जातिगत गुणों के तौर पर न्यूनीकृत करने की यह प्रवृत्ति खुद के पौरुष को भले तुष्ट करती हो, लेकिन स्त्रीवादी दृष्टि से देखें तो सवर्ण और अवर्ण दोनों उनके गुनहगार ठहरते हैं।

कहानी और विमर्शमूलक कहानी में अन्तर यह है कि एक में कहानी में जो कुछ घटित होता है, वह स्वाभाविकता का निर्वाह करता है। विमर्शमूलक कहानी में एक

किस्म का 'फार्म्यूलेशन' होता है, उसमें घटनाओं का एक क्रम निर्धारित होता है। उसकी निष्पत्तियों का पूर्वानुमान किया जा सकता है। कहानी की दिशा का पूर्वानुमान किया जा सकता है। दलित विमर्श की कहानियों में विमर्श के स्वर को कहानी में रूपान्तरित करने की कला पूरी तरीके से विकसित नहीं हुई है। 'फार्म्यूलेशन' के आधार पर पर्याप्त कहानियाँ लिखी गई हैं। इस कारण दलित साहित्य पर यह एक आरोप लगता है कि आत्मकथाओं के बाहर अन्य विधाओं में उसकी कोई उल्लेखनीय गति नहीं है। जबकि दलितों पर अत्याचार के इतने नवाचार विकसित हो गए हैं कि कोई कायदे से उनको लक्ष्य करके कहानियाँ लिखना आरम्भ करे, तो दलित कहानी के क्षेत्र में जो अपरिमित सम्भावनाएँ हैं। उसके दोहन के साथ वह चमकते सितारे में तब्दील होता चला जाएगा। 'मोहनदास' इसका अपूर्व उदाहरण है।

अस्मितामूलक विमर्श के कहानीकारों को एक प्रयोग करना चाहिए। उसे अपने सहयोगी विमर्शों से संवाद करना चाहिए। मसलन दलित कहानी का पाठ स्त्रीवादियों, आदिवासियों और मुस्लिम विमर्शकारों के द्वारा भी किया जाना चाहिए। तब एक वृहत्तर समझदारी की जमीन विकसित हो सकती है। नहीं तो इनमें से हरेक मामले में मुख्यधारा तो पहले से ही चौधरी बना बैठा है। और कहना न होगा कि मुख्यधारा में प्रतिनिधित्व किनका है।

ओमप्रकाश वाल्मीकि की कहानियों में दृष्टि की एक मूलगामिता मौजूद है। उनमें बहुमत के विरुद्ध जाकर सच कहने का साहस है। साहस के मूल में एक तार्किकता मौजूद है। उनके पास दलित समाज को लेकर एक स्पष्ट दृष्टि रही है। अपने समुदाय के अन्तर्विरोधों को बेहिचक सम्बोधित करने का साहस रहा है। और उससे वे विचलित नहीं हुए हैं। ओमप्रकाश वाल्मीकि ने कहानी में ब्योरों के महत्त्व को नए सिरे से परिभाषित करने का काम किया। दलित जीवन के ब्योरे ही हैं, जिससे उस प्रामाणिकता की निर्मिति होती है, जो गैर दलित या सवर्ण कहानीकारों के यहाँ अनुपलब्ध है। 'डिटेलिंग' का राजनीतिक इस्तेमाल दलित कहानी ने किया है, यह उसकी उपलब्धि है। सवर्णों के पास यह 'ऑथेंटिक डिटेलिंग' नहीं है। इसी कारण वह सहानुभूति या समानुभूति की सतह पर अपनी सदाशयता के बावजूद तैरता रह जाता है। दलित कहानी के सन्दर्भ में दूसरी रेखांकित करनेवाली बात यह है कि एक जेनुइन घृणा या आक्रोश की भावना उस रूप में सवर्ण कहानीकारों के यहाँ देखने को नहीं मिलती है। और एक बड़ा अन्तर जो महसूस होता है। वह यह कि सवर्ण कहानीकार दलितों के प्रति पूरी सहानुभूति रखने के बाद भी कहानी को उस ढंग से नहीं बरत पाता है। कुछ गलतियाँ कर जाता है। इस सन्दर्भ में स्वयं ओमप्रकाश वाल्मीकि ने अमृतलाल नागर के 'नाच्यो बहुत गोपाल' और प्रेमचन्द के 'गोदान'

से उदाहरण दिए हैं, जिसकी ओर हमारा ध्यान नहीं जाता है। इसलिए मैं विषय को बरतने वाली बात को रेखांकित कर रहा हूँ। विषय को बरतने के क्रम में एक बात ओमप्रकाश वाल्मीकि की कहानियों में खास तौर पर ध्यान देने की है और वह यह है कि कहानी के अन्त को बरतने की उनकी अपनी अदा है। एक सवर्ण तबके से आने के कारण मैं यह कह सकता हूँ कि कई बार उनकी कहानियाँ मेरे अनुमान के हिसाब से जहाँ खत्म होनी चाहिए थीं, वहाँ खत्म नहीं होती हैं। ओमप्रकाश वाल्मीकि की कहानियाँ दलित चेतना से अनुप्राणित होने के बावजूद बुनियादी मानवाधिकारों की कहानियाँ भी हैं। एक मनुष्य के बुनियादी आत्मगौरव और आत्मसम्मान को पुनर्स्थापित करने की अरजी लगाती हुई कहानियाँ हैं। जाति के सवाल को पूरी गम्भीरता से उठाती कहानियाँ हैं। जातिगत अपमान के भय से मुक्ति का आह्वान करती कहानियाँ हैं। पलायन की नहीं संघर्ष की कहानियाँ हैं। यही कारण है कि तात्कालिक प्राप्त वंचना और विरोध के बावजूद ओमप्रकाश वाल्मीकि का साहित्य दीर्घजीविता के गुणों से सम्पन्न है। अब यह दलित कहानीकारों पर है कि उनकी विरासत को वे कहाँ तक लेकर जा पाते हैं। यदि आत्मानुभूति, आक्रोश, प्रतिशोध ही दलित कहानीकारों की जमापूँजी है तो उसी पूँजी के बल पर उन्हें कहानियाँ लिखते रहना चाहिए। ओमप्रकाश वाल्मीकि के हवाले से कहूँ तो "दलितों को अपनी सारी ऊर्जा आरक्षण विरोधियों को जवाब देने में खर्च नहीं करना चाहिए।"[8]

आधार ग्रंथ

घुसपैठिये, राधाकृष्ण प्रकाशन, नई दिल्ली, 2009
सलाम, राधाकृष्ण पेपरबैक्स, नई दिल्ली, 2004
छतरी, भारतीय ज्ञानपीठ, नई दिल्ली, 2017
जूठन, भाग-1, राधाकृष्ण प्रकाशन, नई दिल्ली, 1999
जूठन, भाग-2, राधाकृष्ण प्रकाशन, नई दिल्ली, 2015
दलित साहित्य का सौन्दर्यशास्त्र, राधाकृष्ण प्रकाशन, 2018
अन्तिम संवाद : ओमप्रकाश वाल्मीकि, बनास जन, अप्रैल 2014, अंक-8, वर्ष-3

शिवमूर्ति

जन्म : 11 मार्च, 1950

संवेदनाओं का किस्सागो

सर्जनात्मक साहित्य का एक काम मनुष्य की संवेदना की रक्षा और उसका विस्तार करना भी रहा है। शिवमूर्ति इस अर्थ में मानवीय संवेदना के कथाकार ठहरते हैं। शिवमूर्ति की कहानियों और उपन्यासों का मूल स्वर इसी मानवीय संवेदना के संरक्षण-संवर्द्धन से जुड़ा है। मुक्तिबोध के 'संवेदनात्मक ज्ञान' और 'ज्ञानात्मक संवेदन' वाली विचार परम्परा का विकास शिवमूर्ति के कथा संसार में देखने को मिलता है, अर्थात, संवेदनशीलता से अर्जित बोध और उस बोध से चालित संवेदना। यों तो किसी भी साहित्यकार को असंवेदनशील नहीं कहा जा सकता है पर शिवमूर्ति की कहानियों से उनके कुछ अतिरिक्त संवेदनशील होने का पता चलता है। यह अतिरिक्त संवेदनशीलता ही उन्हें अपने समकालीन रचनाकारों से अलग करती है। उनकी यह संवेदनशीलता व्यक्ति जगत तक नहीं, अपितु पशु जगत और वस्तु जगत तक व्याप्त है। परिवेश के प्रति एक गाढ़ा रागात्मक सम्बन्ध उन्हें पढ़ते हुए लगातार महसूस किया जा सकता है।

शिवमूर्ति की कहानियाँ हमारी आदिम आकांक्षाओं को किस्सागोई के जातीय कलेवर में परोसने का काम करती हैं। उनकी कहानियों में किस्सागोई के इन कुछ आदिम संस्कारों के साथ-साथ कुछ आदिम आकांक्षाएँ भी देखी जा सकती हैं। सभ्यता के विकास के बावजूद अन्तर्मन की परतों के नीचे बची रह गई उस आदिम जीवन की महक के प्रति एक मद्धिम-सा राग शायद अब भी हम सबमें कहीं बचा हुआ है। शिवमूर्ति की कहानियाँ हमारे मर्म की उसी परत को थोड़ा सींचने का काम करती हैं। न्याय की आकांक्षा मुझे एक आदिम आकांक्षा लगती है। शिवमूर्ति की कहानियों का केन्द्रीय स्वर 'न्याय की आकांक्षा' है। एक किस्म के 'अनडिजर्व्ड सफरिंग' की व्याप्ति उनकी कहानियों में देखी जा सकती है। शिवमूर्ति के पात्र उन कारणों से दंडित होते हैं, जिनके लिए वे कहीं से जिम्मेदार ही नहीं हैं। वे बुनियादी मानवीय अधिकारों से वंचित मनुष्यों को अपनी कहानियों में जगह देते हैं। मनुष्यों के बीच वह उनकी अमानवीयता और पाशविकता की कहानी

बयाँ करते हैं। सभ्यता के विकास के साथ मनुष्यों की इन आदिम आकांक्षाओं को मनुष्यों की महत्त्वाकांक्षाओं ने किस कदर हाशिये पर डाल दिया है, शिवमूर्ति उसकी कहानी बयाँ करते हैं।

शिवमूर्ति की किस्सागोई में भारतीय आख्यान परम्परा की भी कुछ तासीर दिखाई देती है। ऊपर मैं जिस न्याय की आकांक्षा की चर्चा उनकी कहानियों के सन्दर्भ में कर रहा था। उसके साथ यदि इनके पात्रों की तर्कशीलता को भी जोड़ दें तो अमर्त्य सेन द्वारा भारतीयों के सन्दर्भ में रेखांकित की गई 'आर्ग्यूमेंटेटिव इंडियन' की छवि की छाप भी शिवमूर्ति के यहाँ दिखती है। अमर्त्य सेन की ही एक और किताब है 'दि आइडिया ऑफ जस्टिस'। प्रकारान्तर से ये दोनों विचार पुरजोर तरीके से शिवमूर्ति की कहानियों में देखे जा सकते हैं। 'केशर कस्तूरी' के फ्लैप पर शिवमूर्ति के सन्दर्भ में यह लिखा है कि "प्रकृतिवाद में वे जोला के आसपास दिखते हैं तो पात्रों के जीवन्त चित्रण में गोर्की के समीप।" पर मुझे वे अपनी लेखनी से अन्तोन चेखव और ओ. हेनरी की याद दिलाते हैं। जैसे चेखव अपनी कहानियों में छोटे-छोटे वाक्यों के सटीक इस्तेमाल द्वारा यथार्थ को पकड़ने का काम करते थे, शिवमूर्ति भी अपनी कहानियों के वाक्य-विन्यास में वैसे ही हैं, संक्षिप्त और बेधक (ब्रीफ एंड डायरेक्ट)। और कहानियों के 'ट्रीटमेन्ट' के स्तर पर वे मुझे ओ. हेनरी के समीप जान पड़ते हैं। जिस तरह ओ. हेनरी की कहानियों में एक किस्म की 'अप्रत्याशा' हमें मिलती है, शिवमूर्ति की कहानियों में भी आने वाले 'ट्विस्ट' और 'टर्न' अन्ततः वैसी ही अप्रत्याशा को रचने का काम करते हैं। ओ. हेनरी की तरह शिवमूर्ति भी अपनी कहानियों के अन्त के साथ बाज दफा चौंकाते हैं। (चेखव और हेनरी से की गई इन तुलनाओं को केवल कहानी के शिल्प और आस्वाद के धरातल पर मेरे मन में पड़नेवाले प्रभाव के सन्दर्भ में लें।) हिन्दी कथा साहित्य में वे फणीश्वरनाथ 'रेणु' की परम्परा में गिने जाते हैं। सतही तौर पर यह सही भी जान पड़ता है। लेकिन मामला जब गाँव का हो तो रेणु के साथ-साथ प्रेमचन्द की परम्परा से भी कई उदाहरण उनके कथा साहित्य में देखे-गिनाए जा सकते हैं। दरअसल परम्परा की निगाह से देखना हिन्दी साहित्य की पुरानी रवायत रही है। यह कई सहूलियतें एक साथ मुहैया करा देती हैं। एक तो बतौर रचनाकार आप एक विचारधारा और खेमे में खींच लिये जाते हैं। उसके बाद आपके व्यक्तिगत गुण-दोषों की चर्चा न कर विशेषताओं के बने-बनाए लबादे से ढाँप दिया जाता है। प्रेमचन्द और रेणु के लेखन से कई साम्यताओं के बावजूद शिवमूर्ति की अपनी लीक रही है। उनके कथा संसार में किसान और गाँव की उपस्थिति जहाँ उन्हें एक ओर प्रेमचन्द से जोड़ती है, वहीं दूसरी ओर आंचलिक शब्दों का प्रयोग और उसकी ध्वन्यात्मकता रेणु से।

लेकिन यह ऊपरी या सतही साम्यताएँ हैं। बल्कि कहें कि इस दृष्टि से बहुत आसानी से प्रेमचन्द और रेणु की परम्परा में शामिल हुआ जा सकता है। किसी परम्परा में शामिल होने की बुनियादी शर्त रचनाकार की सोच या विचारधारा होनी चाहिए, न कि साहित्यिक कौशल या युक्तियों का अनुसरण। इस लिहाज से देखें तो शिवमूर्ति का यह वक्तव्य ध्यान देने लायक है कि "मेरा नजरिया किसी पूर्वनिर्धारित सोच या विचारधारा से नियंत्रित नहीं होता। जीवन को उसकी सघनता और निश्छलता में जीते हुए ही मेरे रचनात्मक सरोकार आकार ग्रहण करते हैं। पहले का यथार्थ यह था कि 'कसाईबाड़ा' की हरिजन स्त्री शनीचरी धोखे/जबरदस्ती से मार दी जाती थी...उसकी खेती-बारी हड़प ली जाती थी। आज का यथार्थ 'तर्पण' में है। शनीचरी जैसे चरित्रों की अगली पीढ़ी रजपतिया के साथ जबरदस्ती का प्रयास होता है तो गाँव के सारे दलित इकट्ठा हो जाते हैं। सिर्फ इकट्ठा नहीं, बल्कि उस लड़ाई में वे हर संकट का सामना करते हैं। वे लड़ाई जीतने के लिए हर चीज का सहारा लेते हैं। उसमें उचित या अनुचित का सवाल भी इतना प्रासंगिक नहीं लगता। उनके लिए हर वह सहारा उचित है जो उनके संघर्ष को धार दे सके। पहले थोड़ा अमूर्तन भी था। अब टोले का विभाजन दो प्रतिद्वंद्वियों के रूप में सामने खड़ा है। जातियों के समीकरण पहली कतार में आ गए हैं। 1980 से 2000 तक जो परिवर्तन आया वह मेरी रचनाओं में साफ दिखता है।...मैं 'तर्पण' को ध्यान में रखकर कह रहा हूँ। इससे आगे का यथार्थ मेरी रचनाओं में आ रहा है...और उससे आप मेरा नजरिया समझ सकते हैं। 'भरतनाट्यम' के लिखे जाने का समय एक दूसरी तरह की समझदारी का था। तब यह स्वर नहीं उठता था कि जो दुख-दर्द घेरे है, उसके आँकड़े क्या हैं! कारण क्या हैं! पैदावार और लागत का जो अनमेल अनुपात है उसके पीछे कैसे-कैसे षड्यंत्र हैं! यानी परदे के पीछे चल रहा खेल क्या है?...आज इन सब पर नजर जा रही है। दुखी दलित लोग संगठन बना रहे हैं। एका बनाकर सामने आ रहे हैं।"[1] परदे के पीछे चलने वाला खेल अनुभूति से ज्यादा विचार जगत का मामला होता है। कहानी या उपन्यास में जब इन खेलों का पर्दाफाश करना होता है तो वह कथात्मकता के दायरे में रहकर करना होता है। इस दृष्टि से देखें तो शिवमूर्ति के लिए कथात्मकता बुनियादी चीज है। शिवमूर्ति अपनी कहानियों में विचार की तुलना में अनुभूति को तरजीह देने वाले रचनाकार हैं, लेकिन उनके उपन्यासों में इस विचार और अनुभूति का सम्यक् परिपाक देखने को मिलता है। शिवमूर्ति की रचनाओं से दूसरी शिकायतें हो सकती हैं मसलन 'त्रिशूल' को लें, यह शिवमूर्ति के अन्य उपन्यासों की तुलना में कमजोर उपन्यास है। कारण, इसमें उनका फोकस गड़बड़ा गया है। मंडल और कमंडल के बीच जो परिपाक होना था, जो आनुपातिक

सम्बन्ध बनना था, वह हो न सका। शिवमूर्ति की जो खासियत रही है कि विचार भी अनुभूति के रास्ते कथा के गलियारे में दाखिल हो, वह यहाँ नहीं होता है। वह विचार के स्तर पर कई जगहों पर संचरण करती रह जाती है। लेकिन इसके बाद के 'तर्पण' और 'आखिरी छलाँग' की बात करें तो उसमें यह कमी सिरे से गायब है। मैं 'आखिरी छलाँग' की तुलना में 'तर्पण' को ज्यादा ऊँचा आँकता हूँ। 'तर्पण' अकेले शिवमूर्ति की रचनाशीलता को समग्रता में रेखांकित करने के लिए पर्याप्त है। 'तर्पण' में जो संरचनात्मक कसाव है, वह प्रशंसनीय है। 'तर्पण' में दलितों की उभरती और संगठित होती राजनीतिक चेतना का चेहरा उसके अन्तर्विरोधों के साथ शिवमूर्ति ने उकेरा है। शिवमूर्ति की दलित चेतना का एक दिलचस्प पहलू यह भी है कि कहीं बाबा साहब भीम राव अम्बेडकर का जिक्र तक नहीं आता है, लेकिन महात्मा गांधी का अक्स कई जगहों पर दिखता है। ऐसी कोई भी रचना जो अपने समय के दस्तावेज होने का दर्जा हासिल करती है, उसमें कई अन्य खूबियों के साथ यह दो खूबियाँ जरूर होती हैं। एक, 'ऐतिहासिक यथार्थ की जटिलता का समग्रता में अंकन' (कॉम्प्लेक्स टोटैलिटी ऑफ हिस्टॉरिकल रियलिटी) और दूसरा 'विचारधारात्मक यथार्थ की जटिलता का समग्रता में अंकन' (कॉम्प्लेक्स टोटैलिटी ऑफ आइडियोलॉजिकल रियलिटी)। कहना न होगा कि 'तर्पण' में यह दोनों विशेषताएँ मौजूद हैं। इस कारण से दलित चेतना के उभार के साथ उसकी सीमा और सम्भावनाओं का भी अनुमान लगाया जा सकता है। उत्तर प्रदेश में दलित चेतना के उभार को समझने की दृष्टि से यह बेजोड़ उपन्यास है, जिस ढंग से यह अपने समय की सामाजिक-राजनीतिक प्रक्रिया को पकड़ता है उससे यह साहित्य की देहरी लाँघकर सामाजिक विज्ञान के चौखटे तक जा पहुँचता है। इस लिहाज से देखें तो शिवमूर्ति प्रेमचन्द और रेणु की विरासत को कायदन बढ़ाते हुए नजर आते हैं।

शिवमूर्ति ने अपनी कहानियों की रचना-प्रक्रिया पर बात करते हुए लिखा है कि "मेरे मन में कहानी सर्वप्रथम सूत्र रूप में कौंधती है...कोई घटना, संवाद और दृश्य को देखकर...खासकर उसकी परिणति या मूलभूत वक्तव्य परिदृश्य के रूप में पहले उभरता है...फिर शुरू होती है उन परिदृश्यों को तारतम्य देने की प्रक्रिया...फिर बुनावट की प्रक्रिया...कथा में विश्वसनीयता और स्वाभाविकता लाने का कार्य... प्राय: अन्तिम ड्राफ्ट में पहले ड्राफ्ट का पाँचवाँ भाग ही शेष रह जाता है...उसका बहुत कम अंश तलछट में रह जाता है।...मगर एक बात स्पष्ट कर देना चाहूँगा... चरित्र ही मेरी कहानी का आद्यन्त है, मेरी कहानियाँ मुख्यत: चरित्र प्रधान हैं। मेरी कहानियों में जो कुछ भी किया गया है सब कुछ उन चरित्रों को 'बताने' के लिए... मेरी कहानियाँ उन चरित्रों के बारे में बतियाती हैं...इसके अतिरिक्त वह कुछ भी

नहीं कर पातीं।"[2] शिवमूर्ति के उपरोक्त वक्तव्य में तीन महत्त्वपूर्ण संकेत-सूत्र हैं, जिससे उनकी कहानियों के 'पैटर्न' को पहचाना जा सकता है। पहला, कहानी का सर्वप्रथम सूत्र रूप में कौंधना और उसकी परिणति का परिदृश्य पहले उभरना, इस कारण से शिवमूर्ति की कहानियाँ निष्पत्तिमूलक होती हैं। दूसरा, बुनावट के क्रम में उसकी विश्वसनीयता और स्वाभाविकता की रक्षा, इस कारण से उनकी कहानियों में पठनीयता बनी रहती है। तीसरा, कहानियों का चरित्रमूलक होना, यह उनकी संजीदगी को दर्शाता है। चरित्रों को तब तक 'कन्विंसिंगली' कहानी में नहीं ढाला जा सकता है जब तक हम खुद उनसे गहरे मुतास्सिर न हों या उन पात्रों ने हमारी संवेदना को गहरे न छुआ हो। शिवमूर्ति की हर कहानी में कम से कम एक ऐसा किरदार जरूर मिलेगा जो हमारी संवेदना की तन्तुओं को छू जाता है। आखिर हर कहानी के साथ ऐसा क्योंकर होता है? दरअसल पाठकों की संवेदना को छूने और उनके मस्तिष्क को प्रभावित करने की क्षमता शिवमूर्ति के किस्सागोई के अन्दाज में छिपी है। एक खास बात जो उनकी कहानियों में लक्ष्य की जा सकती है वह यह कि चरित्रप्रधान इन कहानियों के केन्द्रीय चरित्रों को शिवमूर्ति की हार्दिकता का संस्पर्श प्राप्त होता है। यह सुनने में जितना सहज लगता है, उसे कहानी के स्तर पर अंजाम तक पहुँचाना उतना ही मुश्किल है। जिन पात्रों को कहानीकार की हार्दिकता का संस्पर्श मिलता है, उनके साथ जीवन का अच्छा हिस्सा गुजरा होना चाहिए। शिवमूर्ति के द्वारा लिखी गई कहानियों के अन्तराल पर गौर फरमाएँ 'कसाईबाड़ा' 1980, 'भरतनाट्यम' 1981, 'सिरी उपमा जोग' 1984, 'तिरिया चरित्तर' 1987, 'केसर कस्तूरी' 1991, 'अकाल दंड' 1992 आदि। इससे इस बात की तस्दीक की जा सकती है कि शिवमूर्ति अपनी कहानियों को पन्नों पर उतारने से पहले उन्हें लम्बे समय तक जीने-सँजोने वाले कथाकार हैं। इसलिए यह पात्र पन्नों पर उतरने से पहले शिवमूर्ति के मानस संसार में बतौर एक नागरिक रहते हैं और जब वह हमारे सामने आते हैं, तब वे गढ़े हुए नहीं बल्कि स्वाभाविक और वास्तविक लगते हैं। चरित्रों के साथ बर्ताव का एक दूसरा ढंग भी शिवमूर्ति के यहाँ उपलब्ध है। वह यह कि जो खल चरित्र होते हैं उनके लिए नाम का इस्तेमाल नाम मात्र के लिए ही वह करते हैं बल्कि उनका जोर उनके ओहदे, उनकी ताकत, उनकी प्रभावशीलता आदि पर होता है। वे एक साथ चरित्र होने के साथ हमारे समय की प्रतिकूलताओं के प्रतीक भी जान पड़ते हैं। यह अकारण नहीं है कि शिवमूर्ति की कहानियों में लीडर, परधान, सिकरेटरी, नेता, दारोगा, संचालक, ए.डी.एम. साहब, ठेकेदार, पुजारी, पंच, भाईजी आदि के व्यक्तिगत नामों पर जोर नहीं दिया जाता। दरअसल शिवमूर्ति यह भी जताना चाहते हैं कि कोई ओहदेदार गर प्रभावशाली हो जाता है,

तब उसकी प्राथमिक पहचान उस ओहदे से ही तय होने लगती है। वे मनुष्य होने का आभास भर कराते हैं, लेकिन बुनियादी तौर पर वे उन ओहदों में ही तब्दील हो चुके होते हैं। उनकी संवेदनाएँ अप्रत्याशित रूप से सूख चुकी होती हैं। इसलिए शिवमूर्ति उन्हें उनके नामों के बजाय ओहदों से याद करना पसन्द करते हैं। इसका दोहरा लाभ पाठकों को मिलता है। एक तो उनकी संवेदनाएँ सीधे-सीधे शनीचरी, सूरजी, विमली, केसर आदि के साथ जुड़ती हैं और दूसरे स्तर पर उनके दुःखों के मूल में जो व्यक्ति होते हैं, वे व्यवस्था के प्रतीक हो जाते हैं। इस तरह देखें तो किसी भी अन्य कहानीकार की तुलना में शिवमूर्ति की कहानियों में पाठकों को 'साधारणीकरण' के दोहरे अवसर सहजता से मिल जाते हैं। स्थानीय समीकरणों की बिसात पर अशक्तों का जीवन ऐसे मामूली प्यादों में तब्दील हो चुका है, जिनकी नियति में पिटना ही बदा है। व्यवस्था का अजगर जिन्हें अपनी कुंडली में कसकर इत्मीनान से निगलने में लगा हुआ है। पाठकों के पास मूकदर्शक बने रहने के अलावा दूसरा कोई विकल्प नहीं बचा है। इन पात्रों की निरूपायता, अशक्तता, असमर्थता पढ़ने के दौरान पाठकों को अपनी गिरफ्त में ले लेती है। इस तरह कहानी के खत्म होने के बावजूद वह हमें देर तक 'हांट' करती रहती है। अंग्रेजी में लिखने वाले साइरस मिस्त्री ने फिक्शन के बारे में एक बात कही थी, जो शिवमूर्ति के कथा साहित्य के सन्दर्भ में भी प्रासंगिक जान पड़ता है कि "फिक्शन को कम से कम अपने पाठकों को उस बुनियादी स्तर तक तो जरूर ले जाना चाहिए, जहाँ वह उन्हें परेशान कर सके, उन्हें अपने जीवन के प्रति नजरिए को फिर से संयोजित करने को प्रेरित कर सके, यदि सम्भव हो सके तो बतौर व्यक्ति वह उसे बदल सके।"[3] शिवमूर्ति की कहानियाँ पाठकों को उस बुनियादी स्तर तक ले जाने का काम करती हैं, जहाँ से साइरस मिस्त्री बाकी की उम्मीद करते हैं। इसके अलावा भी शिवमूर्ति के लेखन में कुछ विशिष्टताओं को लक्ष्य किया जा सकता है। पहला, शिवमूर्ति का यथार्थ को अपनी कहानियों में बरतने का तरीका अपने समकालीनों से अलहदा है। मसलन शिवमूर्ति यथार्थ को अपनी कहानियों में लाने से पहले उसे थोड़ा हल्का करते हैं। मतलब यथार्थ को अनुभूति और कहानी का हिस्सा बनाकर सम्प्रेषित करते हैं। और गर, इसे ज्यादा बेहतर तरीके से समझना हो तो शिवमूर्ति के बरक्स संजीव को रखकर पढ़ें तो यथार्थ को हल्का करने के मतलब को आसानी से समझा जा सकता है। दूसरा, हिन्दी कथा साहित्य में पशुओं के स्वभाव और मनोविज्ञान को सूक्ष्मता से समझनेवाले अपने किस्म के अनूठे कथाकार हैं। भले इनकी कहानियों में माननीयों की पहचान उनके ओहदों से होती है, लेकिन पशुओं की पहचान उनके नाम से। हर कहानी में किसी न किसी रूप में पशु-पक्षी की उपस्थिति को लक्ष्य

किया जा सकता है। मनुष्य के स्वभाव और आचरण की तुलना करने के लिए बतौर नजीर शिवमूर्ति अक्सर पशुओं के स्वभाव और आचरण से ही उनकी तुलना करना पसन्द करते हैं। तीसरा, शिवमूर्ति मुहावरों के नहीं लोकोक्तियों और कहावतों के कथाकार हैं। कहावतों और लोकोक्तियों में जो जीवन का गाढ़ा अनुभव सभ्यता की परतों से छनकर सार रूप में जमा रहता है। शिवमूर्ति कहावतों और लोकोक्तियों के जरिए जीवन के उस फलसफे को सूत्र रूप में अभिव्यक्त करना पसन्द करते हैं। यह कहावतें और लोकोक्तियाँ भी उनकी 'ठेठ हिन्दी के ठाठ' में चार चाँद लगाने का ही काम करती हैं। यदि 'हितोपदेश' और 'पंचतंत्र' की कहानियों में व्यक्त पशु जगत में निहित मानवीयता के पाठ को हम भूले नहीं हैं, यदि अपभ्रंश, अवधी, ब्रज के रास्ते हिन्दी की लोकानुभूति की परम्परा को हम ध्यान में रखें और शिवमूर्ति की कहानी लिखने की बजाय कहानी को बयाँ करने के अन्दाज को जेहन में रखें, तो इस बात से इत्तेफाक रखा जा सकता है कि शिवमूर्ति की कहानियों में हमारे जातीय संस्कारों की अनुगूँज सुनाई पड़ती है। यही कारण है कि किस्सागोई की जातीय परम्परा के कुछ अवशेष अब भी शिवमूर्ति के यहाँ दिखते हैं। उनकी कहानियों में 'मास अपील' की जो क्षमता है, उसके कुछ सूत्र इन बातों में निहित हैं। चौथा, 'तिरिया चरित्र' की उनकी जानकारी। स्त्री के मन, संवेदन, स्वभाव, चाल-चरित्र, आचार-विचार की समझ। यह उनका ऐसा गुण है जिसके समकक्ष दूसरा रचनाकार नहीं दिखता है। इसका अनुमान इस तथ्य से लगाया जा सकता है कि शिवमूर्ति की कहानियों का इकलौता संग्रह 'केसर कस्तूरी' 1991 में आया, जिसमें छह कहानियाँ थीं। इनमें से 'भरतनाट्यम' को छोड़कर बाकी पाँच कहानियाँ प्रत्यक्ष और परोक्ष रूप से स्त्री के होने को सम्बोधित है। शिवमूर्ति के कथा साहित्य में स्त्रियों की बहुरंगी छटाएँ हैं। छठा, दलित दृष्टि। उत्तर प्रदेश में अस्सी के दशक के बाद शुरू हुए दलित उभार को समग्रता में उसके अन्तर्विरोधों के साथ शिवमूर्ति के यहाँ देखा जा सकता है।

अवध प्रान्त से आए हिन्दी के कथाकारों में उनकी माटी की महक जिस रूप में पैवस्त रहती आई है, शिवमूर्ति के कथा साहित्य में उसकी बानगी एक अन्तर के साथ देखी जा सकती है। वह अन्तर है कि शिवमूर्ति गाँव का नामोल्लेख नहीं करते हैं बल्कि केवल इस ढंग से लिखते हैं कि "गाँव में खबर बिजली की तरह फैलती है।"[4] या "सिकरेटरी के खिलाफ इस गाँव में बोलनेवाला कौन है।"[5] "चबूतरे पर गाँव नहीं है।"[6] "गाँव के पश्चिम आधा किलोमीटर पर बहती है बिसुई नदी।"[7] "तिथि निर्धारित होते ही केशर को वापस गाँव भेज देना है।"[8] और "चौथे दिन ही घर, पड़ोस और फिर पूरे गाँव की नजरों में नालायक हो गया।"[9] शिवमूर्ति के

इस गाँव की निर्मिति खासी दिलचस्प है। बिना किसी नाम-पते के शिवमूर्ति के कथा साहित्य में बारम्बार गूँजनेवाला यह 'गाँव' वस्तुतः क्या है? एक विचार, अवधारणा या वास्तविकता? क्यों नहीं प्रेमचन्द, अमृतलाल नागर, श्रीलाल शुक्ल की भाँति शिवमूर्ति ने भी उसे क्रमशः सेमारी-बेलारी, लखनऊ के चौक-मोहल्ले और शिवपालगंज की तरह एक नाम देना जरूरी समझा। आर. के. नारायण की तरह वे भी एक 'मालगुड़ी' रच सकते थे। पर क्या वजहें रहीं कि उनके कथा साहित्य में केवल 'गाँव' ही गूँजता रह गया? शिवमूर्ति ने अपने इस गाँव के जरिए भी अपनी कहानियों के साथ पाठकों के तादात्मीकरण की सम्भावनाओं को कई गुना बढ़ाने का काम किया है। यह गाँव कौन-सा है, इसकी चिन्ता आलोचकों को हो सकती है, लेकिन एक पाठक को मतलब कहानी मात्र से होता है। कुछ सजग पाठक जो 'गाँव' को पहचानना ही चाहते हैं, उनके लिए भाषा की स्थानीयता और आंचलिकता के मार्फत पर्याप्त संकेत सूत्र छोड़ दिए गए हैं। इस तरह जो उस प्रदेश या जनपद के ठहरें, वह तो अपनी भाषा की छौंक से ही अपने गाँव को पहचान जाते हैं और दूसरे उनके चरित्र और घटनाओं से खुद को जोड़ते हुए उस कहानी की भौगोलिकता का विस्तार करते हैं।

शिवमूर्ति के कथा साहित्य में गाँव एक विचार या अवधारणा के बतौर व्यवहृत नहीं हुआ है, बल्कि एक जिन्दा अहसास के रूप में आया है। शिवमूर्ति ने 'गाँव' के बाहरी आवरण को नहीं भीतरी मर्म को पकड़ा है। इस कारण उनके गाँव जिन्दा लगते हैं। एक ऐसे दौर में जब शहर लगातार हमारे गाँवों को चर रहे हैं, खुद गाँवों मे रोज अबाध गति से शहरों का उगना जारी है। ऐसे समय में शिवमूर्ति अपनी कहानियों में गाँवो को जिन्दगी बख्शने के लिए कटिबद्ध हैं। आज भारत सरकार की आर्थिक नीतियों पर गौर करें तो क्या यह अलग से बताने की जरूरत है कि वह शहरों के पक्ष में है या गाँवों के पक्ष में। 'सिरी उपमा जोग' कहानी को चरित्र और व्यक्तिगत सम्बन्धों से इतर बदलते भारत के सामाजिक-आर्थिक परिदृश्य की पृष्ठभूमि में देखें तो आधुनिक भारत के विकासशील चरित्र की एक अवान्तर कथा सामने आती है। गाँव की कोख से निकला नौकरशाह पूँजीवादी शहर की गोद में जा बैठता है। गाँव उसके लिए परेशानी का सबब है। यह अकारण नहीं है कि शिवमूर्ति कहानी के अन्त में लिखते हैं कि "सबेरे उठकर वे (ए.डी.एम. साहब) देखते हैं कि चबूतरे पर 'गाँव' नहीं है। वै चैन की साँस लेते हैं।"[10] यह सर्जनात्मक विरोध है। यही कारण है कि शिवमूर्ति के कथा साहित्य में 'गाँव' की इतनी दमदार और सार्थक उपस्थिति होने के बावजूद मैं उन्हें देशज यथार्थ या ग्रामीण यथार्थ के कथाकार के बतौर प्रस्तावित नहीं कर रहा हूँ, बल्कि वे व्यापक अर्थों में भारतीय

यथार्थ के कथाकार हैं। शिवमूर्ति को देशज या ग्रामीण यथार्थ के कथाकार के रूप में देखना उनकी भूमिका को कम करके तो आँकना है ही, खुद अपनी अदूरदर्शिता और तंग नजरिए को भी सामने रखना है।

वस्तुत: गाँव एक संरचना है, जिसके सामाजिक-आर्थिक-राजनीतिक-सांस्कृतिक कई आयाम हैं। इन आयामों के समुच्चय से न सिर्फ उसमें जीवन्तता आती है, बल्कि उसका स्वरूप भी निर्मित होता है। इस संरचना को उसी बहुआयामिता और जीवन्तता के साथ साहित्यिक संरचना में रूपान्तरित कर सकना मामूली काम नहीं है। अब सवाल उठता है कि शिवमूर्ति ने इसे सफलतापूर्वक अंजाम तक कैसे पहुँचाया? इसे अपने पहले प्रयास में ही बखूबी अंजाम देने का काम फणीश्वरनाथ 'रेणु' ने किया था। बाद के दिनों में इक्के-दुक्के रचनाकारों ने अपनी काबिलियत के बल पर इस कामयाबी को जरूर दुहराया। लेकिन इस दिशा में हाल के वर्षों में सर्वाधिक उल्लेखनीय जत्था दलित कथाकारों का रहा है, ऐसा पहली बार हुआ है कि लेखकों के किसी समूह ने इस दिशा में सफलता अर्जित की हो। क्या गाँव के इस मर्म को पकड़ने में शिवमूर्ति ने किसी साहित्यिक युक्ति का सहारा लिया है? यद्यपि शिवमूर्ति ने परम्परा से काफी कुछ अर्जित किया है, लेकिन साथ ही उन्होंने इस परम्परा में कुछ जोड़ने का काम भी किया है। शिवमूर्ति ने गाँव के खास किस्म की चित्ति (साइकि) और गाँव की 'बॉडी लैंग्वेज' (भाव-भंगिमा) को पकड़ा है। गाँव के सन्दर्भ में 'साइकि' या 'बॉडी लैंग्वेज' जैसी बात सुनने में थोड़ी अजीब लग सकती है। पर यह शिवमूर्ति की खूबसूरती और खासियत है।

'त्रिशूल' को छोड़ दें तो शिवमूर्ति के सम्पूर्ण कथा साहित्य में आए चरित्रों के आचार-विचार पर गौर करें तो वह व्यक्तिगत विशेषताओं को धारण करने के बावजूद समग्रता में गाँव की 'साइकि' को ही दर्शाने का काम करते हैं। शिवमूर्ति के हर पात्र चाहे वह किसी भी जाति, वय, हैसियत के हों, उसके आचरण के मूल में गाँव के स्थानीय समीकरणों की प्रभावशाली उपस्थिति देखी जा सकती है। 'तर्पण' और 'आखिरी छलाँग' उपन्यास में इसे सहजता से देखा जा सकता है। 'कसाईबाड़ा' और 'तिरिया चरित्तर' कहानी में इसे सतह पर और 'अकालदंड' तथा 'भरतनाट्यम' में इसे सतह के नीचे देखा जा सकता है। गाँव की इस मानसिकता को सर्वाधिक दक्षता से धारण करने का काम शिवमूर्ति के स्त्री चरित्रों ने किया है और उसके बाद इसमें किसी की निर्णायक भूमिका ठहरती है, तो वह उनकी कहानियों में आए महत्त्वाकांक्षी और लोलुप किस्म के चरित्रों की है। 'तिरिया चरित्तर' कहानी के निर्णायक क्षण में जब बिमली के सच का संहार झूठों के गिरोह के द्वारा किया जाना तय है, उस क्षण में बाल विधवा बिरजा अकेली आशा की किरण है। उसका

आचरण इस क्षण में देखने लायक है। "बाल विधवा बिरजा बैठी सोच रही थी अगर वह कह दे कि मछली का चिखना तो उसी से बनवाया था विसराम ने। शिवाले से लौटते समय लेते हुए आया था—तो? अभी सारी पंचायत उलट जाएगी...लेकिन तब उससे भी पूछा जा सकता है। कितने साल से वह विसराम का चिखना बनाती रही है? आगे से चिखना बनाना बन्द हो जाएगा सो अलग।"[11] 'तिरिया चरित्तर' की एक बानगी यह भी है। गाँव में अफवाह को हवा देने का काम भले पुरुष करते हों, पर उसके प्रचार-प्रसार का प्रभार महिलाओं के जिम्मे ही है।

आज जब सरकारें गाँव के गाँव उजाड़ रही हैं, ऐसे गाँव-किसान विरोधी समय में शिवमूर्ति ने 'कथा में गाँव' को फिर से बसाने का काम किया है। गाँव की बसावट के मूल में शिवमूर्ति ने यों तो बुनावट के पारम्परिक कौशलों का उपयोग किया है। जैसे भाषा के स्तर पर स्थानीयता और आंचलिकता की छौंक, लोकगीतों का तड़का, कहावतों और लोकोक्तियों की धजा इत्यादि, लेकिन इन पारम्परिक कौशलों को दरकिनार कर दिया जाए तब भी कुछ तत्त्व हैं, जो खास शिवमूर्ति के यहाँ उपलब्ध हैं। जैसे गाँव और किसान के पारस्परिक सम्बन्ध को अलग से बताने की आवश्यकता नहीं है, वैसे ही किसान, पशु और प्रकृति की पारस्परिकता को अलग से रेखांकित करने की आवश्यकता नहीं है। प्रकृति और पशु जगत का जैसा इस्तेमाल शिवमूर्ति के यहाँ है, वह उन्हें अपने समकालीन रचनाकारों में विशिष्ट बनाता है। शिवमूर्ति के यहाँ पशु मानवीय मूल्यों के सूचकांक के बतौर व्यवहृत होते आए हैं। उसका केवल एक उदाहरण शिवमूर्ति की कहानी 'अकालदंड' से दे रहा हूँ। "पेड़ों के पत्ते सूखकर झड़ चुके हैं या मवेशियों के पेट में चले गए हैं और गायें-भैंसें बिक चुकी हैं। जिन्होंने नहीं बेचा उन्हें अब कोई मुफ्त में ले जाने को तैयार नहीं है। लेकिन बाँधकर रखें तो खिलाएँ क्या? तो गले से पगहा खोलकर हाँक दे रहे हैं लोग—जाओ 'फिरी' कर दिया आज से। सुतंत्र हो। मरने के लिए सुतंत्र। नेह-नाता तोड़ो। चारे-पानी की खोज करते हुए मरो। लेकिन दूर जाकर। दुर्गंध से तो बचा दो गाँव को। इन फिरे हुए जानवरों को किसी भी ठूँठ पेड़ के नीचे पड़े पैर पटकते, पूँछ ऐंठते और आँख के बड़े-बड़े कोयों से आँसू बहाते देखा जा सकता है। मरने का इन्तजार करते जानवर। जानवर नहीं, उनकी ठठरी जिनके निष्प्राण होने का इन्तजार पेड़ के ठूँठ पर बैठे गिद्धों को कभी-कभी तीन-तीन, चार-चार दिन करना पड़ जाता है। बैलों को लोग अन्त तक बचाए रखना चाहते थे। कभी पानी बरसा तो जोताई कैसे होगी। लेकिन चारे और पानी के अभाव और बीमारी के चलते अब वे भी धीरे-धीरे साफ हो रहे हैं। सरकार की तरफ से मिलने वाला प्रति जानवर चारा एक वक्त के लिए भी पूरा नहीं पड़ता। अब बैल बचे हैं तो कुछ

गाड़ीवानों के पास या गाँव के दो-चार बड़े घरों में। 'जबरा' लोगों के पास। जो दबदबे वाले हैं। पानी का टैंकर आने पर जो पहले अपने बैलों को पिलाने के लिए बड़े-बड़े ड्रम और 'छोड़' भर लेते हैं, तब गाँव के कमजोर लोगों की बारी आती है—अपने लिए गगरा-गगरी भरने की। चिड़ियों की बोली के नाम पर अब मध्य दोपहरी के आकाश में वृत्ताकार उड़ती चील की टिंहकारी ही सुनाई पड़ती है। या मृत जानवर के शव पर झपटते गिद्धों की चीं-चीं! किच-किच! बाकी पक्षी या तो भूख-प्यास से मर गए हैं या किसी अजाने देश को उड़ गए हैं।"[12]

शिवमूर्ति शब्दों के पारखी हैं। शब्दों को चुनने की और उसे अपनी कथा में बरतने की उनकी तमीज काबिल-ए-तारीफ है। शिवमूर्ति की भाषा में निहित बेधकता, सम्प्रेषणीयता, सांगीतिकता, चित्रात्मकता, सांकेतिकता, ध्वन्यात्मकता आदि गुणों के मूल में उनकी 'शब्द शक्ति' को सूँघने-महसूसने की क्षमता है। वे एक साथ अभिधा, लक्षणा और व्यंजना का मारक इस्तेमाल करने वाले कथाकार हैं। भाषा के स्तर पर उनकी कुछ शरारतें बदमाशी की हदों को छूती हैं। उनके उपन्यास 'तर्पण' से दो उदाहरण दे रहा हूँ। जब चन्दर रजपतिया के साथ बलात्कार का असफल प्रयास करता है तो मिस्त्री बहू कहती है "इसकी (चन्दर की) तरवार बहक गई है।"[13] थोड़ा आगे जब रजपतिया को थाने से बुलावा आता है तब उसके परिवार के मर्द तय करते हैं कि "भोरवाली गाड़ी पकड़कर पियारे रजपत्ती को लेकर भाई जी के घर चले जाएँ। खतरे से बचाव के लिहाज से स्टेशन तक पाँच लोग साथ चलें। इस बात की भनक घर की औरतों तक को न लगने पाए। सारा भेद औरतों से ही 'लीक' होता है।"[14] भाषा के स्तर पर ऐसी हरकतें शिवमूर्ति के यहाँ देखी जा सकती हैं। लेकिन इस हरकत के मूल में जो मर्दाना आग्रह है, उसे गाँवों में सहजता से देखा जा सकता है। इस लिहाज से देखें तो यह भी गाँव को बिना 'सेंसर' किए पकड़ने की उनकी कोशिश है। जिससे गाँव ज्यादा प्रामाणिक तौर पर हमारे समक्ष उपस्थित होता है। ऐसे समग्रता में उनकी कहानी की संरचना किसी कुशल कारीगर की कारस्तानी लगती है। जैसे एक राजमिस्त्री एक-एक ईंटें जोड़कर एक मजबूत दीवार का निर्माण करता है, वैसे ही शिवमूर्ति अनुभूति, संवेदना और विचारों के मेल से एक मजबूत कथात्मक संरचना का निर्माण करते हैं।

चलते-चलते अब समग्रता से इतर शिवमूर्ति की कुछ कहानियों पर एक उड़ती-सी निगाह डाल लेना अनुचित न होगा। यों तो शिवमूर्ति की कहानी लेखन की यात्रा 1968 में आरम्भ हो चुकी थी ('मुझे जीना है', 1968, 'पान फूल', 1969, 'उड़ि जाओ पंछी', 1970, यह अलग बात है कि स्वयं शिवमूर्ति के पहले कहानी-संग्रह में इनका कोई उल्लेख नहीं है। उनका पहली कहानी-संग्रह 'केशर कस्तूरी' के

अनुसार उनके कायदन छपने का सिलसिला 1980 में 'कसाईबाड़ा' के प्रकाशन से आरम्भ होता है)। बचपन से ही हमारे मन-मस्तिष्क में भारत के बारे में एक छवि बिठाई जाती है कि भारत गाँवों का देश है। इसकी अस्सी फीसदी आबादी गाँवों में निवास करती है और इतने ही प्रतिशत के आसपास खेती होती है, आदि। फिर सवाल उठता है कि एक रचनाकार जिसकी खुद की आत्मा गाँवों में बसती हो, वह क्यों अपनी शुरुआत एक आम भारतीय की भारत के सन्दर्भ में बनी प्रचलित समझदारी (कन्वेंशनल विजडम) को चुनौती देने से करता है? शिवमूर्ति बतलाते हैं कि पुराने सामन्ती अवशेष (जातिवाद) और नई व्यवस्था (पुलिस-प्रशासन) के आपसी गठजोड़ ने गाँवों को 'कसाईबाड़े' में तब्दील कर दिया है। कहानी के दौरान यथार्थ को बहुत छोटे-छोटे क्षणों में पकड़ने की शिवमूर्ति की जो कला है, वह अलग से रेखांकित करने योग्य है। जैसे 'तिरिया चरित्तर' में जब शनीचरी की बेटी रूपमति की बिदाई हो रही है तो वह अपनी बकरी तक को भेंटना नहीं भूलती है। औरतों के आपसी डाह को कथानक में गति पैदा करने के उपादान में व्यवहृत करने का कौशल और गाँव के स्थानीय और जातीय समीकरणों के पल-पल बनते-बिगड़ते गुणा-गणित को कहानी के पन्नों पर दर्ज करने की योग्यता काबिल-ए-गौर है। शनीचरी की बेबसी का जो फायदा प्रधान, लीडर और दारोगा उठाते हैं, वह एक स्तर पर मन्नू भंडारी रचित 'महाभोज' की याद दिलाता है। महत्त्वाकांक्षा कैसे व्यक्ति को दयनीय और घृणास्पद बनाती है, 'कसाईबाड़ा' के प्रधान और लीडर दोनों इसके जीते-जागते उदाहरण हैं। इसी महत्त्वाकांक्षा की एक अलग छवि 1981 में प्रकाशित 'भरतनाट्यम' में देखने को मिलती है। जहाँ एक पत्नी की पुत्र पाने की महत्त्वाकांक्षा उसके पति के आत्मसम्मान, साफगोई और भलमनसाहत की बलि ले लेता है। अन्त में उसका पति अपना मानसिक सन्तुलन गँवाकर खरबूजे के खेत में 'भरतनाट्यम' करने लगता है। कहानी अपने अन्त में एक ऐसा तोड़ देने वाला ट्रैजिक भाव बोध रचती है कि उस पर अलग से कुछ भी कहना नाकाफी होगा।

1984 में आया 'सिरी उपमा जोग' कथा के स्तर पर 'भरतनाट्यम' का प्रतिपूरक है। अगर वहाँ एक स्त्री की महत्त्वाकांक्षा उसे घृणा के केन्द्र में लाती है तो यहाँ एक पुरुष की। मानव स्वभाव को सम्बोधित यह दोनों कहानी यों तो स्वाभाविक लगती हैं, लेकिन यह स्वाभाविकता जिस अस्वाभाविकता से पैदा होती है, वह डराती है। मन में एक दुःख और गहरी करुणा फूटती है।

1991 में आई 'केशर-कस्तूरी' शिवमूर्ति की शेष कहानियों से अलग मिजाज की है। पिता की अकर्मण्यता और बेटी की उदात्तता के बीच पसरी यह कहानी अत्यन्त कारुणिक है। अपने सामान्यपने में वह बेधती है। पूरी कहानी अभिधात्मक

है; अपने कहन के ढंग से लेकर सम्प्रेषण के स्तर तक। केशर में नियति को स्वीकार कर प्रारब्ध से लड़ने का जो जज्बा है, वह अत्यन्त मार्मिक है। झूठी मरजाद में लिपटी पिता की अकर्मण्यता-लापरवाही को अपने प्रयत्नों से इंच दर इंच ढकने की कोशिश करती केशर पास-पड़ोस की बहन-बेटी-सी लगती है। 'केशर-कस्तूरी' को पढ़ते हुए शिवमूर्ति की कहानियों के सन्दर्भ में एक बात बड़ी शिद्दत से महसूस होती है कि शिवमूर्ति 'आत्म संवेदना के कष्ट से मुक्ति पाने के लिए रचना में प्रवृत्त होने वाले रचनाकार जान पड़ते हैं।' मतलब यह कि शिवमूर्ति की कहानियाँ व्यक्तिगत अनुभवों से जन्मी हैं। यह अनुभव जब उनकी संवेदना तंत्र पर हावी होने लगता है और उससे मुक्ति की कोई राह नहीं सूझती, तब शिवमूर्ति कहानी के माध्यम से आत्मसंवेदना के उस कष्ट का कहानी के रूप में 'तर्पण' करते हैं। शिवमूर्ति की कहानियों में निहित मार्मिकता, करुणा, त्रासद भाव-बोध की वह तीव्रता और सान्द्रता उसे लम्बे समय तक धारण करने से उपजी है। ऐसा लगता है कि शिवमूर्ति के जीवन में निजी या दूसरों के अनुभव के रूप में आए ये क्षण, उनकी आत्मा में नक्श होते चले गए थे और जब उनकी आत्मा इन अनुभवों और दुखों को धारण कर सकने में अशक्य होने लगी तभी उन्होंने इसका साझा करना जरूरी समझा और इन निजताओं को सामाजिकता के दायरे में ले आए।

अगर 'कसाईबाड़ा' का आरम्भ तनाव और सस्पेंस के मिले-जुले इस वाक्य से होता है कि "गाँव में बिजली की तरह खबर फैलती है कि शनीचरी धरने पर बैठ गई है, परधानजी के दुआरे। लीडरजी कहते हैं—जब तक परधानजी उसकी बेटी वापस नहीं करते, शनीचरी अनशन करेगी, आमरण अनशन।"[15] ऐसी ही जिज्ञासा के साथ 'अकालदंड' का आगाज होता है कि "सुरजी के साथ सिकरेटरी बाबू ने गजब कर दिया। लेकिन उसने इस हादसे के बारे में किसी से मुँह नहीं खोला, क्या फायदा?"[16] ये दोनों कहानियाँ अपनी आरम्भिक पंक्तियों में निहित तनाव और जिज्ञासा की खुलती परतों के साथ आगे बढ़ती हैं। कहानी के केन्द्र में है सुरजी की देह और उस पर अटकी सिकरेटरी की निगाह ("सालों-साल अधपेट रूखे-सूखे भोजन के चलते देह की अतिरिक्त चिकनाई कब की गल चुकी है। शेष है तो प्रकृति से मिला रंग, पानीदार आँखें, बरबस खींच लेने वाला बोलता चेहरा और चौबीस-पच्चीस की उम्र वाले शरीर की स्वतःस्फूर्त चमक। इसे इस दुर्दिन में कहाँ छिपाकर ले जाए वह और इसी पर सिकरेटरी की नजर चढ़ गई है।"[17]) कहानी सुरजी के देह के पाने के उपक्रम में सिकरेटरी द्वारा चलने वाले दाँव और उससे बचने की सुरजी की भंगिमाओं के बीच की है। पृष्ठभूमि में अकाल की भयावहता है। यह अकाल ही है, जो असमय काल बनकर उपस्थित है। लेकिन इस अकालदंड

की भागी सुरजी बनकर भी नहीं बनती बल्कि यह वास्तव में सिकरेटरी के लिए अकालदंड साबित होता है।

'केशर-कस्तूरी' संग्रह में शामिल उनकी एक और कहानी है, 'तिरिया चरित्तर'। 'तिरिया चरित्तर' के केन्द्र में बिमली है। बिमली की उपस्थिति से कहानी में अन्य चीजें परिभाषित होती हैं। बिमली से व्यक्ति और वस्तुओं का सम्बन्ध निर्धारित होता है। बिमली जवान है और सैकड़ों निगाहें उसके यौवन पर लगी हैं। शिवमूर्ति बिमली की इस अवस्था के सन्दर्भ में टिप्पणी करते हैं कि "पके आम के पेड़ की रखवाली जैसा कठिन काम। कितनी निगाहें हैं, पके आम के पेड़ पर!"[18] बिमली अपने अनदेखे-अनजाने भावी पति के लिए अपनी शुचिता और कौमार्य को ईमान की तरह बचाए रखती है। 'तिरिया चरित्तर' में बिमली का पति कभी नहीं आता। सैमुएल बैकेट के नाटक 'वेटिंग फॉर गोदो' की तरह बिमली भी एक अन्तहीन प्रतीक्षा का शिकार हो जाती है। 'तिरिया चरित्तर' एक साथ विडम्बनात्मक और त्रासद है। शिवमूर्ति की इस कहानी और अन्य कहानियों में इतनी परतें हैं कि हर एक पर विस्तार से लिखे जाने की आवश्यकता है। यहाँ 'तिरिया चरित्तर' के कई अन्य पहलुओं को दरकिनार करते हुए उसकी उस केन्द्रीय प्रवृत्ति को रेखांकित किया जा रहा है, जो शिवमूर्ति के कथा साहित्य की खासियत रही है। एक तो महज अशक्त होने के कारण उन गुनाहों के लिए दंडित होना, जो उन्होंने किए ही नहीं हैं और दूसरा न्याय की आकांक्षा। समस्त संसार में स्त्रियाँ मनुष्य होने के बावजूद सबसे ज्यादा यातनाओं की जद में आने वाली प्राणी हैं। स्त्रियाँ जिन यातनाओं का शिकार पूरे संसार में होती हैं उन यातनाओं की प्रकृति और चरित्र में एक वैश्विक एकरूपता है। अन्तर है तो, बस राष्ट्रीयता और धर्मों का। संसार भर में बोली जाने वाली भाषाओं में हिन्दी के अलावा मुझे थोड़ी अंग्रेजी आती है, जिसके मार्फत संसार भर में बननेवाली उल्लेखनीय फिल्मों को सहजता से देखता-समझता आया हूँ। अंग्रेजी, फ्रेंच, पोलिश, चीनी, जापानी, ईरानी, अफगानी, डच, कोरियाई, रूसी, स्पैनिश और हिन्दी फिल्मों में स्त्री होने के कारण गैरवाजिब यातनाओं की अन्तहीन शृंखला को फिल्माया गया है। यहाँ उसके विस्तार में जाने की गुंजाइश नहीं है, फिर भी ईरानी पृष्ठभूमि पर सच्ची घटना पर बनी 'स्टोनिंग ऑफ सोराया एम' (2008) का उल्लेख महज इसलिए करना चाहूँगा कि ईरान की पृष्ठभूमि और इस्लाम की छाँह को हटा दिया जाए तो इस फिल्म और 'तिरिया चरित्तर'(1987) की कहानियों में हतप्रभ करने वाली समानता है।

मुख्तसर सी बात इतनी है कि अपने सुदीर्घ रचनाकाल में अत्यन्त संक्षिप्त रचनाओं की सूची प्रस्तुत करने वाले शिवमूर्ति के कथा साहित्य ने आज के दौर में

एक दुर्लभ-सी लगनेवाली ख्याति और विश्वसनीयता दोनों अर्जित की है। यही कारण है कि अल्प लेखन के बावजूद शिवमूर्ति हिन्दी कथा साहित्य में विश्वसनीयता के किसी 'हॉलमार्क' की तरह हैं। जिनके पास यथार्थ को कथा में बरतने का अपना तरीका है। यदि इस दुर्लभ-सी जान पड़ने वाली लोकप्रियता और विश्वसनीयता को समझ सकने लायक एकाध सूत्र भी इस लेख में उपलब्ध हो सका है तब तो मेहनत सार्थक रही और गर नहीं तो...अब वह भी क्या कहने की जरूरत है!

आधार ग्रंथ

त्रिशूल, राजकमल प्रकाशन, 1995 पहला संस्करण, 2011
केशर कस्तूरी, राधाकृष्ण प्रकाशन, 1991 पहला संस्करण, 2007
तर्पण, राजकमल प्रकाशन, पहला संस्करण 2004, 2010
कुच्ची का कानून, राजकमल प्रकाशन, नई दिल्ली, 2017
सृजन का रसायण, राजकमल प्रकाशन, नई दिल्ली, 2014

उदय प्रकाश

जन्म : 1 जनवरी, 1952

बेहतर दुनिया का स्वप्न रचती कहानियाँ

समकालीन हिन्दी कहानी के परिदृश्य में उदय प्रकाश अब एक परिघटना का पर्याय हो चले हैं। पर सवाल है कि यह परिघटित कैसे हुआ? इस सवाल का जवाब कायदे से तो उदय प्रकाश की कहानियों पर जो शोध कर रहे हैं या कर चुके हैं, उन्हें देना चाहिए। क्योंकि आज बिलकुल उनकी कहानियों को पढ़ते हुए उपरोक्त बात थोड़ी अतिरंजित-सी लगती है। उसकी मूल वजह यह है कि जब कोई कहानीकार अपने परिवेश की 'कथात्मक जड़ता' अथवा 'एकरसता' को अपनी कहानियों के मार्फत तोड़ता है तो बाद के दिनों में उसके मूल्यांकन के क्रम में उस कथात्मक परिदृश्य को ऐन उस वक्त के माफिक महसूस नहीं किया जा सकता है। मतलब यह कि आज हम ठीक-ठीक इस बात को नहीं महसूस कर सकते हैं कि उदय प्रकाश की कहानियाँ कथ्य और शिल्प के धरातल पर उस कथात्मक परिदृश्य में कहाँ हस्तक्षेप कर रही थीं? उदय प्रकाश के सन्दर्भ में यह थोड़ा और विचारणीय इसलिए भी हो जाता है कि एक लम्बे समय से उन्होंने कोई कहानी नहीं लिखी है और इस बीच उनसे प्रेरित कहानीकारों का एक पूरा कुनबा सामने आ चुका है, न सिर्फ आ चुका है बल्कि बेहतरीन कहानियों के जरिए अपनी पहचान भी कायम कर चुका है। और उन कहानियों को पढ़ने के बाद गर आप उदय प्रकाश की कहानियों तक पहुँच रहे हैं, तो सम्भव है कि उदय प्रकाश की वह कहानियाँ आप पर वैसा जादू न कर सकें, जैसा वे अपने प्रकाशन के साथ कर पाने में सफल रही थीं। पिछले एक दशक से उदय प्रकाश ने कोई कहानी नहीं लिखी है और पिछले एक दशक में कहानी का पूरा परिदृश्य बदल चुका है। 'इंडिया टूडे' की साहित्य वार्षिकी (2019-20) में उनकी कहानी का आना और न आना बराबर ही रहा। उदय प्रकाश की कहानियों पर बात करने के लिए कथात्मक परिदृश्य का यह नुक्ता बेहद महत्त्वपूर्ण है। इस नुक्ते को जाने-बूझे बगैर कहानी की दुनिया में उनके कद का आकलन थोड़ा मुश्किल है। मसलन उनके पहले कहानी-संग्रह 'दरियाई घोड़ा' (1982) की बात करें तो उसमें शामिल सात कहानियों में 'टेपचू' में ही थोड़ी चमक दिखाई देती है। 'मूँगा, धागा

और आम का बौर' में चाह और परिस्थितियों के बीच की जो ऊहापोह है, वह तो उस समय ज्यादा शानदार तरीके से अमरकांत की कहानियों में मौजूद है। पर इस कहानी में उदय प्रकाश ने बातों के जो कबूतर उड़ाए थे, उसके कारण उनकी भाषा थोड़ी नोटिस की जा सकने लायक जरूर लगती है। 'दरियाई घोड़ा' कहानी के स्तर पर 'मूँगा, धागा और आम का बौर' का ही विस्तार जान पड़ती है। ऐसा लगता है मानो 'अनुभवजन्य स्मृतियों' के सम्पादित अंशों को कहानीकार टुकड़ों में साझा कर रहा है। उपरोक्त दोनों कहानियों में महसूस की जा सकनेवाली आत्मीयता की जगह 'मौसाजी' में एक अलग किस्म की निर्वैयक्तिकता से हमारा सामना होता है। इस कारण पिछली दो कहानियों की तुलना में 'मौसाजी' की कारुणिकता ज्यादा उभरती है। पर 'दरियाई घोड़ा' में संकलित कहानियों में 'टेपचू' को छोड़कर शेष कहानियों को पढ़ते हुए अन्य हिन्दी कहानियों और कहानीकारों की बरबस याद आती है। मसलन 'ज्ञ, जेड, अलिफ, जगतपती और कर्फ्यू' को पढ़ते हुए अज्ञेय के 'अपने-अपने अजनबी' के प्लॉट का खयाल आता है। 'पुतला' में जमींदार का किशनू पासी को बेगार खटाना 'सवा सेर गेहूँ' की याद दिलाता है तो 'दद्दू उर्फ गणनाधिकारी' प्रेमचन्द के ही 'नमक का दारोगा' की याद दिलाता है। कहने का आशय इतना भर है कि इन कहानियों को पढ़ते हुए ये कहानियाँ जेहन में कौंधती हैं। पर इस संग्रह में ध्यानाकर्षक कहानी 'टेपचू' जान पड़ती है। 'टेपचू' की अविश्वसनीयता को विश्वसनीय बनाने के लिए यह कहानी जिस टोटके का इस्तेमाल करती है, वह गढ़ा हुआ-सा जान पड़ने के बावजूद भला-सा लगता है। यह युक्ति लगभग वैसी ही है जैसे बचपन में 'माँ कसम' या 'विद्या कसम' वाली होती है। पर असल बात यह है कि 'टेपचू' का जादू असर करता है। 'टेपचू' की जिजीविषा पर विश्वास-सा हो जाता है। उदय प्रकाश की कहानियों के सन्दर्भ में जिस 'जादुईपने' की चर्चा की जाती है, 'टेपचू' को उसकी पीठिका अथवा प्रस्थानबिन्दु मान सकते हैं। अनुभवजन्य स्मृतियों से इतर 'पुतला' में व्यक्त सामन्ती परिवेश और जातिवादी आग्रहों के प्रति प्रतिरोध का जो दायरा उदय प्रकाश की कहानी में पहले-पहल खुलता है उसका विस्तार 'टेपचू' में ही विचारधारात्मक स्तर पर देखने को मिलता है। 'टेपचू' में ही पहले-पहल उदय प्रकाश की वर्ग दृष्टि का संकेत हमें मिलता है। पर उनके दूसरे कहानी-संग्रह 'तिरिछ'(1990) में उनकी उभरती हुई वर्ग दृष्टि नेपथ्य में चली जाती है और पुनः 'अनुभवजन्य और स्मृतिमूलक' कहानियों से हमें रू-ब-रू होना पड़ता है। पर यहाँ वे ज्यादा मँजे हुए गद्य के साथ दरपेश होते हैं।

'तिरिछ' में छह कहानियाँ संकलित हैं। (दद्दू तिवारी : गणनाधिकारी उनके पहले कहानी-संग्रह 'दरियाई घोड़े' में भी संकलित है, यहाँ उसकी गिनती भर की जा रही

है।) और तीन संक्षिप्त आत्मकथ्यों के साथ वे उपस्थित होते हैं। उनके आत्मकथ्यों पर बात आगे। फिलहाल उनकी कहानियों को बातचीत के दायरे में रखते हैं। तो इन कुल जमा छह कहानियों में 'तिरिछ' एक ऐसी कहानी के बतौर उभरकर सामने आती है, जो कवि उदय प्रकाश के बरअक्स कहानीकार उदय प्रकाश को भी तवज्जो दिए जाने की पृष्ठभूमि निर्मित करती है। बिलकुल 'शान्त शिल्प' में निरावेग ढंग से पिता की मौत को यह कहानी जिस ढंग से बयाँ करती है, उसे लेखकीय तटस्थता का बेजोड़ उदाहरण कहा जा सकता है। दरअसल हुआ क्या होगा? आखिर पिता की मौत कैसे हुई होगी? इस अनुमान के साथ कहानी जिस ढंग से पिता के मौत वाले दिन शहर में दाखिल होती है और उसके बाद मामूली-सी लगने वाली चीजें जिस कदर हादसों में एक के बाद एक तब्दील होती चली जाती है, वह सामाजिक असंवेदनशीलता की परतों को तथा अमानवीय होते जाते परिवेश को उधेड़ती चली जाती है। यातना के बढ़ते ताप के साथ उदय प्रकाश कहानी में जिस ढंग से निरासक्त होते चले जाते हैं, वह एक किस्म की क्रूरता-सी जान पड़ती है। इन सबके बीच तिरिछ और उसके काटने से जुड़ी लोकमान्यताएँ जिस सहज ढंग से कहानी को संगत देते चलते हैं, वह बस देखने-पढ़ने की नहीं सीखने-समझने की चीज है। कहानी के खत्म होते-होते यह तो तय हो जाता है कि पिता की मौत कम से कम तिरिछ के काटने से तो नहीं ही हुई है। 'तिरिछ' से थोड़ी कम डिग्री की कहानी 'छप्पन तोले की करधन' है। और उससे थोड़ी कम डिग्री की 'हिन्दुस्तानी इवान दानिसोविच की जिन्दगी का एक दिन'। ये कहानियाँ एक कहानीकार के बतौर उदय प्रकाश की सम्भावनाओं की ओर बरबस हमारा ध्यान खींचती हैं। 'राम सजीवन की प्रेम कथा' और 'हिन्दुस्तानी इवान दानिसोविच की जिन्दगी का एक दिन' को दरकिनार कर दें तो 'तिरिछ', 'छप्पन तोले की करधन', 'दद्दू तिवारी : गणनाधिकारी' और 'हीरालाल का भूत' आदि कहानियाँ एक ही परिवेश से उपजी जान पड़ती हैं। इन कहानियों का देश-काल एक-सा है। गाँवों में मौजूद सामन्ती माहौल के तलछट को, ये कहानियाँ अपने तईं सामने लाती हैं। इन कहानियों को उसमें मौजूद सामन्ती परिवेश उतना यादगार नहीं बनाता है, जितना उस माहौल में फँसे लोगों की बेबसी। उदय प्रकाश की कहानियों में व्याप्त यह बेबसी 'हांट' करती है। बाद की कहानियों में उदय प्रकाश ने 'बेबसी की बारीक कताई' को एक शिल्प के बतौर विकसित करने में सफलता हासिल की, जो पुर-असर साबित हुई।

बहरहाल, उदय प्रकाश के दूसरे संग्रह की कहानियों को पढ़ते हुए उनकी कहानियों के बारे में जो एक बात पूरी तीव्रता के साथ महसूस होती है, वह यह कि एक किस्म का 'ट्रैजिक सेन्स' उनकी कहानियों में बिलकुल आरम्भ से ही मौजूद रहा

है। त्रास के इस लय का रियाज उनकी कहानियों का एक निर्णायक पहलू रहा है। इसी के साथ उनके कहानी-संग्रह '...और अन्त में प्रार्थना' (1994) को शामिल कर लिया जाए तो उनकी कहानीकारिता के कुछ और आयाम सामने आते हैं। 'तिरिछ' की भाँति ही इसमें भी वे अपने 'तथाकथित' प्रकाश्य आत्मकथा के पाँच अंश साझा करते हैं। (उनकी प्रकाश्य आत्मकथा को यहाँ 'तथाकथित' इसलिए कह रहा हूँ कि 1990 में पहली बार यह इस हलफनामे के साथ प्रकाशित हुईं कि " 'आत्मकथाएँ' शीर्षक प्रकाश्य पुस्तक से तीन रचनाएँ।" पुनः 1994 में यह '...और अन्त में प्रार्थना' में इस हलफनामे के साथ आईं कि "शीघ्र प्रकाश्य पुस्तक आत्मकथाएँ के चार अंश'। इन छब्बीस वर्षों में उनकी प्रकाश्य आत्मकथा का अता-पता नहीं है।) इस संग्रह में उदय प्रकाश जो एक नई चीज 'ट्राई' करते हैं, वह है 'छोटे-छोटे किस्से'। इन 'छोटे-छोटे किस्सों' का जो प्रारूप है, वह लगभग वैसा ही है, जो अमूमन खलील जिब्रान की लघुकथाओं में दिखता है। पर खलील जिब्रान की उन लघुकथाओं की जो मारक और बेधक क्षमता है, उससे उदय प्रकाश के ये 'छोटे-छोटे किस्से' कोसों दूर हैं। ये कहीं-कहीं आधुनिक रूपक और प्रतीक कथाओं-से लगते हैं पर ज्यादातर मौकों पर यह उसका भ्रम ही पैदा करते हैं। एक 'फार्म' के बतौर यह उपयोगी साबित हो सकते थे, पर इसका वैसा दोहन उदय प्रकाश नहीं कर सके जैसा उन्होंने लम्बी कहानी के प्रारूप का किया। इन छोटे-छोटे किस्सों में 'नई सदी का पंचतंत्र' और 'हितोपदेश' होने की पूरी सम्भावना थी। पर साहस के अभाव ने इन्हें फकत रूपक और प्रतीक कथाओं तक समेटकर धर दिया। यह लगभग 'काँख भी ढकी रहे और मुट्ठी भी तनी रहे' वाली मुद्रा थी, जिससे यह 'छोटे-छोटे किस्से' मनोरंजन या कहिए मौज-मजे की चीज बनकर रह गए। इसी को थोड़ा सँभालने या कहें थोड़ा बेहतर बनाने की कोशिश उन्होंने अगले संग्रह 'दत्तात्रेय के दुःख' में की, पर नतीजा सिफर रहा। 'आचार्य की कराह' से यह सफर 'आचार्य की रजाई' तक ही जा सका। (पर इन प्रतीक कथाओं से लगनेवाले 'छोटे-छाटे किस्सों' से उदय प्रकाश की कहानियों के सन्दर्भ में एक जरूरी सूत्र हाथ लगता है और वह है—'कहानी में रूपक या प्रतीकों को गढ़ने की उनकी क्षमता।' उनकी कहानियाँ इस रूपकात्मकता और प्रतीकात्मकता के कारण एक 'मास अपील' पैदा करती हैं। 'मोहनदास' उनकी इस शैली की अप्रतिम कहानी है। जहाँ 'पुनबनरा' की तान जब कहानी के आखिर में टूटती है तो उनकी इस शैली को स्थापित कर जाती है।) लेकिन इसी संग्रह में वे '...और अन्त में प्रार्थना' तथा 'थर्ड डिग्री' लेकर आए। 'तिरिछ' के बाद यकीनन हिन्दी कहानी के फलक पर 'और अन्त में प्रार्थना' किसी धूमकेतु की तरह ही नमूदार हुआ। पर 'थर्ड डिग्री' कहानी उदय प्रकाश के कहानियों के सन्दर्भ में इस लिहाज से एक महत्त्वपूर्ण पड़ाव जान

पड़ता है कि उनका जो दावा है कि "उन्होंने हिन्दी के नैरेटिव स्ट्रक्चर को बदला है।"[1] तो उस दावे की नींव 'थर्ड डिग्री' कहानी में देखी जा सकती है। 'थर्ड डिग्री' कहानी के आदि, मध्य और अवसान में लगातार उसके 'नैरेटिव स्ट्रक्चर' के साथ एक किस्म की छेड़छाड़ अबाध गति से चलती है और जहाँ कहानी खत्म होती है, उन पंक्तियों पर गौर फरमाएँ। "मेरी चिन्ता यह है कि इस व्यवस्था में, जहाँ एक रिक्शेवाला चोरी करता है और सोना कानून मंत्री के घर में गलता है, वह व्यवस्था अपने ढाँचे में कैसी है? और क्या हमारी सबकी पराजय नहीं है कि हम न तो कहानी का ही ढाँचा बदल पा रहे हैं और न ही इस व्यवस्था को। क्या यही सच है कि दोनों ही अपरिवर्तनीय है?"[2] व्यवस्था को बदलना उदय प्रकाश के बूते की बात नहीं थी। वे खुद उस व्यवस्था के एक शिकार रहे हैं। पर जो उनके बूते की बात थी वह उन्होंने कर दिखाया। उन्होंने कहानी के ढाँचे को बदला और ऐसा उन्होंने एक बार नहीं किया। उनकी लगभग 'माइल स्टोन' कहानियों के साथ इस किस्म की सचेत कोशिशों को बराबर देखा जा सकता है और इसका श्रेय उनको दिया जा सकता है और दिया जाना चाहिए। बल्कि उनकी इस कोशिश के 'पॉलिटिकल कनोटेशंस' को समझें तो कहानी के मोर्चे से वह एक नजीर प्रस्तुत कर रहे थे कि व्यवस्था भी बदली जा सकती है, जरूरत तबीयत से पत्थर उछालने की है। बल्कि उनकी लम्बी कहानियों में व्यवस्था और सत्ताजन्य जो अमानवीय स्थितियाँ हैं वे इसी बात के लिए प्रेरित करती हैं कि इसे जितनी जल्दी हो सके बदल दिया जाना चाहिए।

'...और अन्त में प्रार्थना' कहानी ने (संग्रह नहीं) एक किस्म का बवाल तो हिन्दी जगत में पैदा कर ही दिया था। इस कहानी ने उन्हें हिन्दी की वर्चस्वशाली वामपंथी ताकतों की निगाह में जितना सन्दिग्ध बनाया था, उससे कहीं ज्यादा आम पाठकों की निगाह में विश्वसनीय बनाया था। '...और अन्त में प्रार्थना' के कथानायक डॉ. दिनेश मनोहर वाकणकर की परिकल्पना ही एक दुर्दांत साहस से उपजी थी। शायद इस समय हम उस साहस का ठीक-ठीक अनुमान न कर सकें। यह हिन्दी की मुख्यधारा के विपरीत गमन करने सरीखा था। यह कहानी अपने प्रकाशन के समय जिन कारणों से सुर्खियों में रही उससे ज्यादा प्रासंगिक आज के सन्दर्भ में है और कायदे से इसके पुनर्पाठ की जरूरत इतिहास के किसी भी बीत गए और आनेवाले दौर की तुलना में आज जरूरी है। बल्कि संघियों को भी इसे पढ़ना चाहिए। इसमें व्यक्त सम्भावनाएँ और आकांक्षाएँ आज फलीभूत हो चुकी हैं। राष्ट्रीय स्वयंसेवक संघ की भूमिका, उसकी कार्यशैली, उसकी सोच और उसकी परिणति के बारे में उदय प्रकाश की आशंकाएँ आज सच साबित हो रही हैं। पर इसे आज स्वीकार करने का एक आशय यह भी निकलता है कि डॉ. दिनेश मनोहर वाकणकर जैसा व्यक्ति संघ की शाखा में भी हो

सकता है। जबकि हिन्दी की मुख्यधारा की सोच में वाकणकर जैसा व्यक्ति भगवा धारा में नहीं वामपंथी और प्रगतिशील कुनबे में ही पैदा हो सकता है। इस लिहाज से उदय प्रकाश 'प्रोफेटिक' साबित हुए हैं। इस कहानी पर दो-एक बातें थोड़ा रुककर करना चाहता हूँ, जिससे बतौर कहानीकार उदय प्रकाश की एक बेहतर समझ निर्मित हो सके। विचारधाराओं के आपसी सिर फुटौवल से इतर इस कहानी का मूल मर्म मेरी निगाह में यह ठहरता है कि 'आज आदमी या तो ईमानदार हो सकता है या व्यावहारिक।' (थोड़े फेरबदल के साथ यह वाक्य कहानी में व्यक्त डॉ. वाकणकर की चिन्ताओं से ही लिये गए हैं।) यह एक वाक्य अपने आप में 'सभ्यता समीक्षा' से कम नहीं है। शब्द के स्तर पर आया यह 'विपर्यय' भाषिक संसार के ही नहीं, वास्तविक संसार के भी बदल जाने का सूचक है। आखिरकार ईमानदार के विपरीतार्थक शब्द के बतौर व्यावहारिक का प्रचलन में आना ही मूल्यों, संस्कारों, सिद्धान्तों की पूरी दुनिया के बदल जाने का सूचक है। राष्ट्रीय स्वयंसेवक संघ को पृष्ठभूमि के बतौर इस्तेमाल करते हुए उदय प्रकाश खरामा-खरामा जिस ढंग से संघ के विरोधाभासों को उजागर करते चलते हैं। वह केन्द्रीय सत्ता में उसके आने से पहले उस विकल्प की हवा निकालने सरीखा है। मसलन 'वसुधैव कुटुम्बकम्' की अजपा-जाप करनेवाली इस भगवा मंडली के सामने वह पुन: इसके मर्म को डॉ. वाकणकर के जरिए इस ढंग से रखते हैं। "शायद मेरी आत्मा यह चाहती है कि यह पृथ्वी ऐसी रहे जिसमें सिर्फ विकसित और ताकतवर प्राणी ही नहीं कमजोर, कोमल और अल्पविकसित जीवों का वास हो। एक ऐसी पृथ्वी हो जिसमें तितली, कीट-पतंग, सर्प-मयूर, हिरण-खरगोश, हाथी, शेर, पेड़-पौधे, घास-पात भी रहें और काले, गोरे, पीले, कत्थई, रंग-बिरंगे मनुष्यों की सभी जातियाँ और नस्लों का भी आवास हो।...भला उसकी कोई एक रचना अपनी श्रेष्ठता के अहंकार और सिर्फ इसी तर्क पर अन्य सभी रचनाओं को नष्ट करने का विचार कैसे पाल सकती है?...मुझे लगता है, फासीवाद या कोई दूसरा ऐसा सर्वसत्तावादी या नस्ली सिद्धान्त, ईश्वर के विरुद्ध शैतान की साजिश है।"[3] इस पूरे प्रसंग में जो एक बात गौरतलब है, वह यह कि 'वसुधैव कुटुम्बकम्' की सोच को जनमानस में बिठाने के लिए डॉ. वाकणकर 'मार्क्सवादी जार्गन्स' वाली भाषा का इस्तेमाल न करके गांधीवादी तरीका अपनाते हैं। मतलब बात को धर्म के दायरे में लाकर समझाने की कोशिश करते हैं। क्या संयोग है कि सच में इस तरीके से बात समझ में आती है। इसे तब की और अब की किसी भी सरकार पर लागू करके देखिए साफ-साफ यह बात नजर आएगी कि सरकार किसी की भी हो, वे बाघों को बचाने को लेकर चिन्तित हैं, उनकी चिन्ता में गौरैया या गिलहरी कहीं नहीं है। इसलिए सत्ता किसी की भी हो बाघ बचे रहेंगे। डॉ. वाकणकर अपने अनुभवों के आधार पर कहानी

में आगे जो सवाल उठाते हैं, वह वही नुक्ता है, जिसके आधार पर मैं उदय प्रकाश को 'भविष्यद्रष्टा' कह रहा था। वह नुक्ता यह है कि डॉ. वाकणकर इस तथ्य को रेखांकित करते हैं कि "यह सच है कि हमारे देश में हिन्दू किसी और के द्वारा नहीं सबसे ज्यादा हिन्दुओं द्वारा ही मारे जा रहे हैं।...यह सवाल बार-बार मेरे सामने आ खड़ा होता है कि अगर भविष्य में कभी हिन्दू राष्ट्र बना तो वह किस हिन्दू का राष्ट्र होगा?"[4] मसलन आप चाहे तो आज के सन्दर्भ में पूछ सकते हैं कि वह राष्ट्र किसका होगा? अडाणी-अंबानी का या दाना मांझी या सोनी सीरो का? अपने सन्देह को और धारदार बनाते हुए वे सीधे-सीधे डॉ. वाकणकर के हवाले से इसे ऐसे कहते हैं कि "मेरे मन में सन्देह उठता है कि संघ का कार्यकलाप हिन्दू समाज के पुनर्जागरण और पुनर्गठन के लिए नहीं, सत्ता पर इस संगठन और इसके समर्थक राजनीतिक दलों को बिठाने के लक्ष्य को लेकर चल रहा है।"[5] भारतीय सन्दर्भों में अल्पसंख्यकों, दलितों, आदिवासियों की स्वीकार्यता के प्रसंग में वे भगवा विचारधारा के संशय और दुविधा को सामने लेकर आते हैं। उस भगवा वृत्त की परिधि के हाशिये के बाहर ठिठके इन समुदायों को इस वृत्त में शामिल किए बगैर उन्हें यह विश्वास दिलाने में कि वे इस परिधि के भीतर हैं, इस राजनीति की कामयाबी निहित है। कहानी की तान जहाँ टूटती है वहाँ इस समय के दो 'युग सत्य' बचे रह जाते हैं। पहला, यह कि ईमानदार का गुजारा मुश्किल है और दूसरा, "कहीं हमारे देश में लोकतंत्र का असली अर्थ जनता द्वारा अपनी शत्रु व्यवस्था का चुनाव तो नहीं है?"[6] यह जो निर्विकल्पता की स्थिति है, उसे उसकी पूरी राजनीतिक-सामाजिक-आर्थिक प्रक्रिया में पकड़ने की उदय प्रकाश की यह कोशिश रंग लाती दिखती है।

अगर उदय प्रकाश को सिलसिलेवार ढंग से आप पढ़ रहे हों तो '...और अन्त में प्रार्थना' के बाद 'दत्तात्रेय के दुःख' (2002) में शामिल कहानियाँ, उनकी पिछली कहानियों की बढ़ी हुई अवस्था जान पड़ती हैं या कहें कि पिछली कहानियों की सीध में पड़ती हैं। पर 'दत्तात्रेय के दुःख' से पहले उनका 'पॉल गोमरा का स्कूटर' (1997) नामक कहानी-संग्रह सामने आता है। 'पॉल गोमरा के स्कूटर' में उदय प्रकाश की चार लम्बी कहानियाँ संकलित हैं। उनमें से पहली कहानी 'छतरियाँ' एक किस्म का 'वाग्विलास' भर है। ऐसा लगता है कि वे अपने किशोरावस्था की किसी स्मृति का तर्पण इस कहानी के मार्फत करना चाहते हैं। इसके अलावा इस कहानी में कोई खास बात विचारणीय नहीं जान पड़ती है। थोड़ी कलाकारी कहानी के अन्त को लेकर वे जरूर करते हैं, पर उसका भी कोई नतीजा कहानी के हक में जाता हुआ नहीं दिखता है। दूसरी कहानी 'पॉल गोमरा का स्कूटर' भी कायदे से कुछ खास नहीं जान पड़ती है। निबन्धात्मकता का तड़का कहानी के 'नैरेटिव स्ट्रक्चर'

के स्तर पर जरूर थोड़ा प्रयोगधर्मी जान पड़ता है पर तब और अब में काफी अन्तर है। तब मालूम नहीं कहानी के अन्तराल को देश-काल के जिन संकेतों से भरा गया था, उसने क्या गुल खिलाए थे! पर आज इस कहानी को पढ़ते हुए अन्तरालों में भरे गए इन ब्योरों से ऊब-सी पैदा होती है। बहुत हद तक सम्भव है कि खुद उदय प्रकाश भी इसे लिखने के क्रम में इस बात को महसूस कर रहे हों, अन्यथा कहानी के आखिर-आखिर तक आते-आते, वे यह लिखने की जरूरत नहीं महसूस करते कि "आप सबने इतनी बोझिल, बेकार और उबाऊ-सी कहानी पढ़ी। ऐसा धैर्य इस जमाने में मुश्किल है।"[7] तीसरी कहानी 'भाई का सत्याग्रह' एक स्तर पर 'दद्दू तिवारी : गणनाधिकारी' का 'विस्तार' जान पड़ती है। बल्कि 'भाई का सत्याग्रह' कहानी पढ़ने के बाद ऐसा लगता है कि इस कहानी का ज्यादा उपयुक्त नाम 'दद्दू तिवारी का सत्याग्रह' होता। उदय प्रकाश के आत्मकथ्यों में से 'अपराध' को ध्यान में रखें, तो फिर इस कहानी के भाई साहब और उनके बड़े भाई के मध्य समानता के कई बिन्दुओं को लक्षित किया जा सकता है। और यहाँ से उदय प्रकाश की कहानियों को समझने का एक जरूरी सिरा हाथ लगता है। और वह यह कि उदय प्रकाश के यहाँ एक ही कहानी थोड़े फेर-बदल के साथ दो कहानियों में बाजदफा बदल दी गई हैं। मसलन 'हिन्दुस्तानी इवान दानिसोविच की जिन्दगी का एक दिन' कहानी को याद करें। उसमें इवान के जीवन की दुश्वारियों को याद करें। और फिर इवान की जगह 'आचार्य की रजाई' के विनायक दत्तात्रेय के रोजमर्रे के झंझटों को याद करें तो मालूम होगा कि दरअसल यह हिन्दुस्तानी इवान और विनायक दत्तात्रेय मूलत: एक ही आदमी हैं। एक ही आदमी के गृहस्थ जीवन की दुश्वारियों को दो अलग-अलग अवस्थाओं में रखकर दो अलग-अलग कहानियों के रूप में परोस भर दिया गया है। और अगर आप उदय प्रकाश के संघर्ष के दिनों से परिचित हैं तो इस हिन्दुस्तानी इवान दानिसोविच और विनायक दत्तात्रेय को पहचानने में बहुत मेहनत नहीं करनी होगी। लगभग यही मामला उनकी कहानी 'पुतला' और 'हीरालाल के भूत' के साथ भी है। इन दोनों कहानियों के परिवेश को खयाल में रखें तो 'पुतला' के किशनू पासी की परिणति ही आगे चलकर हीरालाल में होनी है। 'साइकिल' कहानी के नायक बाल गोपाल और 'पॉल गोमरा' के राम गोपाल में क्या आपको कोई समानता नहीं दिखती? जबकि दोनों कवि हैं। क्या गजब है कि एक को साइकिल चलाना आता है और दूसरे को 'स्कूटर' चलाना नहीं आता है। दोनों नौकरशाही या नौकरशाहों द्वारा एक समान तरीके से बेइज्जत किए जाते हैं। बल्कि 'साइकिल' में बाल गोपाल का जो अनुभव है उस अनुभव का विस्तार 'थर्ड डिग्री' में देखा जा सकता है। बाकी उनकी कहानियों में बार-बार दुहराए जानेवाले टोटकों पर गौर करें तो मामला

चिन्ताजनक भी लग सकता है। मसलन इनकी कहानियों के नायकों के लिए जमाने की चुनौतियाँ तो अपनी जगह हैं ही पर उनके घर के हालात भी कम चिन्ताजनक नहीं रहे हैं। 'मूँगा, धागा और आम का बौर' में माँ मर चुकी हैं। 'दरियाई घोड़ा' में दादा को कैंसर है। 'पुतला' में किसनू कफ के साथ खून और मांस के थक्के थूकता है। 'टेपचू' का बाप उसे दो साल की उम्र में छोड़कर रुखसत हो चुका है। 'छप्पन तोले की करधन' में दादी मरणासन्न है। 'हिन्दुस्तानी इवान दानिसोविच' का परिवार यों था—एक बीमार और चिड़चिड़ी औरत। तीन लड़के जिनमें से मझला गूँगा था, उसके बाएँ हिस्से को लकवा मार गया था। सबसे छोटा हमेशा बीमार रहता था उसे क्रोनिक डिसेंट्री थी। एक लड़की जो दो साल की हो चुकी थी पर उसे न तो दाँत निकले थे और न वह घुटने के बल रेंग पाती थी, हमेशा चित लेटी रहती थी। 'राम सजीवन' अलग मेंटल केस है। अनाथ 'हीरालाल' कुत्ते के काटने से कुत्तों की तरह पागल होकर मर रहा है। उसकी पत्नी फुलिया जब मरी तो उसके शरीर से चार बाल्टी खून निकला पर उसने किसी बच्चे को जन्म नहीं दिया। 'भाई का सत्याग्रह' में भाई एक पैर से लाचार है। 'मैंगोसिल' एक लाइलाज रोग ही है, जिसमें सूर्यकांत उर्फ सूरी का सिर शरीर के अनुपात में ज्यादा बड़ा होता जा रहा है और जिसकी मौत कभी भी सम्भव है। 'जज साहब' में सुनील पानवाले ने अपने साठ साल के पिता की बीमारी पर सत्तर हजार खर्च करके उनके स्पाइनल रोग का इलाज कराया है, वैसे उसकी पत्नी को दमा था। 'अरेबा-परेबा' में बुआ की किडनी फेल हो गई थी और मृत्यु के पहले उनकी देह सूज गई थी। इसी कहानी में माँ श्वास नली के कैंसर से मर जाती है। 'दिल्ली की दीवार' माँगेराम को पेट का कैंसर है, रिजवान का दाहिना पैर और दायाँ हाथ कोढ़ से गल गया है। रामनिवास पसिया के बेटे की मौत गन्दे नाली की मछली खाने से हो गई है और दूसरा दवाई के भरोसे साँस खींच रहा है। 'मोहनदास' का बाप भी टी.बी. से मर ही रहा है। माँ पुतलीबाई अंधी हो चुकी है और गठिया के कारण चलने-फिरने में असमर्थ है। मैं मजाक नहीं कर रहा हूँ। उदय प्रकाश की कहानियों का यह टोटका नम्बर एक है। टोटका नम्बर दो, उनकी कहानियों की परिणति में देखा जा सकता है। कहानी के अन्त में कहानी के नायक के पास चार विकल्प बचते हैं—(क) पागल हो जाने का, (ख) आत्महत्या कर लेने का, (ग) गुमशुदा हो जाने का, (घ) हत्या कर दिए जाने का। टोटका नम्बर तीन, अपनी कहानियों की विश्वसनीयता को लेकर वे काफी सजग रहे हैं। उनके छोटे-छोटे किस्सों को दरकिनार कर दें, तो अपनी लगभग कहानियों में वे कहानी के नैरेटिव स्ट्रक्चर को तोड़कर उसमें दाखिल होते आए हैं। कहानी के आदि, मध्य, अवसान कहीं और कभी भी घुसने की कला उन्होंने 'टेपचू' में ही अर्जित कर ली

थी। चाहे वह डिसक्लेमर की शक्ल में हो, हलफनामे की शक्ल में हो, पुनश्च की शक्ल में हो या किसी और रूप में हो। जैसे—"आपको अब भी विश्वास न होता हो तो जहाँ, जब जिस वक्त आप चाहें मैं आपको टेपचू से मिलवा सकता हूँ।"[8] 'थर्ड डिग्री' की शुरुआत उदय प्रकाश इन पंक्तियों से करते हैं "मैं सबसे पहले स्पष्ट कर दूँ कि इस कहानी का मूल घटनातत्त्व ही नहीं, बल्कि समूची घटना कहानी के मूल पाठ के बाहर घटित हुई है। ऐसा कुछ कहानियों में होता है।"[9] उसी कहानी के अन्तिम हिस्से में वे लिखते हैं कि "अब सुरेश ने मुझे ये घटना इसी साल के मार्च महीने में सुनाई। जाहिर है यह घटना बाह्य जगत में, कहानी के मूल पाठ के बाहर घटी थी।"[10] 'हीरालाल के भूत' के उत्तरार्द्ध में यह पंक्ति आती है कि "इसके बाद की कहानी ही असल कहानी है। इसे पूरे रामपुर गाँव के हर घर में सुना जा सकता है। एक-एक बच्चा आपको यह किस्सा सुनाएगा।"[11] 'भाई का सत्याग्रह' में फिर वही कहानी के उत्तरार्द्ध में यह वाक्य पृष्ठ 95 में आता है "हुआ यह था कि...।" 'पॉल गोमरा के स्कूटर' के भी उत्तरार्द्ध का नमूना लगे हाथों लेते चलें। "अब तक आप सब हिन्दी कवि की इस कहानी से काफी ऊब चुके होंगे। वर्णन में दोहराव, अनावश्यक विस्तार और बीच-बीच के अवान्तर प्रसंगों, उप-प्रसंगों से खीज भी गए होंगे, इसलिए इस किस्से को अब जल्दी से समेट लिया जाए। वैसे भी अब जो कुछ बचा है, वह उपसंहार जैसा ही है।"[12] 'मैंगोसिल' से लेकर 'मोहनदास' तक में उदय प्रकाश ने कहानी की विश्वसनीयता को बनाए रखने के लिए 'विक्टिम' से या उन कथासूत्रों के बारे में खुद की जानकारी के प्रमाण यथाप्रसंग कहानी में दिए हैं। यह उनकी एक कामयाब साहित्यिक युक्ति रही है। बल्कि यह एक ऐसी शानदार युक्ति साबित हुई कि पूरी कहानी किसी प्रसंग और परिप्रेक्ष्य में कहते हुए वे अचानक से किसी बिन्दु पर लौटकर कभी भी यह कह सकने की छूट ले सके हैं कि मूल बात मैं यह कहना चाहता था, या तभी वह घटना घट गई, या यह आप पर है, आप इसे सच मानें या न मानें। इससे उनकी कहानियों में कई बार पूर्वार्द्ध और उतरार्द्ध में एक 'डेलिबरेट' फाँक नजर आती है। जहाँ वे खुद दाखिल होकर कहानी की विश्वसनीयता को 'अटेस्टेड' करने का काम करते हैं। बल्कि इस बिन्दु पर आप पा सकते हैं कि कहानी के पूर्वार्द्ध में वे कहानी का एक परिप्रेक्ष्य निर्मित करते हैं और उत्तरार्द्ध में वे घटनाएँ घटती हैं जिसके लिए वह कहानी निवेदित है।

खैर, इस अवान्तर प्रसंग को छोड़कर मूल प्रसंग पर लौटें तो 'पॉल गोमरा का स्कूटर' संग्रह में फिर उनकी वह 'माइलस्टोन' कहानी 'वारेन हेस्टिंग्स का साँड़' आती है। पर यह कहानी जिस विस्तार से खुद पर बात करने की माँग करती है, उसकी गुंजाइश यहाँ नहीं है। इस अकेली कहानी पर विस्तार से फिर कभी।

इसके बाद 'दत्तात्रेय के दु:ख' का एक बड़ा हिस्सा उनके छोटे-छोटे किस्से घेर लेते हैं। उसके बाद ले-देकर तीन कहानियाँ संग्रह में बचती हैं। 'साइकिल', 'दिल्ली की दीवार' और 'अरेबा-परेबा'। 'पॉल गोमरा के स्कूटर' के बाद 'साइकिल' और विनायक दत्तात्रेय के छोटे-छोटे किस्सों से पुन: उदय प्रकाश की दो-तीन ग्रंथियों को पता चलता है। उनकी पहली ग्रंथि 'दिल्ली' शहर को लेकर है। उनके पूरे कथा साहित्य में दिल्ली किस रूप में बारम्बार आई है, केवल इसको ध्यान में रखकर उनके कहानियों से गुजरें तो जिस ग्रंथि की बात कर रहा हूँ, उसका पता चल सकता है। (गजब का विरोधाभास यह है कि दिल्ली को अपनी कहानियों में दम भर कोसने के बाद भी बसने का फैसला उन्होंने उसकी परिधि में ही किया। बाकी देश के लिए वैसे गाजियाबाद और दिल्ली में अब कोई फर्क नहीं रह गया है।) दूसरा, नौकरशाह और नौकरशाही के प्रति उनके मनोभावों तथा अकादमिक जगत के प्रति उनकी धारणाओं का पता उनकी कहानियों से चलता है। अकादमिक जगत के ठीहे पर हलाल होनेवाले उदय प्रकाश न तो पहले प्रतिभाशाली व्यक्ति हैं न अन्तिम। पर कुर्बान हुए लोगों में किसी ने अकादमिक जगत को लेकर ऐसा मर्सिया या सियापा नहीं किया है। यों तो 'दिल्ली की दीवार' अंग्रेजी भाषा में अनूदित होने के कारण इस संग्रह की दूसरी कहानियों की तुलना में ज्यादा सुर्खियों में रही पर इस संग्रह में स्मृति में दर्ज रह जानेवाली कहानी 'अरेबा-परेबा' ही ठहरती है। पर उदय प्रकाश अपनी कहानियों के अन्त को लेकर विशेष तौर पर सजग कहानीकार हैं। उनकी कहानियों के अन्त में 'फिनिशिंग टच' किसे कहते हैं, इसे देखा और सीखा जा सकता है। पर कई बार अन्त को ज्यादा आकर्षक, चौंकाऊ और यादगार बनाने का 'ओ. हेनरी मार्का' उपक्रम सफल साबित नहीं हो पाता है। 'अरेबा-परेबा' अपने अन्त के कारण गड़बड़ा जाती है। थोड़ा जादुई अहसास दिलाने के फेर में कहानी अपने 'मल्टी क्लाइमेक्स' वाली अदा में पीट जाती है। 'अरेबा-परेबा' को आखिर में वे पुनर्जीवित नहीं करते तो यह कहानी स्मृतियों में ज्यादा दिनों तक जीवित रहती। उनका यह अतिरिक्त प्रयास उस कहानी की 'मासूमियत' की हत्या कर देता है। माँ के द्वारा बालपन की संवेदना और उसे सहेजने के उपक्रमों को कहानी अन्त में खत्म कर डालती है। 'मैजिकल' तो वह क्या और कितना हो पाती है, यह अलग विषय है।

इसके बाद उदय प्रकाश की तीन सुदीर्घ कहानियाँ तीन-चार साल के अन्तराल पर आईं। 'पीली छतरी वाली लड़की', 'मैंगोसिल' और 'मोहनदास'। ये तीनों कहानियाँ गम्भीर विमर्श को दावत देने वाली साबित हुईं। यों तो उदय प्रकाश की किसी भी कहानी के प्रकाशन के साथ उनके पक्ष-विपक्ष में तलवारें तन जाया करती थीं। पर इन तीन कहानियों ने तो कहानी को लेकर बहस की जैसी फिजा बनाई, वैसी हिन्दी

में किसी और कहानी या कहानीकार को नसीब नहीं हुई। कहानी के प्रकाशित होने के साथ ही यह सिलसिला चल निकलता था। उदय प्रकाश की कहानियों को हिन्दी समाज ने जिस ढंग से 'रिसीव' किया, वैसा शायद ही किसी अन्य कहानीकार के साथ हाल के दिनों में घटित हुआ हो। अगर इस समय तक के उदय प्रकाश की कहानी यात्रा को देखें तो पाँच कहानी-संग्रह के प्रकाशन के बावजूद उनके पास तीन ही अविस्मरणीय कहानियाँ नजर आती हैं। 'तिरिछ', '...और अन्त में प्रार्थना' और 'वारेन हेस्टिंग्स का साँड़'। पर तकरीबन आधा दर्जन से ज्यादा कहानियाँ ऐसी ठहरती हैं, जो इन तीन कहानियों के मुकाबले थोड़ी ही उन्नीस पड़ती हैं। लेकिन अपने समय की कहानियों पर वे बीस साबित होती हैं। मसलन 'टेपचू', 'छप्पन तोले का करधन', 'हिन्दुस्तानी इवान दानिसोविच की जिन्दगी का एक दिन', 'थर्ड डिग्री', 'दिल्ली की दीवार' और 'अरेबा-परेबा', ('पॉल गोमरा का स्कूटर' भी इसमें शामिल किया जा सकता है, पर मैं उसे इन सबकी तुलना में थोड़ा कमजोर पाता हूँ।)। फिर वे कौन से कारण थे जिसकी वजह से उदय प्रकाश हिन्दी कहानी में वह मकाम हासिल करने में कामयाब रहे, जो दूसरों के लिए स्वप्न सरीखा था।

यही वह धरातल है जिसकी चर्चा इस लेख के आरम्भ में मैंने की है कि उदय प्रकाश के समकाल को समझे बिना उनके और उनकी कहानियों के कद का आकलन थोड़ा मुश्किल जान पड़ता है। एक बात जो साफ झलकती है वह यह कि हिन्दी में वे जो 'नैरेटिव स्ट्रक्चर' लेकर आए, वह पहली निगाह में ध्यान खींचने में सफल साबित हुआ। एक नया ही आस्वाद अपनी कहानियों से उस वक्त उन्होंने पैदा कर दिया। जैसे 'होरी' के जीवन की एक छोटी-सी साध एक गाय को अपने घर के दरवाजे पर बँधा देखने की थी। वैसी ही एक छोटी सी नौकरी (प्रोफेसरी) की साध उदय प्रकाश की भी थी, जिसे हिन्दी की अकादमिक सड़ांध ने सम्भव नहीं होने दिया। इससे उनके जीवन में जो अनिश्चितता और असुरक्षा आई, उसने एक ओर तो इसके कारणों पर सोचने को विवश किया और दूसरी ओर उनके जीवन में उस अवकाश को उपलब्ध कराया, जो आम तौर पर किसी भी बेरोजगार के पास हुआ करता है। उदय प्रकाश ने उस अवकाश का सदुपयोग न सिर्फ अपने तनाव को रचनात्मक तौर पर सरणीकृत (क्रिएटिवली चैनलाइज) करने में किया, बल्कि दुनिया भर के साहित्य, सिनेमा और कला के विविध विधाओं को दीमक की तरह चाट डाला। यही वजह रही कि अपने समय के जटिल यथार्थ को उन्होंने मानो आख्यान के किसी खौलते कड़ाहे में डालकर, पिघलाकर मनमाफिक आकार देने में अभूतपूर्व सफलता अर्जित की। आलोचकों के निगाह में कमजोर ठहरनेवाली कहानियों में भी पाठकों को दो-चार काम की बातें मिल ही जाती थीं। उदय प्रकाश को किसी सत्ता-संस्थान

ने नहीं आम पाठकों ने उदय प्रकाश बनाया। यह अकारण नहीं है कि 'मोहनदास' को साहित्य अकादेमी पुरस्कार मिलने पर उनके उद्गार में यह बात भी प्रमुखता से शामिल थी कि "मैं इसको (साहित्य अकादेमी पुरस्कार) दरअसल पाठकों के ही दबाव के कारण, उनकी आकांक्षाओं की सांस्थानिक स्वीकृति मानता हूँ।"[13] उदय प्रकाश हिन्दी कहानियों पर एक शोध 'रीडर रेस्पांस थियरी' के आधार पर भी होना चाहिए। अपने पाठकों को और उनकी प्रतिक्रियाओं को ध्यान में रखकर ही उन्होंने अपनी कहानियों के प्रकाशन के लिए 'हंस' का चुनाव एक नियमित अन्तराल पर किया। बल्कि 'पीली छतरी वाली लड़की' तो ऐसा जान पड़ता है कि पहली बार हिन्दी में 'टार्गेट आडियंस' को ध्यान में रखकर लिखी जानेवाली कहानी है। यों तो राजेन्द्र यादव के समय का 'हंस' दलित विमर्श और स्त्री-विमर्श के मंच के बतौर अपनी पहचान कायम कर चुका था। पर इस बारीक अन्तर की ओर हिन्दी का लिहाजी समाज ध्यान देना नहीं चाहता है कि राजेन्द्र यादव का 'दलित विमर्श' उनके 'पोलिटिकल एजेंडे' से चालित था और स्त्री-विमर्श उनके 'पर्सनल एजेंडे' से। 'पीली छतरी वाली लड़की' में यह फाँक उसी रूप में दर्ज हो गई है। दलित और स्त्री दोनों दमित अस्मिताएँ हैं। बल्कि दलित की तुलना में स्त्री ज्यादा दमित है। पितृसत्तात्मक सोच केवल सवर्ण जातियों में नहीं दलित जातियों में भी मौजूद है। इसलिए एक सवर्ण पुरुष से दलित प्रतिशोध की व्याख्या को जिस रूप से आप कहानियों में न्यायसंगत ठहरा सकते हैं, वही छूट किसी सवर्ण स्त्री के साथ दलित प्रतिशोध की कहानी में नहीं ली जा सकती है। तब तो और भी नहीं जब स्त्री अपने निपट स्त्रीपने में प्रेम कर रही हो और आपके दिमाग में अलग काठ की हाँडी चढ़ी हुई हो। इसका नतीजा यह निकलता है कि 'पीली छतरी वाली लड़की' में अंजलि चाहे-अनचाहे स्त्री न होकर एक सवर्ण कमोडिटी में तब्दील हो जाती है। यह हिन्दी कहानियों में मौजूद दलित विमर्श का पैदाइशी दृष्टि दोष है। जब इस जमीन पर उदय प्रकाश उतरे तो इस अन्तर्विरोध के शिकार हो गए। खैर समस्या यह नहीं थी। समस्या यह है कि जब उनसे पूछा गया कि "आपने 'पीली छतरी वाली लड़की' में दलित नायक को ब्राह्मण नायिका के साथ प्रतिशोध लेते दिखाया है, तो क्या आप प्रतिशोध की प्रवृत्ति का समर्थन करते हैं।" तो उनका जवाब था। "मुझे अफसोस है कि 'पीली छतरी वाली लड़की' का हिन्दी के खासतौर से अध्यापकों द्वारा जो संयोग से आलोचक भी हैं और सवर्ण भी; एक ही पाठ किया गया, वह था दलित पाठ। जबकि आप उस कथा को देखें तो उसके मुख्य पात्र राहुल की जातिगत अस्मिता का कोई संकेत कहीं नहीं है।...और आप यह निश्चित मानिए कि 'पीली छतरी वाली लड़की' के सवर्णवादी व्याख्या के बावजूद उसने मुझे जीवन में सबसे अधिक

लोकप्रियता और पाठकों का प्यार दिया है।"[14] इस प्रसंग से उदय प्रकाश के सन्दर्भ में दो-एक बातें और स्पष्ट होती हैं। अगर आप उनकी रचना की सीमाओं की ओर संकेत करें तो आप उनके द्वारा तत्क्षण किसी षड्यंत्रकारी गिरोह का बहुत आसानी से हिस्सा करार दिए जा सकते हैं। वे विशेषणों की एक पूरी फौज आपके खिलाफ खड़ा कर सकते हैं। दरअसल उदय प्रकाश को उदय प्रकाश बनाने में उनके लेखन के साथ-साथ हिन्दी का पाठक वर्ग शामिल रहा है। इसलिए किसी भी फिसलनवाली जमीन पर धर लिये जाने पर अपनी छवि की रक्षा में वे प्राणपण से जुट जाते हैं। यह उदय प्रकाश का नहीं हमारे समय का सच है, जिसमें 'छवि ही सब कुछ है और सब कुछ छवि है।' खैर, ऊपर पूछे गए सवाल के जवाब में दिए गए उनके लचर तर्क पर थोड़ी रोशनी डालकर आगे बढ़ता हूँ। वे कहते हैं कि 'पीली छतरी वाली लड़की' में 'उसके मुख्य पात्र राहुल की जातिगत अस्मिता का कोई संकेत नहीं है।' तो सवाल उठता है कि आखिरकार ऐसा क्या हो गया कि आलोचक, अध्यापक सब एक साथ धोखे के शिकार हो गए। इसका पता उदय प्रकाश के इन गोल-मोल जवाबों में नहीं 'पीली छतरी वाली लड़की' के पाठ में ही मिलेगा। पूरे विस्तार में न जाकर केवल उतना ही हिस्सा उद्धृत कर रहा हूँ जिससे इस बात का खुलासा हो सके कि आखिर क्यों 'हिन्दी के खासतौर से अध्यापकों द्वारा जो संयोग से आलोचक भी हैं और सवर्ण भी; एक ही पाठ किया गया, वह था दलित पाठ।' इस कहानी का नायक जब अंजलि के फेर में एन्थ्रोपोलोजी छोड़कर हिन्दी से एम. ए. करने के लिए एडमिशन के सिलसिले में हिन्दी विभागाध्यक्ष आचार्य एस. एन. मिश्रा से गोपाल द्विवेदी के साथ मिलने जाता है। तो पूरी बातचीत के बाद उदय प्रकाश गोपाल द्विवेदी के हवाले से एक वाक्य वहाँ खोंसते हैं "मुझे बस चिन्ता एक ही हो रही है कि उन्होंने लगता है आपको कहीं कन्फ्यूज न कर लिया हो? मेरा मतलब कास्ट से है।"[15] दूसरा प्रसंग लीजिए "असम के डिब्रूगढ़ से आए हेमन्त बरुआ के मुताबिक हिन्दी विभाग में जाति के आधार पर ब्राह्मणों और गैर-ब्राह्मणों का अनुपात लगभग 88 प्रतिशत और 12 प्रतिशत का था। यही नहीं, यहाँ से पी-एच.डी. करके निकलने वाले और बाहर नौकरी पाने वालों का भी आँकड़ा यही। बरुआ ने कहा—'राहुल यू हैव गोट इंटर्ड इन टु अ लेब्रिंथ, व्हेयर दे विल लिंच यू वन डे। बी वेयर। नथिंग इज टू लेट।' दोनों जानकारियाँ ऐसी थीं, जिन्होंने राहुल को चिन्ता में डाल दिया।"[16] आगे फिर वे लिखते हैं "राहुल थोड़ी देर चुप रहा, फिर उसने कहा, 'पता नहीं क्यों ओ.पी., मुझे डर सा लगता रहता है...मैंने हिन्दी में एडमीशन लेकर ठीक नहीं किया यार।"[17] आगे बरुआ फिर से एक नेक सलाह के साथ उपस्थित होता है कि "मुझसे लिख के ले ले। जब चुनने का टाइम आएगा। तो वह तुझे नहीं अपनी कास्ट को

ही चुनेगी। यहाँ से निकल ले राहुल। तू उनका टारगेट बन चुका है यार!" बहरहाल इन सारे विवरणों से जो बात स्थापित होती है, वह राहुल के गैर ब्राह्मण होने की, न कि दलित होने की। पर उदय प्रकाश का 'नॉक आउट पंच' अभी बाकी है। अंजलि जब छिपते-छिपाते पीछे के दरवाजे से ब्वॉयज हॉस्टल में राहुल के कमरे में दाखिल होती है। उस दौरान अन्तरंगता के गहन क्षणों का 'ऐतिहासिक वर्णन' उन्होंने किया है। "राहुल के भीतर तेज आँधी और किसी हिंस्र बनैले पशु की उत्तेजना एक साथ जाग उठी थी। और अब वह पूरी ताकत के साथ, दबी-कुचली जातियों की समूची प्रतिहिंसा के साथ, शताब्दियों से उनके प्रति हुए अन्याय का बदला ले रहा था। थप्प....थप्प! उसका हर आघात एक प्रतिशोध था। उसकी हर हरकत एक बदले की कार्रवाई थी।" अब इसके बाद राहुल की किस जातिगत अस्मिता का बोध किसी को हो सकता था? उदय प्रकाश काबिल हैं, इसमें कहीं कोई दो राय नहीं है। पर उनकी दिक्कत खुद को सबसे ज्यादा काबिल समझ लेने की भी रही है।

'पीली छतरी वाली लड़की' में एक और 'लोकप्रिय साहित्यिक युक्ति' उनकी कहानी कला का हिस्सा बन जाता है, जिसको वे 'मोहनदास' और 'मैंगोसिल' में भी दुहराते हैं, वह है रति प्रसंगों को कहानी में समायोजन। 'मोहनदास' से पहले 'मैंगोसिल' पर बात करूँ तो यह कहा जा सकता है कि 'और अन्त में प्रार्थना' में, कहानी में निबन्धात्मकता का जो 'फ्लेवर' उदय प्रकाश लेकर आए थे वह अपने चरम में 'मैंगोसिल' में मिलता है। पर जो जरूरी बात इस प्रसंग में गौर करने लायक है वह यह कि 'मैंगोसिल' जिस देश-काल में घटित हो रहा होता है। उस देश-काल का सामाजिक-आर्थिक-राजनीतिक ताना-बाना कहानी में सूचना के स्तर पर ही उपलब्ध हो पाता है। ये सूचनाएँ कहानी का हिस्सा उतना नहीं जान पड़ती हैं। ऐसा प्रतीत होता है कि सूचनाएँ और तथ्य कहानी में ऊपर से चस्पाँ कर दिए गए हों। इससे उदय प्रकाश अवश्य भूमंडलीकरण की प्रक्रिया के प्रति एक सचेत कहानीकार की अपनी छवि को पुष्ट करते हैं। 'मैंगोसिल' के 'स्लम्स जैसे लोकेल' पर जोंक-सी रेंगती जिन्दगी और सूरी के विलक्षण व्यक्तित्व से एक पल को उदय प्रकाश के किसी नई सीमा रेखा में प्रवेश कर जाने का भान तो होता है। पर असल वहाँ भी जिन्दगी की जद्दोजहद ही है, जो हिन्दुस्तानी इवान दानिसोविच की जिन्दगी में और विनायक दत्तात्रेय के यहाँ पहले से मौजूद है। परिवेश थोड़ा अलग, थोड़ा ज्यादा क्रूर और थोड़ा ज्यादा हिंसक हो गया है। ऊपर से वैचारिक बमबारी थोड़ी बढ़ गई है। 'मैंगोसिल' कहानी और उस पर आधारित नाटक का मंचन आप देखें तो उसके पाठ में मंचन के लिहाज से की गई तब्दीलियों से आप इस बात का अनुमान लगा सकते हैं कि उनमें से कौन-कौन और कितनी बातों को काँट-छाँट कर भी उस कहानी के

मूल मर्म को अक्षुण्ण रखा जा सकता है। यह अलग बात है कि कहानी के धरातल पर विचारों के उन टुकड़ों से उदय प्रकाश की प्रतिबद्धता का दायरा थोड़ा फैलता जान पड़ता है। पर इन किन्तु-परन्तु के बीच एक बात यह भी है कि 'मैंगोसिल' के कथा वितान को रचना उदय प्रकाश के बूते की ही बात थी।

कहानियों में बढ़ती निबन्धात्मकता की प्रवृत्ति पर निर्मल वर्मा की एक खूबसूरत बात याद दिलाने लायक लगती है। "यदि मैं निबन्ध न लिखता तो ऐसी कई चीजों को अपनी कहानियों में, उपन्यासों में जबर्दस्ती लाने की कोशिश करता। वह एक तरफ कहानी-उपन्यास को अशक्त बनाता, दूसरी तरफ ये प्रश्न भी वहाँ पूरी संश्लिष्टता के साथ अभिव्यक्त न हो पाते। मैं समझता हूँ कि भारतीय लेखक को समय-समय पर एक बुद्धिजीवी की भूमिका अपनानी पड़ती है।"[18]

'मैंगोसिल' को दरकिनार कर दें तो उदय प्रकाश के 'उनिभू' (उदारीकरण, निजीकरण, भूमंडलीकरण) के प्रतिनिधि कहानीकार नहीं ठहरते। पर एक चिन्तक-विचारक के बतौर उनके बारे में यह बात नहीं कही जा सकती। कहानीकार के बतौर उनकी असल ताकत सामन्ती अवशेषों में लिथड़े भारत की अचूक पहचान की है। उनके निशाने पर सत्ता-व्यवस्था के वे पहलू रहे हैं, जिसने हमारे समय को ज्यादा अन्यायपूर्ण, भयावह, अमानवीय और गैर जिम्मेदार बनाया है। 'मोहनदास' इस दृष्टि से उनकी अप्रतिम रचना है। पर इन सबके साथ उदय प्रकाश के सन्दर्भ में यह तथ्य भी अलग से रेखांकित करने योग्य है कि साम्प्रदायिकता पर उनके पास एक अदद कहानी नहीं है। जबकि उनके समकालीनों ने इस मसले पर यादगार कहानियाँ लिखी हैं।

उदय प्रकाश की कहानियों के 'मास अपील' के मूल में उनकी भाषा और कहन की भंगिमा तो है ही। पर उससे बड़ी चीज है, उसे बरतने की अदा। कोई भी मामूली सी बात या घटना जिस ढंग से फैलती हुई छतनार वृक्ष हो जाती है, वह दिलचस्प है। मसलन उदय प्रकाश की कहानी मोहनदास जिस 'थीम' पर लिखी गई है, वह धनबाद के कोयला खदानों की एक वास्तविकता रही है। संजीव से लेकर रमणिका गुप्ता तक के लेखन में यह दर्ज है। संजीव की एक कहानी है 'कुछ तो होना चाहिए ना', उसमें मोहनदास वाला प्लॉट है। लेकिन एक वाक्य में वह कहानी में निपटा दिया गया है। उदय प्रकाश उस एक वाक्य को विस्तारित करके 'मोहनदास' जैसी कृति रच देते हैं। उदय प्रकाश इसे कैसे अंजाम देते हैं?

इसके मूल में उदय प्रकाश द्वारा कहानी में पूछा जानेवाला यह सवाल है कि क्या ऐसा सम्भव है? मसलन क्या तिरिछ के काटने से ऐसा सम्भव है? क्या कोई व्यक्ति शहर के नाम से ऐसे घबरा सकता है? क्या कोई एक ग्लास पानी के लिए

इतना परेशान हो सकता है कि उसकी वैसी दुर्गत हो जाए जैसी 'तिरिछ' में पिता की हुई? क्या एक साइकिल के चोरी चले जाने से जीवन इस कदर अस्त-व्यस्त हो सकता है? क्या कोई चलाना जाने बिना ऐसे स्कूटर खरीद सकता है? क्या किसी का सिर सच में ऐसे बढ़ सकता है? क्या कोई सच में आपको ससम्मान ट्रेन में चढ़ाकर आपके घर में चोरी कर सकता है? क्या सच में 'दिल्ली की दीवार' में झाड़ू की मूठ से ठोंकने भर से रुपयों से भरे कमरे का पता मिल सकता है? क्या सच में कोई 'टेपचू' हो सकता है? क्या कोई हीरालाल और उसकी पत्नी के साथ सच में वैसा बर्ताव कर सकता है? क्या 'अरेबा-परेबा' के पुनर्जीवित हो जाने की घटना सत्य हो सकती है? क्या सच में कोई सोनकीट हो सकता है? क्या सच में असल मोहनदास की जगह कोई दूसरा मोहनदास बनकर नौकरी कर सकता है?

असम्भाव्यता को जिस स्तब्धकारी ढंग से उदय प्रकाश सम्भव करते हैं, यह उनके गद्य की बहुत बड़ी ताकत है। और यही वह सूत्र है जहाँ से उदय प्रकाश की कहानियों में जादुई यथार्थवाद जैसी चीज के लिए चर्चा की जगह बनती है। चूँकि वे लगभग अविश्वसनीय-सी लगनेवाली स्थितियों को पूरे विश्वास के साथ न सिर्फ रच देते हैं बल्कि उसके होने के प्रति पाठकों में एक विश्वास भी पैदा कर देते हैं कि यह इसी रूप में घटित हुआ है। इस विश्वास को कहानी में बुनना उनकी सबसे बड़ी उपलब्धि है, जो कहानी की सीमाओं का एक किस्म का अतिक्रमण है। यही कारण है कि उनकी कहानियों में उनकी मौजूदगी लगभग तयशुदा चीज है। उनकी शुरुआती कहानियों में तो उन्होंने अपनी आपबीती को आधार बनाकर अपनी कहानियों के सन्दर्भ में इस विश्वास को अर्जित किया। बाद के दिनों में उस कहानी का सिरा उनको या तो किसी पानवाले की दुकान पर मिला (जज साहब, दिल्ली की दीवार), किसी ने उस घटना के बाबत उनको ईमेल किया (मोहनदास), कहीं-कहीं उस कहानी का कथानायक उनका मित्र निकला (मैंगोसिल; चन्द्रकांत थोराट मेरा दोस्त है।), जहाँ ऐसा कुछ नहीं मिला वहाँ उन्होंने संग्रहालय की तस्वीरों को कहानी का साक्षी बनाने का काम किया (वारेन हेस्टिंग्स का साँड़)। वे मध्यकाल के तुलसीदास की तरह 'तेहि अवसर एक तापस आवा' जैसी ओट के साथ कहानी में दाखिल नहीं होते हैं। बल्कि कहानी ही उनके शब्दों में उनके लिए एक ओट है। वे कहानी को ओढ़कर ही कथा में दाखिल होते हैं। "मैं हमेशा की ही तरह, कहानी की आड़ में, आपको फिर से अपने समय और समाज की एक असली जिन्दगी का ब्योरा देने बैठा हूँ। मोहनदास वास्तव में एक जीता-जागता असली आदमी है और उसकी जिन्दगी इस समय दरअसल संकट में है। हाँ, यह बात अवश्य है कि मैंने सच्चाई में हमेशा की तरह इस बार भी थोड़ा-बहुत हेर-फेर किया है।"[19] तो मूल बात जो मैं

आपसे कह रहा था वह यह कि अपनी कहानियों के प्रति पाठकों के विश्वास को उन्होंने बेहद जतन से अरजा है। यही कारण है कि वे अपने पाठकों को जितना मान देते हैं, उतना और वैसा कम ही देखने को मिलता है। यह अकारण नहीं है कि उनके कहानी-संग्रह के साथ उनके पाठकों के पत्र प्रकाशित होते हैं (तिरिछ, मोहनदास)। बल्कि आलोचकों के बरक्स वे पाठकों को खड़ा करते नजर आते हैं। किसी रचना के सन्दर्भ में आप उनसे कहिए कि ये तो थोड़ी कमजोर जान पड़ती है, वे पलटकर कहेंगे कि लेकिन इस रचना ने मुझे जितना पाठकों का प्यार दिया उतना किसी और ने नहीं। बल्कि उनके अब तक प्रकाशित आत्मकथा के अंशों पर गौर फरमाएँ तो एक स्तर पर वे छोटे-छोटे टुकड़े भी उनकी कहानियों के सत्यापन का एक विश्वसनीय आधार ही मुहैया कराने का काम करते हैं। इसलिए उनकी कहानियों पर लगनेवाला 'आत्मपरक' और 'नास्टेल्जिक' होने का आरोप सही जान पड़ता है। क्योंकि उनकी ज्यादातर कहानियों की 'थीम', 'प्लाट', 'कंटेंट' आदि वहीं से लिये गए हैं। उनके अब तक प्रकाशित 'आत्मकथाओं के अंश' से भी इस बात की पुष्टि ही होती है। और इस बात की सम्भावना अब ज्यादा जान पड़ती है कि उनकी आत्मकथा गर कभी प्रकाशित होती है तो उपरोक्त बातों का सत्यापन ही होना है।

अन्त में बस इतना ही कि उदय प्रकाश के पास रूपकों को रचने की जो क्षमता है, उसे कहानी में बरतने की जो अदा है, कहानी के अन्तरालों में अपने समय को नक्श करने का जो सामर्थ्य है, अपने समकाल को व्यक्त कर पाने का जो सामर्थ्य है, विमर्श को आख्यान में बदलने का और विचार को कथा में पिरोने की जो कला है, वह अद्भुत है। इस सबके मूल में उसकी बस इतनी सी इच्छा है कि हमारा यह संसार ज्यादा न्यायपूर्ण, सुन्दर और मानवीय बन सके। उनकी लेखनी का अभीष्ट यही है। उनकी सर्जनात्मकता के और नगीने हमें देखने को मिलें, ऐसी कामना करते हैं।

आधार ग्रंथ

पॉल गोमरा का स्कूटर, वाणी प्रकाशन, नई दिल्ली, 2010
दरियाई घोड़ा, वाणी प्रकाशन, नई दिल्ली, 2010
दत्तात्रेय के दुख, वाणी प्रकाशन, नई दिल्ली, 2006
तिरिछ, वाणी प्रकाशन, नई दिल्ली, 2010
पीली छतरी वाली लड़की, वाणी प्रकाशन, नई दिल्ली, 2009
मोहनदास, वाणी प्रकाशन, नई दिल्ली, 2006
और अन्त में प्रार्थना, वाणी प्रकाशन, नई दिल्ली

प्रियंवद

जन्म : 22 दिसम्बर, 1952

देह, धर्म और राज्य के इलाके में

एक सुदीर्घ रचनाकाल, जो चार दशकों (1980-2020) तक फैला हो और विकासशील भी हो, का मूल्यांकन अलग किस्म की दुश्वारियाँ लेकर आता है। पहली मुश्किल तो यह कि उनकी शुरुआती कमजोर कहानियों के साथ क्या सुलूक किया जाए? दूसरी यह कि वही कमजोरियाँ रचनाकार के बतौर स्थापित हो जाने के बाद दिखाई पड़े तो क्या किया जाए? और इस बीच उसने इतनी उम्दा कहानियाँ लिखी हों कि उनके सौ गुनाह माफ कर दिए जाएँ तो बातचीत की बुनियादी टेक क्या होनी चाहिए? समझदारी यह कहती है कि शुरुआती कमजोरियों को दरकिनार किया जाए, बाद की कमजोरियों की दरियाफ्त की जाए और उम्दा कहानियों की मुक्त कंठ से प्रशंसा की जाए।

बतौर कहानीकार प्रियंवद पर बात करने की राह में सबसे बड़ी मुश्किल उनकी सुदीर्घ कथा-यात्रा है, जो 1980 से अनवरत जारी है। गनीमत इतनी है कि इन वर्षों में उन्होंने 50 के आसपास कहानियाँ लिखी हैं, जो इस बात की भी सूचक है कि उन्होंने फरमाइशी लेखन को तरजीह नहीं दी है। उनकी इस रचनागत निष्ठा के कौन से नतीजे उभरकर सामने आए? इसे जानने के लिए यों तो जरूरी है कि उनकी कहानियों का समग्रता में विश्लेषण किया जाए। चूँकि इस बात का पूरा अवकाश यहाँ नहीं है। इसलिए उनके लेखन को समझने के लिहाज से एक सुविधाजनक विभाजन कर लेना बेहतर होगा। प्रियंवद के लेखन में तीन चरणों को सहजता से लक्षित किया जा सकता है। (1980-1985) उनके लेखन का आरम्भिक चरण कहा जा सकता है। 1986 में उनके लेखन में आए शिफ्ट के मद्देनजर इसे उनके लेखन के प्रस्थान बिन्दु के बतौर देखा जा सकता है। (1987-1997) के बीच प्रियंवद अपने सबसे बेहतर फार्म में दिखते हैं और (1997-2007) उनके लेखन की ढलान है।

1980 में 'बोसीदनी' के साथ उन्होंने हिन्दी कहानी की दुनिया में दस्तक दी। 'सारिका' की कहानी प्रतियोगिता में इसे तृतीय पुरस्कार से नवाजा भी गया। पर आज 'बोसीदनी' को पढ़ें तो उसके शीर्षक से इतर कुछ याद करने लायक नहीं लगता

है। एक किस्म की अस्पष्टता से कहानी आक्रान्त लगती है। मातृत्व को यह कहानी जरूर कठघरे में खड़ा करती है। लेकिन अपनी बाद की कहानियों (बसन्त-सा, 1986) में प्रियंवद मातृत्व को पूरा सम्मान देते नजर आते हैं। इसी साल आई एक दूसरी कहानी 'होंठों के नीले फूल' में भी पहली कहानी-सी अस्पष्टता व्याप्त है। बल्कि इसमें एक किस्म की बनावटीपन को भी लक्ष्य किया जा सकता है। बूबा नाम की स्त्री और जिस पतंग लूटनेवाले बच्चे के मध्य यह कहानी घटित होती है, उस बच्चे की पृष्ठभूमि के बारे में प्रियंवद का मौन कहानी को कमजोर करता है। प्रियंवद पूरी कहानी में एक पतंग लूटने आए बिन माँ के बच्चे को जिस कलात्मक आस्वाद, मानसिक परिपक्वता और भाषागत अधिकार से सम्पन्न दिखलाते हैं, वह बात हजम नहीं होती है। कहानी में प्रियंवद की यह हरकत कहानी की कृत्रिमता को पुष्ट करती है। पर साल भर के भीतर ही प्रियंवद की कहानियों में एक बदलाव देखने को मिलता है। 1981 और 1983 में क्रमशः प्रकाशित उनकी कहानियों 'कैक्टस की नाव देह' और 'एक पीली धूप' को पढ़ें तो एक किस्म की रोमानियत और भावुकता के दर्शन होते हैं, जिसके लिए बांग्ला साहित्य विख्यात रहा है। यह दोनों कहानियाँ एक ही भाव दशा की कहानियाँ हैं। 'एक पीली धूप', 'कैक्टस की नाव देह' का एक विस्तारित अंश जान पड़ता है। 'कैक्टस की नाव देह' में वनि की पुत्री यह पूछकर लौट जाती है कि "मैं आपकी बेटी क्यों नहीं हुई?" 'एक पीली धूप' में मानो मद्रिमा ही उसकी बेटी के रूप में शाश्वती की कोख से पैदा होती है और मद्रिमा की तरह छुट्टियों में लौटती नहीं है, बल्कि ठहर जाती है। इन दोनों कहानियों में प्रकृति एक आलम्बन के बतौर बहुत मजबूती से प्रियंवद की कहानियों में अपनी जगह बनाती दिखती है। आगे चलकर प्रकृति प्रियंवद की कहानियों में एक महत्त्वपूर्ण घटक के तौर पर उभरती है। इसके साथ ही पात्रों के मुख से कुछ रोचक जानकारियों को बयाँ कराना भी प्रियंवद की कहानियों में एक टोटके के बतौर उभरता है। इसके बाद 'जुगली का रथ' (1983) प्रियंवद की कहानी यात्रा में एक विचलन-सा प्रतीत होता है। नक्सलवादी विचारधारा के प्रति सहानुभूति व्यक्त करती यह कहानी, बहुत प्रभावी नहीं जान पड़ती है। 'दो बूढ़े' (1984) जीवन दर्शन को लेकर गढ़ी गई कहानी है, जो जीवन के प्रति दो नजरिए के मूल में उनके जीवन अनुभवों को रखकर जीवन की सापेक्षिकता को उजागर करती है। 'आक्रान्त' (1984) पुनः अस्पष्टता के साथ नमूदार होने वाली कहानी है। जंगल एक प्रतीक, एक रुपक के बतौर कहानी में व्यवहृत होती तो जरूर है, पर कहानी को पढ़ते हुए बात कुछ बनती-सी नहीं जान पड़ती। 'बूटी बाई की नथ' (1985) राजनीति और अपराध की आपसी साँठ-गाँठ की कहानी है, जिसका

सबसे पठनीय अंश उसका आखिरी वाक्य है कि "देश का नक्शा नथ में झूल रहा था।" 1980 से 1985 के बीच छपी इन कहानियों की तुलना में इसके बाद की छपी कहानियों में प्रियंवद बहुत बदले और सधे हुए कहानीकार के तौर पर उभरते हैं। पिछली कहानियों की कमजोरियाँ अप्रत्याशित रूप से कम होनी शुरू होती हैं, उनकी खूबियों को सहेजने का एक उपक्रम भी दिखने लगता है। 'बच्चे' (1985) में वे अपनी पिछली कथा भूमि के अतिक्रमण का प्रयास करते नजर आते हैं। अब तक की कहानियों में बूढ़े और बच्चों के जो रेखाचित्र प्रियंवद खींचते आ रहे थे, उसका सम्यक् दर्शन पहली मर्तबा 'बूढ़ा काकुन फिर उदास है' (1985) में मिलता है। यह एक मर्मस्पर्शी कहानी है। इसमें गढ़न की अतिरिक्त कोशिशें नहीं हैं। यह प्रियंवद की उन कहानियों में से है जिनकी केन्द्रीय संवेदना इकहरी हैं। इकहरी संवेदना वाली ऐसी बेहतरीन 'प्वाइंटेड कहानियाँ' प्रियंवद ने आगे चलकर दी हैं। इस कहानी में वैसी कहानियों के उत्स को देखा जा सकता है। इस तरह से देखें तो 1985 तक प्रियंवद की उपरोक्त दस कहानियाँ प्रकाशित हो चुकी थीं। इन कहानियों में यों तो साहस के अभाव से उपजी एक किस्म की अस्पष्टता, बंगला साहित्य की रोमानियत को हिन्दी में सम्भव कर सकने की ललक, रोचकता को कहानियों में घुला देने की जद्दोजहद, प्रकृति को एक विश्वस्त साझीदार के तौर पर उभारने की कोशिशें दिख रही थीं। पर इन कहानियों में जो सर्वाधिक ध्यानाकर्षक थी, वह थी प्रियंवद की भाषा। सम्भव है कि इसका एक कारण प्रियंवद का 1975-76 से कविता में हाथ आजमाने का उपक्रम रहा हो। कहानियों में जुटाई इसी शुरुआती जमा-पूँजी को राह-खर्च के बतौर रखकर प्रियंवद किस्सागोई के अपने सफर में निकल पड़ते हैं।

1986 में प्रियंवद की तीन कहानियाँ प्रकाशित होती हैं। 'उस रात की वर्षा में', 'बसन्त-सा' और 'आर्तनाद'। इन कहानियों और इस वर्ष को उनकी कहानी के सफर में एक प्रस्थान बिन्दु की तरह प्रस्तावित करने की प्रमुख वजह प्रियंवद की इन कहानियों में खुद को कहानीकार से किस्सागो में कुशलतापूर्वक रूपान्तरित करने की प्रक्रिया भी है। कहानीकार से किस्सागो में तब्दील होने का आशय यह है कि वे रोचकता व पठनीयता के नए उपादानों को कुशलतापूर्वक अपनी कहानियों में आत्मसात् कर कामयाबी हासिल करने लगते हैं। इसे उनकी इन तीन कहानियों में देखा जा सकता है। वैसे तो ये तीनों अलग-अलग स्वभाव की कहानियाँ हैं। इनमें से पहली कहानी का मिजाज थोड़ा इश्किया है। दूसरी में वे कुछ विचित्रताओं के समावेश से कहानी को अप्रत्याशित रूप से पठनीय बनाने का काम करते हैं। तीसरी उनकी राजनीतिक निहितार्थ वाली कहानियों के अन्तर्गत आती हैं। इससे एक

ओर तो उनकी कहानी के बढ़ते परास का पता चलता है। इसलिए यहाँ से उनकी कहानियों के प्रति एक आलोचनात्मक रुख अपनाया जा सकता है और इससे पहले की कहानियों पर उनको रियायत दी जा सकती है। तो 1986 को एक विभाजक बिन्दु मानते हुए प्रियंवद के लेखे का जोखा प्रस्तुत किया जा सकता है। 1987 में पुन: तीन कहानियाँ 'सूखे पत्ते', 'केंचुल' और 'धूर्त'। इनमें से कोई कहानी 1986 में प्रकाशित इनकी तीन कहानियों के मुकाबले खड़े होने की स्थिति में नहीं है। किस्सागोई वाले नुक्ते पर 'धूर्त' जरूर ध्यान खींचती है। विशुद्ध किस्सागोई पर टिकी यह कहानी गजब का समाँ बाँधती है। दरअसल प्रियंवद जिन और जैसी कहानियों की वजह से जाने जाते हैं, यह कहानियाँ बुनावट के स्तर पर उसी गारे-मिट्टी से बनी तो हैं, पर उसमें वह 'प्रियंवदपना' नहीं दिखता है। इन कहानियों को दरकिनार भी किया जा सकता था। पर एक नियमित अन्तराल पर इस ढब की दो-तीन कहानियाँ वे लिखते रहे हैं। अब तो ऐसा लगता है कि ये कहानियाँ पाठकों को गुमराह करने का एक बहाना भर रही हैं। ऐसा कहने की वजह यह है कि प्रियंवद की कहानियों का अपना एक 'कम्फर्ट जोन' है। इस किस्म की दो-तीन कहानियों के बाद वे बारहा अपने उसी अखाड़े में लौटते हैं। गुमराह करने के इन पैंतरों के पीछे बुनियादी वजह यही जान पड़ती है। प्रियंवद की वे कहानियाँ ज्यादा दमदार और असरदार हैं, जो 'प्वाइंटिड' हैं। मतलब इकहरी संवेदना वाली हैं। इन इकहरी कहानियों से इतर प्रियंवद के यहाँ 'बाइफोकल' कहानियाँ भी मिलती हैं, पर 'मल्टीफोकल' कहानियाँ इन कहानियों की तुलना में काफी कम संख्या में इनके यहाँ देखने को मिलती हैं।

प्रियंवद की खासियत यह 'प्वाइंटिड कहानियाँ' हैं। प्रियंवद की इस किस्म की कहानियों को पढ़ते हुए यह बात बेहद शिद्दत से महसूस होती है कि हाल के दिनों की कहानियों में कुछेक तत्त्व हैं, जो लापता हैं। और जो कहीं न कहीं उनके कहानी-पन के लिए नुकसानदेह हैं। वह लापता-सी चीज कहानी का प्रवाह है। वह गुमशुदा-सी लगती चीज कहानी का मुकम्मल होना है। वह खोयी हुई खासियत कहानी को अन्त तक पहुँचाने की अदा है। प्रियंवद की कहानियों में कथाप्रवाह को उद्गम से मुहाने तक बहता हुआ महसूस किया जा सकता है। कहानी में प्रवाह की इस परिणति को साकार करना कहानियों की वह आदिम विशिष्टता है, जो अब भी हमारे भीतर कथागत संस्कार के रूप में मौजूद है। और चाहे-अनचाहे हर पाठक की यह मुराद होती है कि कहानी उसके इस चाह को पूरा करे। इस चाह का पूरा होना ही कथा का रस लेना है। कहना न होगा कि प्रियंवद की इन इकहरी कथावस्तु वाली कहानियों में यह सभी विशिष्टताएँ कूट-कूट कर भरी हैं। कहानी को बरतने की प्रियंवद की इस अदा का पाठकों पर गहरा असर पड़ता है। प्रियंवद

में कहन की अद्भुत क्षमता है (इसे देखना हो तो 'बूढ़े का उत्सव' 1997, अकेले पर्याप्त है)। कहन की अपनी इस भंगिमा से वह पाठकों को बहा ले जाने में सक्षम हैं। यहाँ वे निर्मल वर्मा के समकक्ष कई मौकों पर नजर आते हैं। इन 'प्वाइंटिड कहानियों' में व्याप्त इकहरापन प्रियंवद की सीमा का नहीं सामर्थ्य का उदाहरण है। जैसे किसी पौधे की बहुत-सी कलियों को केवल इसलिए एक अनुभवी माली छाँट देता है कि एक ही पुष्प को सम्पूर्ण पोषण प्राप्त हो और उसकी सुन्दरता का कोई ध्यान बँटानेवाला दूसरा साझीदार न हो। वैसे ही प्रियंवद अपनी इन 'प्वाइंटिड कहानियों' में उन कहानियों की दूसरी सम्भावनाओं का निर्ममता से हनन करते हैं। (एक रचनाकार में अपनी रचना के सम्पादन का विवेक कितना अनिवार्य है, इसे स्टिफन ज्वाइग की आत्मकथा 'वो गुजरा जमाना' को पढ़कर अनुभूत किया जा सकता है।) बल्कि ऐसी किसी भी समान्तरता या द्वि-ध्रुवीयता को वे अपने तईं कोई प्रोत्साहन देते नहीं दिखते। बल्कि गर ऐसी कोई समानान्तरता महसूस होती है तो उसी संवेदना को वो दूसरी स्वतंत्र कहानी के बतौर बुनते हैं। उनके यहाँ बारीकी से देखें तो कई बार मालूम होता है कि एक ही कहानी को वे कई किश्तों में बयाँ करते आए हैं। कई बार तो ऐसा करते जान पड़ते हैं कि गर ऐसा हुआ तो क्या होता? खास कर अपनी इश्किया मिजाज की कहानियों में तो इस अनुमेयता की छटा देखने लायक है। वे उस भाव दशा या मनोदशा की तमाम सम्भावनाओं का दोहन करते हैं। फर्क सिर्फ इतना है कि एक ही कहानी में वे ऐसा नहीं करते हैं। उनको तोड़-तोड़ कर एक स्वतंत्र कहानी में इस क्रिया को दुहराते हैं। और बीच-बीच में वही विचलन वाली कहानियाँ लिखकर पाठकों का ध्यान बँटाने की कोशिश करते हैं। जैसे 'कैक्टस की नाव देह' और 'एक पीली धूप' एक ही कहानी की दो अलग परिणतियाँ मात्र हैं। और इनके बीच उस बुढ़ाते व्यक्ति की एक अन्तर्कथा 'रेत' भी हो सकती है। इसी ढंग से 'उस रात की वर्षा में' और 'दर्शक' में जो साम्यता है, वह एक ही कहानी को थोड़ी फेरबदल के साथ फिर से सम्भव करने का अच्छा उदाहरण है। 'खरगोश' कहानी में व्याप्त घटनाबहुलता को ध्यान में रखें तो 'एक अपवित्र पेड़' उसकी एक आनुषंगिक कहानी-सी जान पड़ती है, जिसे 'खरगोश' में बेहद आसानी से पिरोया जा सकता था। पर 'एक अपवित्र पेड़' अपनी संक्षिप्तता में जिस कदर प्रभावी है, खरगोश की घटनाबहुलता में वह गुम हो जाती। ऐसे ही 'नदी होती लड़की' और 'अधेड़ औरत के प्रेम' के बीच भी उस बुनियादी संवेदना को भाँपा जा सकता है, जो इन दोनों कहानियों के मूल में है। 'पलंग' और 'बूढ़े का उत्सव' क्या एक ही कथास्थिति का विपर्यय रचती कहानियाँ नहीं हैं? ऐसा नहीं है कि यह सुलूक प्रियंवद ने सिर्फ अपनी प्रेम कहानियों के साथ

किया हो। बल्कि गहरे राजनीतिक निहितार्थों वाली कहानियों के साथ भी उन्होंने ऐसा ही बर्ताव किया है। 'कहो रिपुदमन' और 'आर्तनाद' में निमाई और रिपुदमन एक ही हालात में अपनाए गए दो जीवन दर्शन की अलग-अलग परिणतियाँ भर हैं। 'बूटी बाई की नथ' और 'लाल गोदाम का भूत' इन कहानियों की अन्तर्कथाएँ भर हैं। ऐसी अनेक समरूपताओं से प्रियंवद का कहानी संसार अटा पड़ा है। 'दूसरा अलीबाबा', 'केंचुल' का विस्तार जान पड़ती है। 'बोधि वृक्ष' के असगर मेंहदी और 'फ्लड लाइट' के नब्बन अली के अकेलेपन की अनुगूँजें एक-सी हैं। 'बहुरुपिया' के लाइब्रेरियन और 'चूहे' के पलुस्कर मैडम के डर का रंग एक-सा है। इस पर स्वतंत्र लेख लिखा जा सकता है, पर जो बात इन कहानियों के स्तर पर ज्यादा महत्त्वपूर्ण है, वह है इन कहानियों को सम्भव कर सकने का शिल्प।

बुनियादी रूप से प्रियंवद की कहानियों को मोटे तौर पर चार वर्गों में विभाजित किया जा सकता है। पहली, प्रेम कहानियाँ; दूसरी, साम्प्रदायिकता विरोध की कहानियाँ; तीसरी, राजनीतिक निहितार्थवाली कहानियाँ और चौथी अलग-अलग जीवन-दर्शन को धारण करनेवाली कहानियाँ। तो शुरुआत उन कहानियों से प्रियंवद जिनके उस्ताद हैं अर्थात् उनकी प्रेम कहानियों से। इस सन्दर्भ में उनकी जोड़ का दूसरा मुश्किल है। प्रेम कहानियों में प्रियंवद एक सपेरे की तरह फनकार में तब्दील हो जाते हैं। जैसे हर पिटारे में होता तो साँप ही है, पर देखने से पहले की प्रत्याशा और सपेरे के द्वारा परोसे जानेवाली अप्रत्याशा के बीच रोमांच और आकर्षण का जो मिला-जुला भाव होता है। प्रियंवद की तथाकथित प्रेम कहानियों को पढ़ते हुए कमोबेश हम उसी मन:स्थिति के शिकार होते हैं। कई बार सबसे बड़ी पिटारी को खोलने के पहले सपेरा कोई बिच्छू या नेवला निकाल लेता है, प्रेम कहानियों के बीच प्रियंवद की बिलकुल अलग मिजाज की कुछ कहानियाँ वैसी ही हैं। प्रियंवद ने जिस ढंग से एक के बाद एक यादगार प्रेम कहानियाँ दी हैं, वह कामयाबी हतप्रभ करने वाली है। 'उस रात की वर्षा में', 'ये खँडहर नहीं है', 'नदी होती लड़की', 'एक अपवित्र पेड़', 'खरगोश', 'दर्शक' जैसी आधा दर्जन यादगार कहानियों से इतर भी उनके यहाँ कई और प्रेम कहानियाँ मौजूद हैं। इनमें से 'एक अपवित्र पेड़' और 'खरगोश' को छोड़ दें, तो बाकी कहानियाँ अवैध प्रेम सम्बन्धों पर आधारित हैं। अवैध प्रेम सम्बन्धों की इस अतिशयता के मूल में प्रियंवद की यह सोच है कि "जितनी देर आप तथाकथित अवैध सम्बन्ध को जी रहे होते हैं, कम-से-कम उतनी देर तो आप अपनी स्वतंत्रता का उपयोग-उपभोग कर रहे होते हैं। समाज के बनाए दायरों को ठेंगा दिखा रहे होते हैं।"[1] इस सोच से उनकी अवैध सम्बन्धों पर आधारित कहानियों का दर्शन निर्मित होता है। इस बिन्दु पर आकर देखें तो प्रियंवद की प्रेम

कहानियों और अवैध सम्बन्धों पर आधारित कहानियाँ दो अलग-अलग चीजें जान पड़ती हैं। वे साफ-साफ लिखते हैं कि "अवैध सम्बन्धों का प्रेम मुझे आकर्षित करता है। मेरा विश्वास है कि प्रेम अपनी पूरी चमक, पूरे आवेग के साथ ऐसे सम्बन्धों में ही रहता है...ऐसे सम्बन्धों का प्रेम बहुत गम्भीर और अर्थपूर्ण होता है। प्रेम के इन्हीं क्षणों में मनुष्य अपनी असली और पूरी स्वतंत्रता का उपभोग करता है।...शेष सम्बन्धों में तो वह एक लगातार दुहराई जाने वाली ऊबी हुई गुलामी होती है, जो जरा सी ऊपर की पर्त खुरचने पर दिखाई देने लगती है। यह गुलामी, गुलामों को धीरे-धीरे तर्कपूर्ण और नैतिक लगने लगती है। यही उनकी अन्तिम शरण बन जाती है। इससे मुक्ति की कल्पना पाप और भय को जन्म देती है।"[2] प्रियंवद अव्वल तो यह मानते हैं कि वैध सम्बन्धों के मध्य तो प्रेम होता ही नहीं है, असल तो अवैध सम्बन्धों का प्रेम होता है। दरअसल, प्रियंवद का यह दर्शन एकांगी है, जिसमें अपने हिस्से के सच को पूरे समाज का आधिकारिक सच बताने की कोशिश है। इस सोच को क्रियान्वित करने पर एक किस्म की जो सामाजिक अराजकता पैदा होगी उसके बारे में प्रियंवद का मानना है कि "सामाजिक अराजकता का कारण होने के बावजूद मैं व्यक्तिगत स्वतंत्रता का पक्षधर हूँ।"[3]

यों तो प्रियंवद की प्रेम कहानियों में कहीं भी 'प्रेम' और 'अवैध सम्बन्ध के प्रेम' के बीच की विभाजक रेखा उपलब्ध नहीं है। पर इस सन्दर्भ में उनका यह मानना है कि "देह के साथ प्रेम हो यह जरूरी नहीं है। मगर प्रेम के साथ देह का होना जरूरी है। वैसे प्रेम बिना देह के भी सम्भव है लेकिन उसकी सम्पूर्णता देह के साथ आती है।" इस तरह देखें तो प्रियंवद की प्रेम कहानियाँ व्यक्तिवाद और देहवाद की पक्षधर हैं। इस 'व्यक्तिवाद' और 'देहवाद' में उनकी 'कलात्मकता' को शामिल कर लिया जाए तो यह हिन्दी में एक नए किस्म के रीतिवाद का पर्याय बनता दिखता है, जिसे कायदन 'नव रीतिवाद' कहा जा सकता है। अवैध सम्बन्धों पर आधारित इन कहानियों को एक-एक करके बारीकी से पढ़ें तो इस 'नव रीतिवाद' को ज्यादा बेहतर तरीके से समझा जा सकता है। जैसे रीतिकाल में नायिका भेद के अन्तर्गत भाँति-भाँति की नायिकाओं की सर्जना की गई थी, वैसे ही प्रियंवद की कहानियों में भी भाँति-भाँति की किशोरियों, नवयौवनाओं, नवविवाहिताओं, विवाहिताओं की पूरी 'रेंज' है। प्रियंवद की नायिकाएँ भी काम्य हैं। लालसाओं और ऐषणाओं को जन्म देनेवाली हैं। एक दिपदिपाती-सी कामुकता को रचती यह यौन फंतासियाँ मूल रूप में स्त्री को एक देह के रूप में ही प्रस्तावित करती हैं। प्रियंवद की इन प्रेम कहानियों में देह एक जरूरी सन्दर्भ है, लेकिन स्त्री देह। ("गहरे दुख में स्त्री देह एक शरण है। चूल्हे की आँच में जैसे कोई कच्ची चीज परिपक्व होती है...उसी

तरह पुरुष के क्षत-विक्षत, खंडित अस्तित्व को वह देह सँभालती है...धीरे-धीरे अपनी आँच में फिर से पकाकर जीवन देती है। स्त्री देह कितनी ही बार, चुपचाप, कितनी तरह से पुरुष को जीवन दे देती है, पुरुष को नहीं पता होता।"[4] कहानियों के बीच में आनेवाली कामशास्त्र की टीपें या तो स्त्रियों की होंठ की मांसलता के बेहतर उपयोग के बाबत है, या फिर उनके पेट पर पड़नेवाली त्रिवली के निमित्त है। मर्दाने देह के सौष्ठव को कहीं उस रूप से चाव से चित्रित नहीं किया गया है। प्रियंवद की इन प्रेम कहानियों में व्याप्त देश-काल को जानना चाहें, तो वह नितान्त वायवीय जान पड़ती हैं। रीतिकाल के बारहमासे की तरह यहाँ भी ऋतुएँ आलम्बन और उद्दीपन की उसी शास्त्रीय भूमिका का निर्वाह कर रही हैं। परिवेश के नाम पर देश-काल से मुक्त एक ऐसा 'यूटोपिया' रचा गया है, जहाँ भोग की निर्बाध छूट है। 'एक अपवित्र पेड़' और 'खरगोश' जैसी प्रेम कहानियों को छोड़ दिया जाए तो अवैध सम्बन्धों वाली इन कहानियों का नायक हर जगह एक ही व्यक्ति है, जो अपनी बौद्धिकता के बूते स्त्रियों के आखेट में रमा हुआ है। मानो प्रियंवद ने इस पुरुष सूत्रधार के लिए ही स्त्रियों के आखेट का एक उत्सव रच डाला है। दरअसल, सामाजिक अराजकता की कीमत पर प्रियंवद जिस व्यक्तिगत स्वतंत्रता के प्रति पक्षधरता प्रदर्शित कर रहे हैं। उस दावे की पोल ये कहानियाँ खोलती हैं। अवैध सम्बन्धों पर आधारित इन कहानियों में अधिकांश मौकों पर व्यक्ति स्वातंत्र्य के नाम पर एक 'प्रच्छन्न मर्दवाद' की व्याप्ति देखी जा सकती है। वर्जनाओं से मुक्ति के नाम पर देह मुक्ति के इस अनुष्ठान में प्रियंवद राजेन्द्र यादव के असल साझीदार जान पड़ते हैं। चूँकि प्रियंवद के पास एक समर्थ भाषा है। प्रियंवद की कहानियों में व्याप्त 'प्रियंवदपने' में भाषा के इस सामर्थ्य की बड़ी भूमिका है। इसलिए यह पूरा अपराध उसी भाषा में किया जाता है और उसी भाषा के जरिए उसे छिपाया भी जाता है। कहानी का सारा क्रिया-व्यापार इसी भाषा के धरातल पर घटित होता है। कई बार इस भाषिक कौंध के आगे अन्तर्वस्तु के स्तर पर व्याप्त अन्तर्विरोधों की ओर हमारा ध्यान नहीं जा पाता है।

अवैध सम्बन्धों पर आधारित प्रेम कहानियों की इस शल्यक्रिया से इतर उनमें व्याप्त कुछ खूबसूरत पहलुओं पर भी बात करना लाजिमी है। गर कहानी के स्तर पर बात की जाए तो अवैध सम्बन्धों पर आधारित प्रियंवद की यह प्रेम कहानियाँ उनके स्वीकार के साहस के कारण बेजोड़ हो सकी हैं। उनकी शुरुआती कहानियों में इसी साहस के अभाव के कारण एक किस्म की अस्पष्टता देखने को मिलती है। इसी कारण कई कहानियों को उन्होंने थोड़े फेर-फार के बाद एक तरह से दोबारा लिखा है। विचारधारात्मक स्तर पर आलोच्य इन कहानियों में व्याप्त चमक से

इनकार नहीं किया जा सकता है। वह चमक सार्वजनिक स्तर पर इसी स्वीकार के साहस से इन कहानियों में आ पाया है, जिसे ओमा शर्मा ने बिलकुल सही नोटिस किया था कि "सेक्स और प्रेम को लेकर प्रियंवद की कहानियाँ एकदम विशिष्ट हैं। इन्हें लेकर उनके यहाँ जो खुलापन है, न सिर्फ सहज है बल्कि उनके पात्रों में किसी प्रकार का कोई गिल्ट या गाँठ नहीं है।"[5] स्वीकार के इस साहस से इतर इन कहानियों में जिस अदा से मन की खोहों और परतों को उकेरा गया है, पौराणिक मिथकों और ऐतिहासिक प्रसंगों को जिस कुशलता से पिरोया गया है, रोचकता और दिलचस्पी बनाए रखने के लिए अप्रत्याशाओं और असामान्यताओं से लेकर शॉक, थ्रिल के जरिए जिस कदर रोमांच को बनाए रखा गया है, अन्तर्वस्तु से लेकर शिल्प के मोर्चे पर जो मेहनत की गई है, उससे किस्सागोई की उस शैली का जन्म हुआ है। ऊपर जिसे 'प्रियंवदपना' कहा गया है।

जैसा कि ऊपर साल 1986 को प्रियंवद के लेखन के एक प्रस्थान बिन्दु के बतौर रेखांकित करते हुए कुछ बातें निवेदित की गई हैं। उसी सिलसिले के एक दूसरे सिरे अर्थात् गहरी राजनीतिक निहितार्थ वाली कहानियों की बात करें तो 'आर्तनाद में उसका उत्स दिखता है। 1952 में जन्मे प्रियंवद 1986 में चौंतीस साल के हो चुके थे और यह माना जा सकता है कि बतौर रचनाकार वे इतने परिपक्व हो चुके थे कि साल 1986 से कहानियों में व्यक्त उनके विचारों को गम्भीरता से लिया जाए। 1986 में प्रकाशित 'आर्तनाद' में प्रियंवद राज्य, धर्म और सत्ता को वर्जनाओं का आधार बताते हैं। जिसे वे मई 2003 (कथादेश) में पुनः ओमा शर्मा को दिए गए साक्षात्कार में बल देकर दुहराते हैं कि 'वर्जनाएँ मूलतः मनुष्य की स्वतंत्रता पर आघात करती हैं। वर्जनाएँ ही मनुष्य की बुनियादी मानवीय गरिमाओं को नष्ट करती हैं। वर्जनाएँ मनुष्यों को गुलाम बनाने का एक उपक्रम भी हैं। राज्य, धर्म और समाज तीनों ने अनेक किस्म की वर्जनाएँ मनुष्यों पर थोपी हैं। कुछ मनुष्यों को गरिमाहीन रखना समय का स्थायी भाव है। और पतन के इस युग में आज मनुष्य सर्वाधिक गरिमाहीन है। इसके मूल में राज्य, धर्म और समाज की बर्बर, अमानवीय और पाशविक क्रियाएँ हैं।' तो सवाल उठता है कि 1986 से 2003 के मध्य राज्य, धर्म और समाज की वर्जनाओं के प्रति वे किस प्रकार अपनी कहानियों में 'रेस्पांड' करते हैं? दरअसल राज्य, धर्म और समाज वे संरचनाएँ हैं, जिनका आपसी गठबंधन हमारे समय की शक्ति संरचना को निर्मित करता है। शक्ति की यह संरचना अशक्तों के प्रति बर्बर, अमानवीय, पाशविक, हिंसक और संवेदनहीन रही है। प्रियंवद की कहानियों का एक हिस्सा राज्य, धर्म और समाज के आपसी गठजोड़ से उपजी बर्बरता, अमानवीयता, पाशविकता, हिंसा और संवेदनहीनता को अपना सम्बोध्य बनाती है।

इन कहानियों में 'बसन्त-सा', 'आर्तनाद', 'कहो रिपुदमन', और 'बोधिवृक्ष' प्रमुख हैं। इनमें से 'कहो रिपुदमन'(1988) और 'बोधिवृक्ष'(1997) साम्प्रदायिकता पर लिखी बेहतरीन कहानियाँ हैं। एक रचनाकार को प्रतिरोध की समझदारी भले परम्परा से मिलती हो, पर प्रतिरोध के आख्यान-उपाख्यान के लिए उसे अपनी जमीन स्वयं तैयार करनी होती है। इन दोनों कहानियों की खूबसूरती उस जमीन के कारण है, जहाँ से प्रियंवद प्रतिरोध दर्ज करते हैं। आत्मा का हिस्सा हुए बगैर सृजन के ऐसे क्षण सम्भव नहीं हैं। ये दोनों कहानियाँ गहरी व्यंजनाओं से युक्त हैं। उन व्यंजनाओं को जिस कलात्मक रचाव के साथ अंजाम दिया गया है, उसकी समझ प्रियंवद की विधागत पकड़ को उजागर करने में सक्षम है। 'कहो रिपुदमन' अल्पसंख्यक की 'प्रचलित समझदारी' (कन्वेंशनल विजडम) को संशोधित करनेवाली कहानी है। रिपुदमन की परिणति में कहानी का मर्म निहित है। सतही तौर पर कहानी में एक हत्या (मुल्लाजी) और एक आत्महत्या (मूमल) सहजता से लक्षित होती है। दरअसल, चाहे वह मुल्लाजी की हत्या हो या मूमल की आत्महत्या यह क्रमशः शताब्दियों में अर्जित सामासिकता और सहज रूप से बचती आई निरीहता की आत्महत्या है, जिसे इस देश की राज्य-समाज-धर्म सत्ताओं की आपसी गठजोड़ ने अब सहज सुलभ कर दिया है। पर असल त्रासदी रिपुदमन की है, जो इस हत्या और आत्महत्या के बीच क्रमिक आत्महत्या की स्थितियों को भोगते हुए जीते जी मुर्दा-सा हो गया है। उसका गुनाह उसकी संवेदनशीलता है। अपने 'संवेदनात्मक ज्ञान' के कारण वह अल्पसंख्यक है। अपनी सोच के कारण वह अल्पसंख्यक है। और इस कारण हिन्दू होने के बावजूद उसकी यह परिणति है। इस कारण 'रिपुदमन' अर्थात् शत्रुओं का दमन करनेवाला की एक विडम्बनात्मक परिणति इस कहानी में है। गौरतलब है कि एक अल्पसंख्यक की मानसिकता या एक अल्पसंख्यक के भय को एक बहुसंख्यक कैसे जी या महसूस सकता है? और चूँकि वो इसे जी या महसूस नहीं सकता है, इसलिए उसे आधिकारिक रूप से बयाँ भी नहीं कर सकता है। 'कहो रिपुदमन' इसलिए भी उल्लेखनीय हैं कि इसमें उस अल्पसंख्यक भय को जीने की कोशिश है। ध्यातव्य यह भी है कि यह कहानी 1984 और 1992 के ऐन बीचोबीच पड़नेवाले साल 1988 में प्रकाशित हुई थी।

अशोक वाजपेयी ने अपने 'जनसत्ता' के कॉलम 'कभी-कभार' में कभी एक सुन्दर बात कही थी कि 'परम्परा एक बहुमुखी मार का अस्त्र है।' 'बोधिवृक्ष' पुनः प्रियंवद के सर्जनात्मक प्रतिरोध के नए आयामों को प्रकाशित करता है। प्रतिरोध की यह विरल जमीन प्रियंवद के इतिहास की समझ से उपजी है। साम्प्रदायिकता किस कदर हमारी साझी विरासत को मिटाने पर आमादा है, इसे असगर मेंहदी के दर्द के

जरिए समझा जा सकता है। जायकों की लुप्तप्राय हो चुकी 'रेसिपी' का हकदार असगर मेंहदी इस मुल्क के किसी बाशिंदे को नहीं बल्कि राशेल को पाता है। इस किस्म की दुर्भाग्यपूर्ण विडम्बनाओं के मूल में इस मुल्क का मुकद्दर छिपा है। उन अंदेशों को सही-सही पढ़ पाने की काबिलियत प्रियंवद को आज के परिप्रेक्ष्य में विचारणीय बनाती है। बोधिवृक्ष का सम्बन्ध बुद्ध के बुद्धत्व प्राप्ति से है। बाद में जिसकी शाखाएँ अलग-अलग देशों में गईं, फैलीं। पर उसका मूल यहीं था। पर अब हम इन विरासतों के समूल नाश में रत हैं।

1997 से 2007 के दौरान प्रियंवद ने ग्यारह कहानियाँ लिखीं, पर इनमें वह चमक कम से कमतर होती चली गई है। इस दौर की सबसे अच्छी कहानी 'दर्शक' है और कुछ छूट के साथ 'अधेड़ औरत का प्रेम'। यह महज इत्तेफाक नहीं है कि जिन कहानियों में उनकी चमक बची मिली, वह दोनों कहानियाँ अवैध सम्बन्धों पर आधारित हैं। यह उस्ताद के अपने पुराने पैंतरों से अपने अखाड़े को गुलजार करने की कोशिशें हैं, जहाँ अब भी वे अपराजित योद्धा की तरह खड़े हैं। प्रियंवद हिन्दी के हस्ताक्षर हैं। उन्होंने अपनी एक शैली विकसित की है। सम्भव है कि आगे चलकर इस स्कूल में कुछ लोग दीक्षित हों, अब भी हो रहे हैं। पर जो बात प्रियंवद की कहानियों में सबसे मार्के की है वह है उनकी भाषा, साम्प्रदायिकता के प्रति 'जीरो टालरेन्स' की उनकी प्रतिबद्धता और अवैध सम्बन्धों के प्रेम के प्रति पक्षधरता। तत्सम और तद्भव की जुगलबन्दी से उन्होंने एक सम्मोहक भाषा ईजाद की है। भाषा को उन्होंने एक ऐसे 'मेल्टिंग पॉट' में तब्दील कर दिया है, जिसमें दुनिया-जहाँ की चीजें डाल दी जाएँ पर जब वो उनसे निकलती हैं, तो उसमें 'प्रियंवदपन' तारी रहती है। इतिहास, मिथक, दर्शन, राजनीति सब घुल-मिलकर एकाकार हो जाते हैं। चिप्पियों की तरह यह कहानियों पर थोपे हुए नहीं लगते। कहानी में दिलचस्पी को बनाए रखने के लिए उन्होंने जिस ढंग से 'शॉक-थ्रिल-सरप्राइज' को कहानी के घटकों के तौर पर विकसित किया, उससे उनकी किस्सागोई एक निखरे हुए रूप में उभरकर आई है। बांग्ला भावुकता को उन्होंने हिन्दी के रूमानियत में तब्दील कर दिया है। दृश्यात्मकता से लबरेज उनकी कहानियाँ 'सिनेमेटिक सेन्स' से आप्लावित हैं। अक्सरहाँ अपनी कहानियों में त्रासदी के अन्तरालों को उन्होंने दृश्यों से पाटा है। उनकी कहानियों को पढ़ते हुए एक-एक चीज को 'विजुअलाइज' किया जा सकता है। जो इस बात की तस्दीक करता है कि जब तक कहानियाँ उनके जेहन में सीझती नहीं हैं, तब तक वे उसे पन्नों पर पसाते नहीं हैं। एक ओर अगर उनकी कहानियों में पात्रों के अन्तर्विरोध उनके पात्रों को ज्यादा मानवीय बनाते हैं। तो दूसरी ओर प्रियंवद के स्वीकार का साहस उन्हें ज्यादा मानवीय बनाता है। पर सर्वत्र अपने पुरुष

पात्रों में एक जन्मजात बौद्धिकता को परोसने की उनकी प्रवृत्ति ने उनके पुरुष पात्रों के व्यक्तित्वों की हत्या की है। सूत्रधार के रूप में सर्वत्र प्रियंवद की मौजूदगी का अहसास होता रहता है। प्रेम कहानियों में कभी-कभी सार्वनामिकता की अतिशयता अबूझ लगने लगती है। मृत्यु और बुढ़ापे की अलग-अलग छवियों से भरा-पूरा प्रियंवद का रचना संसार इन छवियों की विस्तृत व्याख्या की माँग करता है। स्त्री के अलग-अलग रूपों (माँ, बहन, बेटी, प्रेमिका, पत्नी, परस्त्री) के प्रति प्रियंवद के अपनाए गए रुख के विश्लेषण की माँग करता है। प्रियंवद की कहानियों में व्याप्त जटिलताओं और अन्तर्मन की परतों को खोलना एक सुदीर्घ लेख या स्वतंत्र पुस्तक की माँग करता है। यहाँ उस सुदीर्घपने का अवकाश नहीं है। फिर भी संक्षेप में ऊपर वर्णित 'प्रियंवदपने' को समझना है तो प्रियंवद की निम्न कहानियों से गुजरा जा सकता है—'बूढ़े का उत्सव', 'आर्तनाद', 'कहो रिपुदमन', 'बोधिवृक्ष', 'एक अपवित्र पेड़', 'दर्शक' आदि। 'उसने कहा था' की धत्त...!, 'तीसरी कसम उर्फ मारे गए गुलफाम' की इस्स...! के बराबर की वजन का अरे...! आपको 'एक अपवित्र पेड़' में मिलेगा। इन सब पर विस्तार से फिर कभी। यहाँ सिर्फ 'बूढ़े का उत्सव' पर कुछ बातें निवेदित करना चाहूँगा क्योंकि इस कहानी को उनकी पढ़ी जाने लायक कहानियों के तौर पर प्रस्तावित करने से पहले मैं ऊहापोह की स्थिति में था। 'बूढ़े का उत्सव' को लेकर पहले पाठ में मेरे मन में भी कुछ धुँधली-सी राय थी। पर बाद के पाँच-सात रीडिंग में उस कहानी ने शिल्प और अन्तर्वस्तु दोनों के धरातल पर अपना पक्ष बहुत बेहतर तरीके से रख दिया। उसे उनकी अच्छी कहानियों में शुमार करने की कुछ वजहों की ओर संकेत कर रहा हूँ। उस कहानी के साथ सबसे बड़ी दुविधा हमारी संस्कारी नैतिकता खड़ा करती है। उसको गर थोड़ी देर के लिए मुल्तवी कर सकें तो कहानी में मातृत्व या स्त्रीत्व के मायनों का जो विस्तार है। वह एक स्त्री के हक में, एक माँ के हक में है। एक कहानी जो ऐन्द्रजालिक तरीके से शुरू होती है, जो अविश्वसनीयता की हदों को छूती है। उसी अविश्वसनीयता से अपनी पठनीयता अर्जित करती है। और उस अविश्वसनीयता को प्रियंवद जब अपने साक्षात्कार में अपने जीवन में देखा हुआ सच बताते हैं, तो हैरत भले हो, पर यकीन हो जाता है। कहानी का पहला फेरा जब पूरा होता है तब तक मृत्यु का एक दर्शन, अर्थपूर्ण संवादों के कई चरण और उसमें निहित जीवन-दर्शन हमें ऐसी स्थिति में पहुँचा देते हैं कि क्या ऐसी कहानियाँ भी सम्भव है। हमारी कल्पना को भी चौंकाती कहानी, जिस ढंग से 'टेक ऑफ' करती है। उसके लिए जिस प्रस्थान बिन्दु को प्रियंवद सिरजते हैं, उसमें किस्सागोई नहीं दास्तानगोई की विरल हो चुके पुरातात्त्विक अवशेष को महसूसा जा सकता है। उसके बाद कहानी

के दूसरे फेरे में जहाँ अठारह साल का 'सेरेब्रल पैलसी' का शिकार युवक और उसकी माँ की कहानी आरम्भ होती है। वह अचानक उस ऐन्द्रजालिक परिवेश से उड़ान भरनेवाली कहानी को बिलकुल हमारे पास-पड़ोस में 'लैंड' करा देती है। हालाँकि इस फेरे में प्रियंवद को बहुत ज्यादा शब्द, वाक्य और परिच्छेद खर्चने पड़े हैं। उसके लिए हमारे संस्कार और हमारी नैतिकता जिम्मेदार है। हमारा भय उनको मितव्ययिता की जगह शब्दों के अपव्यय के लिए प्रेरित करता है। कहानी जहाँ खत्म होती है, वहाँ वह कई चीजों को हमारे लिए या तो 'प्रॉब्लमेटाइज' करती है या 'सिम्पलिफाई' करती है। यह हमारे 'रेस्पान्स' पर निर्भर करता है। इस सन्दर्भ को समझने में मेरे लिए जो तीन फिल्में सहायक रही हैं। उसके नाम भर बता रहा हूँ। एक जापानी फिल्म 'डिपार्चर', दूसरा 'वोम्ब' और तीसरा 'परफ्यूम : अ स्टोरी ऑफ मर्डरर' पर विजय शर्मा की लिखी समीक्षा। इन सब और कई कारणों से यह कहानी मुझे उनकी अच्छी कहानियों में से एक जान पड़ी। कमजोरी जो पहले पाठ से लेकर आखिरी पाठ तक लगी वह उस बूढ़े के द्वारा लिखे जानेवाले समाधिलेख को लेकर बरती गई प्रियंवद की अस्पष्टता लगी।

साल 2015 में प्रियंवद का एक और संग्रह कश्कोल प्रकाशित हुआ, जिसमें उनकी कुछेक पुरानी और शेष बाद की कहानियाँ संकलित हैं। इसके बाद भी उन्होंने '1934 के न्यूरेम्बर्ग में एक जवान होती हुई लड़की' शीर्षक से एक कहानी साल 2019 में लिखी। इस पर आइसेक्ट पब्लिकेशन द्वारा प्रकाशित 'कथादेश' में मैंने स्वतंत्र रूप से लिखा है, तो उसे यहाँ दुहरा नहीं रहा हूँ। प्रियंवद का लेखन अब भी जारी है, इसलिए उनका कोई भी मूल्यांकन मुकम्मल नहीं हो सकता, उस लिहाज से यह भी नहीं है।

आधार ग्रंथ

आईनाघर : प्रियंवद की सम्पूर्ण कहानियाँ, संवाद प्रकाशन, मेरठ, 2008

कश्कोल, संवाद प्रकाशन, मेरठ, 2015

आनन्द हर्षुल

जन्म : 23 जनवरी, 1959

कथ्य के झीने आवरण में शब्दों की कसीदाकारी

आनन्द हर्षुल की आरम्भिक कहानियों पर गौर करें तो पाएँगे कि वहाँ एक निम्न वित्तीय अवस्था वाले जीवन स्थितियों का अनवरत दृश्यांकन है। वह निम्न वित्तीय अवस्था वाले जीवन और उसमें विन्यस्त मनोदशा की कहानियाँ जान पड़ती हैं। बल्कि समग्रता में पढ़ें तो निम्न वित्तीय जीवनदशा को उनके आरम्भिक कहानियों की आधारभूमि के बतौर प्रस्तावित किया जा सकता है। अभाव, बेबसी और उससे उपजी कारुणिकता को उनके आरम्भिक कहानियों के मूल में लक्ष्य किया जा सकता है। उनकी यह आरम्भिक कहानियाँ उनके कहानी-संग्रह 'रेगिस्तान में झील' में संग्रहीत हैं। इन कहानियों का देश-काल और आर्थिक आधार इतना एक-सा है कि कुछ अन्तरालों या जोड़ने वाले अन्तःसूत्रों की कमी को दरकिनार कर दें और इस संग्रह की कहानियों को पढ़ें तो वह समग्रता में एक उपन्यास का बोध कराती हैं। मानो एक ही कथा को टुकड़ों में बयान किया गया हो। जिसमें 'नैरेटर' की अवस्थिति बदल भर गई हो। साल 1984 में प्रकाशित पहली कहानी 'बैठे हुए हाथी के भीतर लड़का' से लेकर साल 1994 में प्रकाशित कहानी 'नास्तिक और उसकी पत्नी' तक की यात्रा पर दृष्टिपात करें, तो निष्कर्षतः जो बात निकलकर आती है वह यह कि निम्न वित्तीय अवस्था वाली जीवनदशा और उससे उपजी मनोदशा को ही आनन्द हर्षुल इस अवधि की कहानियाँ में अपना विषय बनाते हैं। इसे सहजता से लक्ष्य भी किया जा सकता है। पूरे एक दशक तक वे एक ही भावबोध की कहानियाँ लिखते रहे हैं, जिसमें अभावजन्य जीवन की बेबसी का छाप बहुत गहरी है। क्योंकि यह दौर बहुत लम्बा है, इसलिए इन कहानियों में उनके बचपन और किशोरवय की स्मृतियों की मौजूदगी का अनुमान किया जा सकता है। उनके आरम्भिक जीवन में मौजूद संघर्ष की अनुगूँजें इन कहानियों में सुनी जा सकती हैं। बल्कि इस दौर को, उनकी कहानी यात्रा के आरम्भिक चरण के बतौर प्रस्तावित किया जा सकता है। इस चरण में जो एक बात प्रमुखता से देखी जा सकती है, वह है 'जर्जर परिवार का स्थापत्य और उसके विभिन्न पहलुओं की बारम्बारता'। इस दौर की कहानियों

में संकट या क्राइसिस भाव-बोध के स्तर पर भी है और आर्थिक स्तर पर भी। इन कहानियों में उदासी एक चादर की तरह पसरी हुई है। उदासी और नाउम्मीदी को तो कहीं-कहीं इस कदर व्यक्त किया गया है कि पूरी कहानी में वह वाक्य या बिम्ब ही स्मृतियों में टँगे रह जाते हैं, भले कहानी हम भूल जाएँ। ऐसी पंक्तियों को उद्धृत करने बैठा जाए तो एक लेख केवल उद्धरणों का तैयार हो जाएगा। फिर भी कुछेक नमूने के तौर पर उनकी आरम्भिक दशक की कहानियों से रख रहा हूँ।

"घर हमेशा के लिए वैसा ही हो जाता-जैसा मेहमानों के बीच होता है—तो घर कितना आसान हो जाता।"[1]

"बुढ़ापा आदमी के कद को जमीन की ओर ले जाता है।"[2]

"बेटे हमेशा ऐसे क्यों होते हैं कि चेहरा माँ का रहे तो भी सारी हरकतें अपने पिता की रखते हैं।"[3]

"इस तरह के स्वाद के लिए यह जरूरी था कि वह जिस चीज की सोच रहा हो, उसे उससे पहले एक बार भी खाया हो। ऐसी बहुत सी चीजें हैं, जिनका स्वाद वह अपने मुँह में नहीं ला पाता है।"[4]

लेकिन 1995 में प्रकाशित उनकी कहानी 'रेगिस्तान में झील' से उनकी लेखनी में विकसित होती एक शैली का पता चलता है, जो उनकी परवर्ती कहानियों में भी बराबर देखने को मिलता है और वह है, मूल कथा के साथ चलनेवाला उनका 'ऑब्जर्वेशन' और उस पर्यवेक्षण के साथ मिलाया जानेवाला उनका जीवन दर्शन। इसे उनकी एक कहानी के उदाहरण से ही समझते हैं। मूल कहानी में विन्यस्त इन दो 'ऑब्जर्वेशन' को देखें। पहला, "ऊँट के पास सीधे-सादे आदमी की तरह का चेहरा था जो भय नहीं, जिज्ञासा जगा रहा था। इस दुनिया में सीधे-सादे आदमी से कोई नहीं डरता। अलबत्ता हँसता है, चाहे हँसने की कोई खास वजह न भी हो।"[5] दूसरा, "एक बच्चे से कुछ भी बचा पाना मुश्किल होता है। वह सारी चीजों को जानने की इच्छा के साथ होता है, वह हर बँधी हुई पोटली को खोलना चाहता है।" या "बच्चों के हाथ हमेशा सुन्दर और मासूम होते हैं।"[6] कहानी स्मृतियों में अपने कहानीपन के कारण टँकी रहती है। जिसका सम्बन्ध उसकी श्रव्यता से होता है। लेकिन आनन्द हर्षुल की इस दौर की कहानियों में इस श्रव्यता के साथ पाठ्यता के गुण भी समान रूप से मौजूद नजर आने लगते हैं। पाठ्यता से आशय एक किस्म की निबन्धात्मकता वाली वैचारिक छौंक से है। जो यों तो मूल कथानक में कहानीपने के स्तर पर कुछ नहीं जोड़ती है, पर उस कहानी को पढ़ने के क्रम में एक अतिरिक्त सौन्दर्य को जरूर उत्पन्न करती है। इस अतिरिक्त सौन्दर्य को उनके आरम्भिक कहानियों के बाद के दौर की कहानियों में आसानी से लक्ष्य किया जा

सकता है। लेकिन यही निबन्धात्मकता जब कहानीपन को लाँघकर अपना विस्तार करने लगती है, तब सौन्दर्य की बजाय एक किस्म की कोफ्त पैदा करती है। कथ्य का सूत्र झीना होता जाता है और शब्दों की पच्चीकारी बढ़ती जाती है। इससे एक अलग किस्म के गद्य का अहसास तो जरूर पैदा होता है, पर कहानी पढ़ने का लुत्फ जाता रहता है। ऐसा अनुभव उनकी इन दो कहानियों को पढ़ते हुए बड़ी शिद्दत से होता है। एक 'बचा हुआ राजा' और दूसरा 'कबूतर'। इन कहानियों को पढ़कर ऐसा प्रतीत होता है मानो वे शब्दों से खेल रहे हैं। एक किस्म का वाग्विलास-सा महसूस होता है। लेकिन इसी से उनकी कहानी की एक विशेषता का पता चलता है—शब्दचित्र रचने की क्षमता का, दृश्यों को साकार और मूर्त करने के सामर्थ्य का। ये कहानियाँ पढ़ने के दौरान ही जेहन में रहती हैं, स्मृति का हिस्सा नहीं बन पाती हैं। इस पर विचार करने पर यह निष्कर्ष हाथ लगता है कि कथ्य का झीना आवरण स्मृति पर अपनी छाप बना सकने में नाकाम रहता है। तकरीबन ऐसा ही हादसा 'दृश्य से बाहर' कहानी में भी घटित होता है। संज्ञा की जगह जातिवाचक संज्ञा का इस्तेमाल मसलन स्त्री या औरत का ही किरदार के रूप में इस्तेमाल। संज्ञा की बजाय सर्वनाम का इस्तेमाल कहानी के पात्रों को पाठक से परिचित होने के मौकों को कम करता है। दृश्यात्मकता का आग्रह उसकी कथात्मकता को बाधित करता है। और एक किस्म का अमूर्तन पूरे माहौल को और भी ज्यादा एक पाठक के लिए चुनौतीपूर्ण बनाने का काम करता है। इन प्रवृत्तियों को उनकी कहानियों की खासियत के बतौर विकसित होते हुए इस चरण में देखा जा सकता है। उनके इस किस्म के सचेत आग्रह से ही एक खास किस्म का आस्वाद उनकी कहानियों में घर करता दिखता है। जिससे आनन्द हर्षुल की कहानियों का एक अलहदा मिजाज निर्मित होता है। कथात्मकता के परम्परागत ताने-बाने वाले कहानियों से इतर इन कहानियों में दृश्यबंधों के प्रति जो उत्कट झुकाव है, वह आनन्द हर्षुल की कहानियों को एक अलग पहचान दिलाती है। यह पहचान आगे चलकर उनकी कहानी 'महानगर में गिलहरी' में और ज्यादा गहरी होती है। उनके गद्य की जो तासीर आगे चलकर मिलती है। 'महानगर में गिलहरी' में वह बहुत कसे हुए रूप में मौजूद है। लेकिन उसके अन्त को बुनने में वह जिस खून-खराबा वाले दृश्य की परिकल्पना करते हैं, वह अन्त में कहानी को बेमजा-सा कर देता है। 'महानगर में गिलहरी' में जो कोमल भाव-संवेदनाएँ पसरी हैं, अनायास उसमें एक फाँक नहीं खाई-सी पैदा हो जाती है। कहानी बिलकुल अलग धरातल पर 'शिफ्ट' कर जाती है। यह बहुत मुलायमियत के साथ नहीं होता है। बल्कि इन कहानियों को पढ़ते हुए इस बात की ओर खयाल जाता है कि कहानियों की शुरुआत और उसके

मध्याह्न को लेकर जितनी स्पष्ट परिकल्पना उनके मन में होती है, अन्त को लेकर उतनी नहीं है। इसलिए कहानियों के अन्त को वे अजीब ढंग से 'डाइल्यूट' करते हैं। कहीं-कहीं वह 'क्लिक' कर जाता है। पर जहाँ काम नहीं आता, वहाँ मामला बिगड़ जाता है। बावजूद इस सबके 'महानगर में गिलहरी' में कथासूत्र और दृश्यों को पिरोने की उनकी खास शैली की जुगलबन्दी देखने लायक है, बस एक फंतासी जैसी चीज को कहानी के आखिर में वे 'कन्विंसिंग' तरीके से बुन नहीं सके हैं।

एक कहानीकार में जो कुछेक बुनियादी बातें होनी चाहिए, आनन्द हर्षुल में वह देखने को मिलती हैं। कहन की एक खास अदा या शैली, दृश्यों को मूर्तमान करने की दक्षता, परिवेश को 'ऑब्जर्व' करने की क्षमता और उन सबके बीच अपने कथ्य के लिए अवकाश निकाल लेने का सामर्थ्य। असंगतियों के मध्य संगति ढूँढ़ने की कोशिश, कुछ विचित्रताओं को सहज सम्भव करने का प्रयत्न भी समानान्तर तौर पर उनकी कहानियों में देखा जा सकता है। ऐसे क्षणों में वह अपने गद्य में एक चमक पैदा कर देते हैं। मसलन 'अधखाया फल' कहानी का वह प्रसंग सामने रख रहा हूँ, जिसमें बकरी सरीखी बच्ची को जन्म देने के बाद उसकी माँ फौरी तौर पर उसे अपना नहीं पाती है। कहानी में उसे बकरी चेहरेवाली मौसी के नाम से सम्बोधित किया गया है। आनन्द हर्षुल लिखते हैं, "बकरी चेहरेवाली मौसी के पास, माँ के दूध की मिठास कभी नहीं रही। धीरे-धीरे मौसी को उनकी माँ ने स्वीकारा कि साथ रहते-रहते जानवर से भी प्रेम हो जाता है—ठीक इसी तरह स्वीकारा। जिनके साथ रोज रहो, उनके चेहरे साफ-साफ नहीं दिखते कि हम देखते नहीं हैं। हम उनके इतने आदी हो जाते हैं कि वे हमें अच्छे लगने लगते हैं, इतने कि चेहरे को ध्यान से देखने की जरूरत ही हमें नहीं रहती।"[7] ऐसे क्षणों को जब वे अपनी कहानी में सम्भव करते हैं, तो उनकी कहानियाँ अत्यंत मर्मस्पर्शी हो जाती हैं। मर्म को स्पर्श करने के कारण पूरी कहानी याद न भी रहे तो यह वाक्य या दृश्य स्मृतियों में टँगे रह जाते हैं। इन मार्मिक क्षणों को सम्भव करने के अलावा भी आनन्द हर्षुल के पास एक खासियत है, जो उन्हें विशिष्ट बनाती है और वह है, एक जादुई अहसास को सम्भव करने की कला। जैसे 'अधखाया फल' कहानी में ही वह खेल-खेल में रावण के पुतले को जिस ढंग से जिन्दा कर देते हैं, उसके दस सिर का जिस ढंग से इस्तेमाल करते हैं, वह अविश्वसनीय होते हुए भी सहज घटित होता प्रतीत होता है। यह असम्भव को सम्भव करने की जो सहजता है, यह उनको अपनी पीढ़ी के कहानीकारों में अलग स्थान का हकदार बनाती है। एक तीसरी बात, जो उनकी कहानियों में बराबर देखी जा सकती है, वह यह कि परिवेश उनकी कहानियों में एक जरूरी स्थान घेरता है। आनन्द हर्षुल की कहानियों में परिवेश एक अनिवार्य

घटक है। कहानी के कथ्य तक पहुँचने से पहले कथ्य के बाना के बतौर वे परिवेश को अनिवार्यतः रचते हैं। परिवेश के प्रति उनमें एक अतिरिक्त संवेदनशीलता है, जो विकसित होता हुआ कहीं-कहीं आदिवासियों के परिवेश बोध की जन्मजात संवेदनशीलता के दायरे को छूने लगता है। उनकी इस खूबी को सविस्तार देखना-समझना हो तो कहानियों की बजाय उनके उपन्यास 'चिड़िया बहनों का भाई'[8] का रुख करना मुनासिब होगा। पर्यावरण को लेकर आनन्द हर्षुल की संजीदगी अलग से रेखांकित की जानेवाली चीज जान पड़ती है। आनन्द हर्षुल की एक कहानी है 'कैमरे की आँख'। यह कहानी दो कारणों से आनन्द हर्षुल के सन्दर्भ में स्मरणीय है, एक तो परिवेश को लेकर आदिवासी जिस ढंग से सजग और संवेदनशील हैं, उसकी बानगी इस कहानी में पूरी मार्मिकता के साथ मौजूद है। दूसरी बात कहानी का जो शीर्षक है, वह स्वयं कहानी को देखने की उनकी दृष्टि के बारे में एक महत्त्वपूर्ण संकेतसूत्र देती है। कहानियों में उनकी कलम किसी 'कैमरे की आँख' के मानिंद चीजों से गुजरती है। जिसे दृश्यात्मकता कहते हैं, वह 'विजुअलाइजेशन' का एक जबर्दस्त बोध उनके पास है।

जिसे हम ललित कला कहते हैं, उसके अन्तर्गत स्थापत्य, मूर्तिकला, चित्रकला, संगीत और साहित्य आदि आते हैं। दरअसल इन प्रत्येक कलाओं में कुछ ऐसी खूबियाँ हैं, जो कला के दूसरे प्रारूपों के द्वारा सम्भव नहीं की जा सकती हैं, जिससे उन विधाओं की स्वायत्तता जुड़ी है। इसके विस्तार में न जाकर उस नुक्ते पर लौटता हूँ, जिसके कारण इस प्रसंग को यहाँ पिरो रहा हूँ। साहित्य, जिन कई कारणों से एक अलग कला प्रारूप के तौर पर स्वीकृति पा सका है, उसमें एक बुनियादी बात यह है कि उसके कथ्य को उसी रूप में किसी अन्य विधा में रूपान्तरित नहीं किया जा सकता है। गर ऐसा सम्भव होता तो फिर अलग से कला की विधा के बतौर उसकी स्वायत्तता खत्म हो जाती। कला के प्रत्येक प्रारूप या विधा के मूल में कल्पनाशीलता की मौजूदगी देखी जा सकती है। कला के इतिहास में कई बार जो करिश्माई क्षण सम्भव हुए हैं, वहाँ कल्पनाशीलता की मौजूदगी रही है। कल्पनाशीलता से आशय सिर्फ हवाई होने से नहीं है। ऊँची या आला दर्जे की कल्पनाशीलता वह होती है जिसमें ऊँचाई तो हो ही पर उसके पाँव जमीन पर हों। मिथकों और महाकाव्यों में कल्पनाशीलता की यह ऊँचाई देखने को मिलती है। साहित्य में 'मानवीकरण' की जो अवधारणा है, वह साहित्य का विलक्षण गुण है। मानवेतर जीवों और वस्तुओं को मानवीकृत करने की क्षमता किसी सर्जक को प्रजापति या स्रष्टा के समतुल्य खड़ा कर देता है। निष्प्राण को प्राणवान बना देना, मूक को वाणी दे देना, निर्जीव को सजीव कर देने की जो ताकत साहित्य के पास है, वह कला के अन्य प्रारूपों

के पास नहीं है। आनन्द हर्षुल जहाँ प्रकृति, परिवेश, मिथक व मानवेतर जगत को मानवीकृत रूप में अपने कथा संसार में लेकर आते हैं, वहाँ वे उस जादू को सम्भव करते हैं, जिसे उनके साहित्य के सन्दर्भ में मैं 'जादुई संस्पर्श' कह रहा हूँ। जैसे 'अधखाया फल' में गुलमोहर के पेड़ का वह इस्तेमाल करते हैं। लेकिन अपनी इस खासियत को वे सबसे सशक्त रूप में अपने उपन्यास 'चिड़िया बहनों का भाई' में सम्भव कर सके हैं।

आधार ग्रंथ

अधखाया फल, राजकमल प्रकाशन, नई दिल्ली, 2009
रेगिस्तान में झील, राजकमल प्रकाशन, नई दिल्ली, 2014
चिड़िया बहनों का भाई, राजकमल प्रकाशन, नई दिल्ली, 2017

योगेन्द्र आहूजा

जन्म : 1 दिसम्बर, 1959

आस्वाद के अलग धरातल से प्रतिरोध की महीन आवाजें

चाहे बात कहानियों के मार्फत की जाए या फिर कहानीकार के, योगेन्द्र आहूजा इन दोनों दृष्टियों से किसी आलोचक को 'कम्फर्ट जोन' से बाहर आने को विवश करते हैं। उसकी एक बड़ी वजह योगेन्द्र आहूजा की कहानियों का एक नितान्त अलग आस्वाद है, जिसके प्रति हमारे कहानीगत संस्कार अभ्यस्त नहीं हैं। इसलिए इस आस्वाद की बुनावट और उसके मूल में निहित आकांक्षाओं को जानने की कोशिशों से, सम्भवतः इस दिशा में थोड़ी दूरी तय की जा सकती है। आमतौर पर हर कहानीकार अपने अनुभव जगत के कुछ हिस्सों के साथ कहानी की दुनिया में दाखिल होता आया है और योगेन्द्र आहूजा भी इस लिहाज से अपवाद नहीं हैं। इसे उनकी 'सिनेमा-सिनेमा' और 'गलत' नामक शुरुआती दो कहानियों में स्पष्टतया देखा जा सकता है। लेकिन इन दो कहानियों में कुछ ऐसे बीज भी हैं, जो योगेन्द्र आहूजा की कहानियों में आगे चलकर विकसित होते हैं। मसलन योगेन्द्र आहूजा की कहानियों में सिनेमा एक 'रेफरेंस प्वाइंट' की तरह आता है। सिनेमा देश-काल के संकेतक के तौर पर व्यवहृत होता है। यथार्थ की बुनने में ब्योरों की भूमिका आगे भी बदस्तूर जारी रहती है। भाषा कहानी और कविता के छोरों के बीच जो बहना शुरू करती है, तो आगे भी बहती चलती है। तो शुरुआत योगेन्द्र आहूजा की इन दो कहानियों से ही करते हैं।

योगेन्द्र आहूजा की आरम्भिक कहानियों की कच्ची सामग्री भी उसी अनुभव जगत से आई हैं, जहाँ से अमूमन आया करतीं हैं, मतलब गम-ए-रोजगार और गम-ए-इश्क के इलाके से। 'सिनेमा-सिनेमा' एकरेखीय कथानक वाली कहानी है। यह कहानी अनुभव की गाँठों से बँधी स्मृतियों की पोटली सरीखी है। कहानी इन पंक्तियों के साथ खुलती है कि "जिन पाँच-छह बरसों की यह कहानी है, उनमें महाद्वीपों में मरोड़ उठी थी।"[1] योगेन्द्र आहूजा की इस पहली कहानी में काल बोध को वैश्विक परिप्रेक्ष्य से जोड़कर रखा गया है। बाकायदा मिखाईल गोर्बाचोव एक

इतिहास पुरुष की तरह कहानी में आते हैं। पर कहानी व्यक्तिगत स्तर पर सन्तरण करती है। यदि कहानी में व्यक्त संकेतों के जरिए आप उस समय की शिनाख्त करना चाहें तो काफी मुश्किल पेश आती है और मिखाईल गोर्बाचोव आदि का आना बेज़ा जान पड़ता है। 'सिनेमा-सिनेमा' के ठीक बाद आई कहानी 'गलत' 1980-81 के दिनों की तो बात करती है पर शहर के नाम पर चुप्प लगा जाती है। "सन् 1980-81 के उन दिनों में इस शहर में जमीनों की कीमतें अचानक आकाश छूने लगी थीं।"[2] इस कहानी से भी उसके लोकेल का पता नहीं चलता है। इस बात पर इसलिए जोर दे रहा हूँ कि यथार्थपरक लगने के बावजूद इन दोनों कहानियों में अनुभूति और स्मृति का ही बोलबाला है। फर्क सिर्फ इतना है कि 'गलत' में अनुभूति और स्मृति के साथ विचार भी आ मिलता है। अनुभूति और स्मृति की फाँकों को विचारों से ढकने की कोशिशें कहानी के 'पन' को नुकसान पहुँचाती है। योगेन्द्र आहूजा के यहाँ 'विवरण' (डिटेलिंग) यथार्थ की निर्मिति का निर्णायक घटक है। पर बाजदफा ब्योरों की अधिकता उसके गढ़े जाने की ओर भी इशारा करता है। संरचना के धरातल पर 'गलत', 'सिनेमा-सिनेमा' की तुलना में ज्यादा प्रौढ़ है। 'सिनेमा-सिनेमा' की एकरेखीय संरचनात्मक कथात्मकता की तुलना में 'गलत' में वृत्तीय संरचनात्मकता, कथात्मकता के धरातल पर ज्यादा प्रौढ़ जान पड़ती है। संरचनात्मक धरातल पर कहानी दो वृत्तों में संचरण करती है। एक अपेक्षाकृत लघु वृत्त है और दूसरा अपेक्षाकृत उससे बड़ा किन्तु निर्णायक। कहानी का पहला फेरा एक मित्र मंडली के स्वप्न और संघर्ष के दिनों को सामने रखता है और कहानी का दूसरा फेरा पन्द्रह साल के अन्तराल के बाद एक चिट्ठी के बहाने उनके स्वप्नों और उनके विचलन को खँगालता है। सर्वेश्वर इन दो वृत्तों को जोड़ने वाली एक गुम हो चुकी कड़ी है। बहुत बारीकी से पढ़ने पर इस बात का बोध होता है कि सर्वेश्वर एक एक्टिविस्ट हो गया था और उसकी दयनीय मौत कहानी की सतह के काफी नीचे दबी है। ऊपर जबर्दस्त कोलाहल है। उसके दोस्त अपनी-अपनी जिन्दगी में मस्त है। एक विचार या एक आदर्श की मौत की अनुगूँज एक 'कैरियरिस्ट-कैपेटिलिस्ट-ऑर्प्चूनिस्ट-कंज्यूमरिस्ट' समाज में अनसुनी रह जाती है, जो गलत है। सर्वेश्वर की मृत्यु के मान के 'नगण्य' हो जाने से इस कहानी की संरचना की ओर बरबस ध्यान जाता है। यदि आप इस कहानी के विधागत साँचे का अतिक्रमण कर उसे अपनी कल्पना में सिनेमा के फार्म में रूपान्तरित कर सकें तो सर्वेश्वर के मृत्यु का वह 'अंडर टोन' बहुत 'लाउड' होकर उभरता है और उसकी ध्वन्यात्मकता अलग-अलग तरह से प्रतिध्वनित होती जान पड़ती है। एक एक्टिविस्ट की 'अननोटिस्ड' रह गई जिन्दगी और मौत, किसी भी देश या समाज

के लिए 'गलत' ही कही जा सकती है। और यहीं से योगेन्द्र आहूजा के विकसित होते सरोकारों की ओर भी ध्यान जाता है।

इन दोनों कहानियों में कुछ और बातें भी हैं, जिसका विकास योगेन्द्र आहूजा की परवर्ती कहानियों में देखा जा सकता है। इनमें सबसे उल्लेखनीय है—उनकी भाषा। उनके पास शुरू से ही एक सधी हुई भाषा है, जो कहानी के धरातल पर परिवेशगत यथार्थ को सम्प्रेषित कर पाने में सक्षम है। उनकी भाषा की एक विशेषता कहानियों को दृश्यों में गूँथ सकने की उनकी क्षमता है। जैसे—वे 'सिनेमा-सिनेमा' में लिखते हैं कि "सिनेमा घर बहुत पुराना था, फिल्में भी पुरानी लगती थीं, और हाल की हवा में एक पुरानेपन की गंध तिरती रहती थी। पर्दा मटमैला, कुछ-कुछ झुलसा हुआ-सा था, कुर्सियाँ बदरंग और टूटी-फूटी, और दरवाजों के खुलने पर पीछे के पेशाबघर की एक मरती-सी बू दौड़ी आती थी।"[3] भाषा की इस खूबी के साथ उनके यहाँ भाषिक अनुप्रयोग की एक कमी भी लगातार देखी जा सकती है और वह है कॉमा (,) के असंगत प्रयोग का। इसके अलावा भी भाषागत विन्यास की दो चूकें उनके यहाँ बराबर देखी जा सकती हैं। एक तीन डॉट्स (...) के बेज़ा बहुप्रयोग की और दूसरा कई बार यथाप्रसंग परिच्छेद के न बदले जाने की। हालाँकि इसकी ओर बहुत ध्यान नहीं जा पाता है, पर ये चीजें उनके लेखन में हैं। इन कमियों से इतर उनकी भाषा की एक दूसरी खूबी कहानी के बीच-बीच में काव्यात्मक भाषा के इस्तेमाल की है। जैसे—"उस रात का चेहरा बनाया जाता तो वह बिल्ली जैसा होता, चेहरे पर शरारत लिये एक धूर्त और चालाक बिल्ली।" "आसमान एक तेज, गर्म, लपलपाते चाकू की तरह तना रहता था।"[4]

अपने कथ्य को सम्प्रेषित कर सकने में सक्षम-समर्थ भाषा के बावजूद बाद की उनकी कहानियों की संरचना और उनके लेखन का अलहदा ढंग कई बार अभिप्राय को सहजता से सम्प्रेषित नहीं कर पाता है। एक किस्म का धुँधलापन उनके बाद की कहानियों में रह-रह कर महसूस होता है। यों तो इसे 'गलत' में भी एक हद तक देखा जा सकता है, पर 'एक पुरानी कहानी' में यह धुँधलापन ज्यादा गाढ़ा है। इसकी एक बड़ी वजह कहानी में या कहानी के समानान्तर चलनेवाली अवान्तर कहानियाँ हैं। इन अवान्तर कहानियों के प्रति योगेन्द्र आहूजा की संजीदगी के कारण, कई बार वे अवान्तर नहीं जान पड़ती हैं। इस तरह उनकी बाद की कहानियाँ द्विध्रुवीय हो जाती हैं। इन कहानियों के साथ सबसे बड़ी दिक्कत कहानी के नाभिक के पहचान की है। इसलिए योगेन्द्र आहूजा की कहानियों की एक साथ अनेक व्याख्याएँ सम्भव हैं। क्योंकि यह इस पर निर्भर करता है कि आप किस सूत्र को ज्यादा महत्त्वपूर्ण मान रहे हैं। इसलिए उनकी कहानियों के सन्दर्भ में किसी

नतीजे पर सहजता से नहीं पहुँचा जा सकता। और उनकी कहानियों के द्वारा पेश की गई इस चुनौती के कारण ही किसी आलोचक को उनकी कहानियों पर बात करने के लिए अपने 'कम्फर्ट जोन' से बाहर आने की जरूरत बनती है।

'सिनेमा-सिनेमा' की वैयक्तिकता, 'गलत' की सामाजिकता को फलाँगते हुए 'एक पुरानी कहानी' में योगेन्द्र आहूजा फिर कहानी के संरचनागत धरातल पर एक नए प्रयोग के साथ दाखिल होते हैं। 'मुक्तिबोध पर श्री अशोक वाजपेयी के एक संस्मरण के कुछ अंशों के काल्पनिक पुनर्लेखन' पर आधारित यह कहानी फिर अपने शिल्प के कारण ठिठकाती है। कहानी 1942 में आरम्भ होकर एक झटके में साल 1959 में दाखिल हो जाती है। दो कहानियाँ एक साथ चलती हैं, बीच-बीच में एक दूसरे से होकर गुजरती हुईं एक रामसहाय श्रीवास्तव और उसके गुमशुदा बेटे अवधेश की और दूसरी गजानन माधव मुक्तिबोध की। इन दोनों कहानियों को मुखबिरों की एक पीढ़ी जोड़ती है। कहानी के केन्द्र में मुक्तिबोध हैं और परिधि में रामसहाय श्रीवास्तव। साथ-साथ चलती इन कहानियों का बीच-बीच में एक दूसरे से होकर गुजर जाना एक कहानी के अभीष्ट को लेकर एक दुचित्तेपन को जन्म देता है। कहानीकार का मन्तव्य कभी कहानी के केन्द्र में तो कभी कहानी की परिधि में पसरा प्रतीत होता है। योगेन्द्र आहूजा की कहानियों को लेकर निर्णयात्मक नहीं हुआ जा सकता है। यह छूट न तो वह अपने पाठकों को देते हैं और न आलोचकों को। शायद यही वजह है कि उन पर ईमानदारी से बात करने के बावजूद उनकी रचनाशीलता को लेकर विश्वास या दावे के साथ कुछ कहा नहीं जा सकता है। आखिर ऐसा क्यों होता है?

क्या यह योगेन्द्र आहूजा के लेखन की समस्या है? या फिर इसकी कुछ और वजहें हैं? यहाँ से विचार की दो-तीन दिशाएँ फूटती हैं। एक कहन और उसके ढब की, दूसरे रचनात्मक रवैये की और तीसरे उसके सम्प्रेषण की। जहाँ तक कहन और उसके ढब का सवाल है तो इस लिहाज से योगेन्द्र आहूजा की अपनी अदा है। जिसमें कथात्मक संरचना के धरातल पर कुछ नया करने की आकांक्षा है। इससे वे लगातार खुद का अतिक्रमण करते चलते हैं। दूसरा विषयगत वैविध्य का उनका आग्रह हर बार एक नए क्षेत्र में उन्हें ले जाता है। तो एक साथ हर बार 'कंटेंट-कंस्ट्रक्ट-कन्सर्न-क्राफ्ट' के स्तर पर कुछ नया करने की चाहत उनके साथ-साथ, उनके पाठक और आलोचकों के लिए भी चुनौती खड़ी करता है। चूँकि उनके पास अपने अभिप्रेय को व्यक्त करने लायक एक सक्षम-समर्थ भाषा है, इसलिए सम्प्रेषण में आनेवाली समस्या के लिए भाषा कतई जिम्मेदार नहीं है। यह कुछ और ही है। इस सन्दर्भ में कुछेक सवाल महत्त्वपूर्ण हो जाते हैं कि कहानी के बारे में वे खुद

क्या सोचते हैं? मतलब एक विधा के बतौर कहानी से वे क्या चाहते हैं? कहानी को एक पाठक की किन जरूरतों को पूरा करना चाहिए? कुल मिलाकर कहें तो कहानी का उनका अपना 'परसेप्शन' क्या है? वृहत्तर रूप से यह सवाल लेखकीय सरोकारों से जुड़ता है। उनकी कहानियों के बारे में यह बात काफ़ी दिलचस्प है कि उनकी कहानियों से उनके लेखकीय सरोकारों का तो पता चलता है, पर फिर भी कहानियों में एक धुँधलापन बना रहता है। तो बात घूम-फिर कर आती है एक रचनाकार की चाह और उसके सामर्थ्य की। अपने 'परसेप्शन' या 'विजन' को पन्नों पर बखूबी उतारना बहुत बड़ी बात है। और यह जरूरी नहीं कि हर बार इसमें कामयाबी हासिल हो। कई बार लिखने के दौरान बात बदल-बदल जाती है।

कहानी और कथानक में भेद करते हुए सम्भवतः नामवर सिंह ने बड़े मार्के की बात की थी कि कहानी 'क्या' का जवाब देती है और कथानक 'क्यों' का। योगेन्द्र आहूजा की कहानियों में मोटे तौर पर इस 'क्या' का जवाब तो मिलता है, पर बहुत से 'क्यों' अनुत्तरित रह जाते हैं। इस धुँधलेपन के कारण सम्प्रेषण से लेकर अर्थ ग्रहण तक की समस्याएँ पैदा होती हैं। इसे उदाहरण के जरिए समझते हैं। जैसे 'गलत' कहानी को लें। कहानी में 'डिटेलिंग' का काफी इस्तेमाल है। लेकिन उन ब्योरों के बीच कई जरूरी सवाल अनुत्तरित हैं। खासकर सर्वेश्वर के आखिरी पन्द्रह साल के बारे में निश्चित तौर पर ज्यादा कुछ नहीं कहा जा सकता है। जबकि उसकी मौत ही पूरी कहानी में एक 'कंट्रास्ट' पैदा करती है, एक सापेक्षता की गुंजाइश पैदा करती है, आत्मावलोकन के लिए जगह बनाती है। इसलिए कहानी में एक किस्म के अधूरेपन का बोध होता है। इस अधूरेपन का विस्तार 'एक पुरानी कहानी' में अवधेश की गुमशुदगी के सन्दर्भ में भी देखने को मिलता है। सर्वेश्वर की ट्रेन में मौत और अवधेश का ट्रेन से गुम हो जाना और फिर दोनों के पिताओं का लगभग मानसिक सन्तुलन खो देने में गजब की समरूपता है। 'गलत' की तुलना में 'एक पुरानी कहानी' में यह धुँधलका और गाढ़ा है, जिसको गहराने में संयोगों की गहरी भूमिका है। अवधेश कहानी की शुरुआत में लापता हो जाता है, जिस जासूस के कारण वह लापता हुआ है, उसका आत्मिक वंशज संयोग से कुछ सालों के बाद उसके पिता रामसहाय श्रीवास्तव के घर में बतौर किरायेदार रहने को आता है। और जब वह सेवापूर्व अवकाश ले रहा होता है, तो उसकी विरासत सँभालने वाला भी उसी घर का किरायेदार हो जाता है। लेकिन अन्त में जाकर यह ज्ञात होता है कि संयोगों की अधिकता बस संयोग भर थी। फिर मन में एक सवाल उठता है कि अवधेश और उसके पिता रामसहाय श्रीवास्तव कहानी में नहीं आए होते तो भी कहानी की सेहत पर कोई खास असर पड़ता क्या? जवाब पाकर कोफ्त

होती है। इसी से अनायास 'अँधेरे में हँसी' में सँवरू का गायब होना याद आता है। और फिर योगेन्द्र आहूजा की कहानियों में अचानक से गुमशुदा लोगों की एक सूची सामने आ जाती है। 'सिनेमा-सिनेमा' में हरीश जया के साथ घर छोड़कर भागता है, 'गलत' में सर्वेश्वर बिना बताए कहीं स्कूल में मास्टर होकर चला जाता है, 'एक पुरानी कहानी' में अवधेश गायब हो जाता है, 'अँधेरे में हँसी' में सँवरू गायब हो जाता है। इस तरह से गुमशुदगी योगेन्द्र आहूजा की इन कहानियों में एक साहित्यिक कौशल जैसी चीज बनकर उभरती है, जो कहानी में रोचकता को बनाए रखने का उपादान-सी लगती है। योगेन्द्र आहूजा की इन कहानियों के आधार पर एक बात जो पुख्ता तौर पर कही जा सकती है वह यह कि वे कहानी में रोचकता को किसी भी सूरत में बनाए रखने के आग्रही हैं, इसलिए वे कहानियों की शुरुआत में एक जिज्ञासा या रहस्य के तत्त्व को प्राय: रख देते हैं। मसलन "इस कहानी में मिखाईल गोर्बाचोव का क्या काम, आप यही सोच रहे हैं न? रुकिए थोड़ा-सा और।"[5] या इसे देखें, "एक बहुत पुरानी कहानी है जो शुरुआत के पहले ही खत्म हो गई और अन्त के बाद दुबारा शुरू। वह कहानी मुक्तिबोध के जले और झुलसे शब्दों में ही ठीक से कही जा सकती थी, मगर नहीं लिखी गई, क्योंकि सब कुछ लिखने की जिम्मेदारी अकेले मुक्तिबोध की नहीं थी।"[6] या इसे देखें, "यह संवाद जिस व्यक्ति को सम्बोधित है, उसके बारे में आपको वक्त आने पर बताया जाएगा।"[7] इन कहानियों से इतर 'गलत', 'अँधेरे में हँसी', 'मर्सिया', 'कुश्ती' और 'खाना' आदि में जिज्ञासा और रहस्यमयता के घटकों को देखा जा सकता है।

'अँधेरे में हँसी', 'मर्सिया', 'कुश्ती', 'खाना' और 'पाँच मिनट' आदि कहानियों में जो एक बात सामान्य है, वह उनमें अन्तर्निहित प्रतिरोध (इनहेरिट रेसिस्टेंस) की चेतना है। इन पाँच कहानियों में योगेन्द्र आहूजा की हाशिये के प्रति पक्षधरता को महसूस किया जा सकता है। इनमें व्यक्त अल्पसंख्यकों और निम्न जनों की चिन्ता को एक मनुष्य के बुनियादी मानवाधिकारों के आईने में देखना ज्यादा बेहतर जान पड़ता है, बजाए किसी विमर्श के मार्फत समझने के। क्योंकि दलित विमर्श के सीमित दायरे में वे समाते नहीं हैं और सबाल्टर्न चिन्ताओं की व्यापकता को वे पूरा नहीं करते हैं। फासिज्म के किसी भी रूप को लेकर वे बहुत संवेदनशील हैं और उनकी शुरुआती कहानियों के साथ इन पाँच कहानियों में भी वह पूरी मुखरता के साथ मौजूद है। फासिज्म उनके लिए 'जीरो टोलरेन्स जोन' है। 'अँधेरे में हँसी' की पृष्ठभूमि में 1992 का वह धार्मिक उन्माद है। जो इस देश के संविधान, जो कि इसे एक समाजवादी लोकतांत्रिक-धर्मनिरपेक्ष और गणतांत्रिक राज्य होने की कटिबद्धता ज्ञापित करता है, को झूठा साबित करता है। भारत के इतिहास के एक शर्मनाक

लम्हे को कहानीकार इस रूप में दर्ज करता है कि उसके बाद इस देश में कई प्रकार की हँसी खामोश हो गई। इस धर्मनिरपेक्ष देश में हिन्दू वक्त की आमद को योगेन्द्र आहूजा बेहद मानीखेज ढंग से 'मर्सिया' में दर्ज करते हैं। ("दस बरस पहले जब गुजरात की रात में जलने और खून की गन्ध के बीच हिन्दू समय की आमद हुई थी।"[8] 'मर्सिया' हाल के दौर में लिखी गई उन चन्द उम्दा हिन्दी कहानियों में शुमार करने लायक है, जिसे उपलब्धि के बतौर गिनाया जा सकता है। साम्प्रदायिक मानसिकता के प्रतिरोध के लिए कला के एक खास रूप का चुनाव और कहानी में उसकी संजीदा बुनावट काबिले तारिफ है। सांगीतिक पृष्ठभूमि पर लिखी, यह हिन्दी में सम्भवत: अपने किस्म की अकेली कहानी है। कहानी इतिहास के पन्नों से उस सांस्कृतिक सामासिकता की शिनाख्त करती है, जिसकी जड़ें शताब्दियों गहरे धँसी हैं। और अक्सरहाँ बुरे वक्त में या हिन्दू होते वक्त में वह उसी अतल गहराई से अपने लिए प्राणधारा खींचती है। प्रतिरोध की जो महीनी इस कहानी में है, वह बेजोड़ है। कथ्य, तथ्य, विषय, विचार, भाषा सबकी संरचनात्मक एकरूपता (स्ट्रक्चरल यूनिटी) इस पूरी कहानी को एक सुगठित इकाई में तब्दील कर देती है। 'मर्सिया' मेरी समझ में योगेन्द्र आहूजा की एक उम्दा कहानी है।

'मर्सिया', 'खाना' और 'पाँच मिनट' में योगेन्द्र आहूजा की पिछली और अन्य कहानियों की तुलना में इस अर्थ में अलहदा हैं कि इन कहानियों में वैचारिकता का आग्रह एक परिपक्व रूप में उभरकर आता है। इन कहानियों में अनुभूतियों की जगह पर विचार-तत्त्व की प्रधानता देखने को मिलती है। इन अलग-अलग थीम की कहानियों के केन्द्र में विचार ही बार-बार प्रतिध्वनित होता है। योगेन्द्र आहूजा ने विचार के तन्तुओं को जिस सावधानी और कौशल के साथ इन कहानियों में पिरोया है, वे उन्हें बतौर कहानीकार एक अलग पहचान देता है। मौसिकी, खाना और वक्त के जरिए वे प्रतिरोध की एक नई इबारत को अंजाम देते हैं।

योगेन्द्र आहूजा की कहानियाँ 'सिंगल रीडिंग' की कहानियाँ नहीं हैं, एकाध को छोड़कर। अपने धुँधलेपन के कारण वे कई पाठ की माँग करती हैं। इन कहानियों में व्याप्त 'एम्बीग्युटी' और 'कॉम्पेलेक्सिटी' के कारण यह मास अपील पैदा नहीं करती हैं। लेकिन इनकी पठनीयता से इनकार नहीं किया जा सकता है। एक खास किस्म के आस्वाद के कारण इनकी कहानियों को चाहनेवालों की एक अलग जमात हो सकती है, पर हिन्दी के परम्परागत संस्कार वाले पाठक योगेन्द्र आहूजा की कहानियों के प्रति एकबारगी खुद को अभ्यस्त नहीं पाते हैं। यह ऐसा तथ्य है जिससे सम्भवत: योगेन्द्र आहूजा अनजान नहीं हैं। 'खाना' कहानी में एक जगह रतनलाल के खत के बारे में माधव मुरमू अपनी प्रतिक्रिया व्यक्त करते हुए लिखता है कि "पत्र

नहीं, यह एक कहानी है जिसे पत्र की तरह लिखा गया है। मगर पारम्परिक तरीके की सीधी-सादी कहानी नहीं, हिन्दी की आधुनिक कहानियों की तरह जटिल और दुर्बोध, जो कुछ ज्यादा धीरज और एकाग्रता चाहती हैं। यह कथा और निबन्ध—या 'विमर्श', जैसा इन दिनों कहने का चलन है—एक साथ होने की कोशिश करती है और इस कोशिश में कथा तत्त्व उसमें झीना हो जाता है। मगर वह उन्हें सम्बोधित नहीं जिन्हें कहानी में महज किस्से या मजे की कामना होती है। वह चाहती है कि उसे मजे के लिए नहीं, बल्कि पूरी गम्भीरता से पढ़ा जाए, उसका एक-एक लफ्ज। इस वक्त की कहानी पर यह एक अज्ञानी और फिजूल इल्जाम होगा कि वह पूर्वज और अग्रज लेखकों की कहानियों की तरह नहीं है। इसका जवाब देने की जरूरत नहीं, इसलिए कि उन पूर्वजों ने अपने पूर्वजों की तरह नहीं लिखा था और अपने वक्त में ऐसे इल्जामों को अनसुना किया था। ध्यान आता है कि उन्हीं पूर्वजों में से एक, हिन्दी के जनकवि ने यह विदग्ध वाक्य लिखा था कि बुजुर्गों को छाती पर नहीं, आरामकुर्सी पर बिठाना चाहिए।"[७]

योगेन्द्र आहूजा की समस्त कहानियों पर तफ्सील से चर्चा सम्भव नहीं है। इसलिए उनकी एक कहानी 'पाँच मिनट' के जरिए कुछ बातें रख रहा हूँ। कहानी के केन्द्र में जो घड़ीसाज है उसकी जिन्दगी को वह जिन संकेतों से भरते हैं, वह विवरण देखने लायक है। कहानी में बिखरे इन टुकड़ों को एक जगह रख रहा हूँ, जिससे उनकी भाषिक पकड़ पर थोड़ी रोशनी पड़ सके। "घर में बहुत सारी घड़ियाँ थीं, सबकी सब खुट्टल, कंडम, रुकी हुई, बेकार, बमुश्किल एकाध को छोड़कर, जो किसी कोने में टिक-टिक किए जाती थी। एक कमरा पूरी तरह घड़ियों से भरा था, ऊबड़-खाबड़, गोल-चौकोर, छोटी-बड़ी, जनाना और मर्दाना हर तरह की, अधिकतर पुरानी लेकिन कुछ नई भी। पता नहीं, वे कब, कहाँ से हमारे घर आईं थीं। कुछ देशी और कुछ विदेशी। उनके पेंडुलम और पुर्जे फर्श पर लुढ़कते रहते थे, सुइयाँ इधर-उधर पड़ी रहती थीं। बहुत सी घड़ियों में मकड़ियाँ रहती थीं, उनके जाले दिखाई देते थे। वे हमारे बरतन थे और तकिए भी। उन्हीं को चौकी बनाकर नहा लेते थे। उन्हीं में से एक पर लालटेन रखकर देर रात तक मेरी बहन पढ़ती थी, आँखें बन्द कर मन ही मन राम के, नदी के, वृक्ष के रूप याद करती थी...रामः रामौ: रामाः, राम रामौ रामा—संस्कृत में वह इतनी तेज निकली थी, इतनी होशियार कि क्या बताऊँ, लेकिन बेवकूफ भी थी, समझती थी कि उसकी चौकोर दीवाल घड़ी का किसी को नहीं पता जिसमें वह देविंदर की खुशबूदार चिट्ठियाँ छिपाती है।...लेकिन मेरी उस घड़ी का घर में किसी को नहीं पता था जिसमें मैं कभी-कभी कट्टे और छुरे छिपाता था।...सिरहाने पर अलार्म घड़ी के खोल में उसके दाँत डूबे

रहते थे। पानी उड़ जाता था, सूखी तली में दाँत गरमी में ऐंठ जाते थे।...घड़ियों से भरे हुए घर में वक्त का अन्दाजा लगाते हुए हम सोने की तैयारी करते थे।...अँधेरे में ही उसने अपनी साड़ी ठीक की थी, बाल सँवारे थे और बाहर जाकर आँगन में लगे हैंड पम्प को बिना आवाज किए, हौले हाथों से सिर्फ इतना चलाया था कि बस एक घड़ी, एक अलार्म घड़ी के खाली खोल के बराबर पानी निकल सके।"[10]

'पाँच मिनट' एक लम्बे काल खंड के घटनाओं को एक क्रम में पिरोती है। उन घटनाओं का उनके देश-काल के हिसाब से एक अर्थ ध्वनित होता है और अर्थों के कुछ स्फुलिंग उस काल खंड से छिटककर बाहर भी गिरते हैं। भारतीय स्वाधीनता आन्दोलन की पृष्ठभूमि से शुरू होकर कहानी द्वितीय विश्वयुद्ध से होती हुई वापस स्वातंत्र्योत्तर भारत में लौटती है। इस लम्बे काल खंड और कहानी के कई स्तरों पर संचरण के बावजूद योगेन्द्र आहूजा की कहानियों के बारे में एक और गौरतलब बात यह है कि इनकी कहानियाँ अपने तईं लम्बी होने के बावजूद कहीं से औपन्यासिक नहीं लगती हैं। इसकी गहराई में पैठें तो मालूम होता है कि इसकी बड़ी वजह उस विषय, विचार और थीम का योगेन्द्र आहूजा के द्वारा किया गया दोहन है। मतलब यह कि कहानियाँ जिन विषयों या विचार को केन्द्र में रखकर लिखी जाती हैं, उनकी सम्भावनाओं का पर्याप्त मात्रा में वे दोहन करते हैं। इससे एक ओर तो उनमें कुछेक अवान्तर कथाओं का समावेश होता है और उनकी वजह से कहानी की लम्बाई में इजाफा भी होता है। इन अवान्तर कथाओं के कारण कहानी में कम से कम दो नाभिक तो होते ही हैं। कई बार इन अवान्तर कथाओं की सीधी सम्बद्धता मुख्य कथानक से सहजता से लक्षित नहीं होती है और पाठक 'सिंगल रीडिंग' में उनके अभिप्रेत तक नहीं पहुँच पाता है। (हमें याद रखना चाहिए कि एक कहानी को कई बार पढ़ने के लिए आलोचक तो अभिशप्त हो सकता है, पर पाठक नहीं।) दिलचस्प यह भी है कि उनकी पहली 'मैच्योर' कहानी 'सिनेमा-सिनेमा' को दरकिनार कर दें तो एकरेखीय संरचनावाली उनकी 'कुश्ती' और 'इतने सारे शब्द' जैसी कहानियाँ उनकी अन्य कहानियों की बनिस्बत कमजोर जान पड़ती हैं।

'पाँच मिनट' के केन्द्र में एक बेहद प्रतिभाशाली घड़ीसाज है। कहानी का एक अंश उसकी इस काबिलियत को सम्बोधित है। उसकी इस असाधारण प्रतिभा का कोई लाभ उसके परिवार को नहीं मिलता है। बल्कि उसके परिवार के टूटने-बिखरने-बिलखने की जो दास्तान है, वह त्रासद होने के साथ विडम्बनामूलक है। घड़ीसाज का बड़ा लड़का भानू गुरबत के दिनों में तीन-चार सौ रुपये के लोभ में नेपाल से तस्करी कर लाती इलेक्ट्रॉनिक घड़ियों के साथ अपने पहले प्रयास में ही पुलिस के हत्थे चढ़ जाता है। उसके बाद बात-बेबात पर बाजदफा उसका पकड़ा

जाना। 'क्योंकि उन जैसों के लिए एक बार पकड़े जाने का मतलब है हमेशा पकड़े जाना।' उसकी बेटी मालती का रेलवे के तार बाबू बोहरा साहब के बड़े लड़के के प्रेम में पड़कर आत्महत्या करना। अपनी बहन की आत्महत्या के बदले में छोटे भाई की जिन्दगी का खानाबदोश हो जाना और आजाद भारत में अपनी काबिलियत के कारण अपने सहकर्मियों की प्रताड़ना झेलता घड़ीसाज। लेकिन घड़ीसाज के जीवन से जुड़े और बिखरे संकेतों को गौर से पढ़ें तो वह महज एक घड़ीसाज न होकर एक विचार (आइडिया) और उस विचार के क्रियान्वयन का उपादान भी जान पड़ता है। घड़ी एक मशीन होती है। वह खराब हो जाए तो उसके पुर्जों को ठीक कर उसकी खराबी दूर की जा सकती है। इसमें ओमेगा की एक अलार्म घड़ी का जिक्र आता है। जिसके बारे में घड़ीसाज ने अपने छोटे बेटे को बतलाया था कि 1903 में जब वह घड़ी बनी थी उसी साल उसके मालिकों की मौत हो गई थी और वह घड़ी अपने "पुराने मालिकों की याद में उदास रहती थी और वक्त से पिछड़ गई थी।...रात भर जागकर, आँखों पर वही खुर्दबीन चढ़ाए घड़ीसाज ने वह घड़ी रिपेयर की—पुर्जे धोकर और ढीले पेच कसकर नहीं, बल्कि जो उसकी असली जरूरत थी, उसे ढाढ़स और हिम्मत देकर।"[11] क्या ऐसा सम्भव जान पड़ता है? इसके साथ एक दूसरे प्रसंग को रखकर देखते हैं। घड़ीसाज की प्रतिभा का उसके 'भारतीय' सहकर्मियों के द्वारा मजाक बनाया जाना और ब्रिटिश मूल के कप्तान हीथक्लिफ द्वारा उसकी प्रतिभा की पहचान अकारण नहीं है। हिटलर के हमलों के आगे पस्त फ्रांस और ब्रिटेन के बारे में कैप्टेन घड़ीसाज से कहता है कि "यह एक बहुत बड़ी लड़ाई है, वह अकेले नहीं लड़ी जाती, इसमें सैकड़ों-हजारों को मिलकर लड़ना होता है, सबकी घड़ियाँ दुरुस्त होनी चाहिए और सब में एक ही वक्त होना चाहिए खास तौर पर तब जब जीत और हार के बीच बस इतना फासला होता है, जितना...जितना चाकू की धार—और जब कोई एक घड़ी खराब होने का, किसी के एक पाँच मिनट भी लेट होने का मतलब हो सकता है, खेल खत्म और देश गुलाम।"[12] इन दो प्रसंगों को कहानी में स्वयं मुक्तिबोध की उपस्थिति और उनके इन विचारों से जोड़कर देखें जब वे शान्ता मुक्तिबोध को कह रहे हैं कि "वो मुसलमान शायर ने कहा है कि जो 'जुज' में 'कुल' न देखे, वह लौंडा है, उसकी नजर में मोतिया है। जुज के माने अंश और कुल यानी सम्पूर्ण। समझदार लोग इसका तब्सिरा यूँ करें कि सृष्टि के एक-एक कण में, हर परमाणु में परमेश्वर मौजूद है तो मुझे कोई एतराज नहीं लेकिन मेरे लिए इसका मतलब सिर्फ इतना है कि हर मनुष्य मानव जाति है।" और फिर पूरी कहानी के दौरान एक अन्तराल पर आनेवाले उन नामालूम से शब्दों की बारम्बारता पर ध्यान दीजिए जहाँ अपमान के क्षणों में

योगेन्द्र आहूजा सिर्फ इतना लिखते हैं कि "बात यह है कि कोताही हो या थोड़ी भी देर हो जाए तो वो लोग बिगड़ते हैं, वही लफ्ज दे मारते हैं।"[13] और कहानी के आखिर में आने वाले उन लफ्जों की सूची पर गौर करें—"नीच जात, छोटी जात वाले, कमीने लोग, बास्टर्ड्स और अबे ओये।"[14] इन टुकड़ों को जब जोड़कर देखते हैं, तब कहानी का निहितार्थ समझ में आता है। एक सामाजिक इकाई के बतौर भारतीय सामाजिक ढाँचे की अपूर्णता का बोध हमें होता है। जिस समाज का एक बड़ा तबका सिर्फ जन्मगत आधारों पर प्रताड़ना और अपमान का अधिकारी हो जाता है। उस समाज के पास पराधीनता का एक लम्बा गौरवपूर्ण इतिहास हो तो उस पर अचरज नहीं करना चाहिए। यह है योगेन्द्र आहूजा के प्रतिरोध की वह महीनी जिस तक सिंगल रीडिंग में पहुँच पाना थोड़ा मुश्किल होता है। यही वह ढब है, जिसे मैं योगेन्द्र आहूजा का कहानियों के साथ अलग ढंग से किया जानेवाला बर्ताव (ट्रीटमेंट) कह रहा था।

यदि इन निहितार्थों तक न भी पहुँचें तो भी इनकी कहानियों में बात करने के लिए पर्याप्त तत्त्व होते हैं। पर योगेन्द्र आहूजा की कहानियों के सन्दर्भ में जो बात खास ध्यान रखने की है, वह यह कि इनकी कहानियों के केन्द्र में विचार ही रहा करते हैं। इसलिए उस केन्द्रीयता की पहचान जरूरी है। संकेतों को पढ़ना आवश्यक है, उसकी ध्वन्यात्मकता की पहचान आवश्यक है। विचारों की उस बुनावट में शिल्प की महती भूमिका होती है। योगेन्द्र आहूजा की कहानी में गजानन माधव मुक्तिबोध एक सन्दर्भ की तरह आते हैं। मुक्तिबोध के लेखकीय सरोकार को वे अपने लिए प्रेरक पाते हैं। 'एक पुरानी कहानी' में मुक्तिबोध स्वयं मौजूद हैं और वे एक युवा साथी को हिन्दी का राइटर होने का मतलब समझाते हुए कह रहे हैं कि "पार्टनर यह गरीब मुल्क है जो कल तक गुलाम था। यहाँ राइटर होने का मतलब बिलकुल अलग है पार्टनर, इसे समझ लेना बहुत जरूरी है।...कविता कोई खंदक या जंगल जैसी जगह नहीं है, जहाँ हिस्ट्री से, समय से निजात पाने को थोड़ी देर छिपा जा सके, कि इतिहास से मुँह छिपाना उसी तरह नामुमकिन है जिस तरह अपनी छाया फलाँगना, कविता में इस तरह की कोशिशों का भी एक छोटा-मोटा असफल इतिहास है, और फिर कुछ देर के बाद यह कि कवि के भीतर एक मँगते जैसी विनय होनी चाहिए, उसे इस धरती के बाशिन्दों के उत्ताप, पसीने, शरीर की गन्ध और आँतों की मरोड़ को आभ्यन्तरित करने का प्रयास करना चाहिए, कभी यह न भूलते हुए कि हम एक गरीब माँ-बाप की सन्तान हैं।...हिन्दी जाति के लेखक या कवि को विनम्रता का कोई हक नहीं। यह फटेहाल और दलिद्दर महाजाति बयान के बाहर गरीबी और अपमान झेलती आई है, इसलिए इस जात के लेखकों पर यह एक

अतिरिक्त जिम्मेदारी है—अभिमान की जिम्मेदारी। हिन्दी के लेखक को अभिमानी होना चाहिए, अकड़दार...नहीं तो उसे दुनिया की किसी भी भाषा में लिखना चाहिए, लेकिन हिन्दी में नहीं।...हिन्दी कवि को सर्वदा एक सात्त्विक गुस्से से खौलना चाहिए और एक खास तरह की वर्ग-अकड़ को हिन्दी कविता का अनिवार्य तत्त्व होना चाहिए, उससे वे दुरात्माएँ दूर रहेंगी जो बहला-फुसलाकर चमक-दमक के रास्ते पर...।"[15] कहना न होगा कि योगेन्द्र आहूजा की कहानियों से न सिर्फ उनका स्वाभिमान झलकता है बल्कि उनकी वर्गीय पक्षधरता भी जाहिर होती है। 'खाना' कहानी के अन्त में जब रतनलाल अपने अतीत के पन्नों को खँगालता उस क्षण में पहुँचता है, जहाँ उसने आखिरी बार जीवन में स्वाद या जायके को महसूस किया था, तो वह कहानी के स्तर पर बड़ा 'कन्विंसिंग' लगता है। पर आगे जब माधव मुरमू का खत आता है और उसमें माधव मुरमू उसके बेजायका हो चुकी जिन्दगी के असल कारण का उल्लेख करते हुए लिखता है कि "ऐसा वर्गान्तरण के दौरान होता है। बीच के वक्फे में पुराने वर्ग की याद पूरी तरह उस वर्ग का नहीं होने देती जिसे अपनाने जा रहे हो। तुम्हारे मामले में यह वक्फा कुछ ज्यादा लम्बा हो गया है, बस इतनी सी बात है। अपनी गरीबी की याद और हम जैसों का खयाल तुम्हारे जेहन (या हलक) में अभी तक अटका है और वही खानों का स्वाद नहीं लेने देता।"[16] अन्तर्वस्तु के धरातल पर योगेन्द्र आहूजा की कहानियों में उनकी वर्ग दृष्टि को देखा जा सकता है और परम्परागत पाठकों की अनदेखी करते हुए अपने ढंग से कथात्मक संरचना की निर्मितियों में उनके स्वाभिमान को देखा जा सकता है।

आधार ग्रंथ

अँधेरे में हँसी, भारतीय ज्ञानपीठ, नई दिल्ली, 2005

पाँच मिनट और अन्य कहानियाँ, आधार प्रकाशन, पंचकूला, 2014

अखिलेश

जन्म : 1960

यथार्थ की कहानी और कहानी का यथार्थ

नवें दशक के उत्तरार्द्ध में ऊसर (1988) और चिट्ठी (1989) आदि कहानियों ने दस्तक दी थी और हिन्दी कहानी ने अपने कुनबे में एक नया नाम शामिल किया था, अखिलेश। अखिलेश की कहानियाँ इस लिहाज से अलहदा थीं कि एक ओर जहाँ वह गाँव और शहर के बीच ठिठके कस्बे के हालात का ब्योरा दे रही थीं तो वहीं दूसरी ओर किसान, मजदूरों और मध्यवर्ग की बजाय निम्न-मध्यवर्गीय जीवन की दास्तान बयाँ कर रही थी। 1988 से 1996 तक आते-आते 'ऊसर' और 'चिट्ठी' के अलावा 'शापग्रस्त', 'बायोडाटा', 'अगली शताब्दी के प्यार का रिहर्सल', 'पाताल' और 'जलडमरूमध्य' आदि कहानियाँ प्रकाशित हो चुकी थीं। अट्ठाईस-तीस साल की उम्र में अमूमन एक युवा बुनियादी तौर पर दो चिन्ताओं से ग्रस्त और आक्रान्त रहता है—एक, गम-ए-रोजगार और दूसरा, गम-ए-इश्क। इस लिहाज से अखिलेश की आरम्भिक कहानियाँ ('चिट्ठी', 'बायोडाटा', 'ऊसर' और 'अगली शताब्दी के प्यार का रिहर्सल') भी अपवाद नहीं हैं। अपवाद कहानियाँ इस मामले में है कि वह इन गमों की दास्ताँ ही बयाँ करने में मुब्तिला नहीं हो जातीं, बल्कि उसका अतिक्रमण करती हैं। मतलब यह कि कहानी की सतह पर बेकारी और उन दिनों में किए गए कुछ अधपके प्रेम के धूपछाँही निशान अवश्य देखने को मिलते हैं, पर थोड़ी सावधानी से देखने पर 'इन कहानियों में कस्बाई जीवन से उबरकर शहरी जीवन में प्रवेश की कोशिश और उन कोशिशों की भंगिमाएँ देखी जा सकती हैं। लेकिन सिर्फ भंगिमाएँ ही, सफलताएँ और सम्भावनाएँ नहीं। बल्कि अखिलेश की कहानियों में हम एक ऐसे कस्बे को पाते हैं, जो शहर का प्रहसन मात्र रह गया है। वह किसी शहर का उच्छिष्ट हो गया है। जैसे किसी शहर ने गर्भपात कराया हो, मरा हुआ शिशु-मांस का लोथड़ा-यह कस्बा।' अखिलेश की कहानियों में आया यह कस्बा वैसे तो इलाहाबाद के आसपास का है। लेकिन भारतीय राजनीति और अर्थनीति ने भारतीय समाज को जिस दशा में पहुँचा दिया है, उसके कारण इलाहाबाद का यह कस्बा अप्रत्याशित रूप से अपनी भौगोलिक

सीमा का विस्तार कर भारत के अन्य राज्यों के कस्बों का भी पर्याय नजर आने लगता है। मिलते-जुलते अनुभवों और समान समाजार्थिक-राजनीतिक परिस्थितियों के कारण ही अखिलेश की कहानियाँ उत्तर प्रदेश के बाहर भी एक 'मास अपील' पैदा करती हैं। अखिलेश को इस बात का श्रेय अवश्य दिया जा सकता है कि उन्होंने अपने समय के राजनीतिक और सामाजिक संरचना को एक 'साहित्यिक संरचना' में कुशलतापूर्वक रूपान्तरित कर डाला है।

अखिलेश ने वर्तमान भारत के उस क्षेत्र (कस्बा) को अपनी कहानी का विषय बनाया जहाँ एक साथ सामन्ती अवशेष, आधुनिक होने की चाह और उत्तर आधुनिक प्रभाव आपस में गुत्थमगुत्था हो रहे थे। अखिलेश की कहानियाँ इस उलझाव को कुशलता और सफलतापूर्वक दर्ज करने के लिए एक साथ लगभग तीन स्तरों पर चलती हैं। एक स्तर सामन्ती अवशेषों या प्रभावों के अंकन का है, दूसरा स्तर अपने परिवेश को धता बताते हुए 'आभासी आधुनिक' होने की 'छद्म आकांक्षा' में निहित है और तीसरा उस परिवेश और उससे उबरने के उलटे-सीधे प्रयत्नों के उत्तर आधुनिक परिणति में। इस दृष्टि से एक आम पाठक के लिए अखिलेश की कहानियाँ 'सिंगिल रीडिंग' वाली कहानियाँ नहीं हैं।

अखिलेश की कहानियाँ जिस उलझाव को दर्ज करती हैं, उस उलझाव को दर्ज करने के कारण ही अखिलेश की कहानियों का शिल्प या विन्यास थोड़ा अलग है। शिल्प के स्तर पर दूसरे कहानीकारों से कुछ समानता के बावजूद शिल्पगत अनुप्रयोग में उस वैशिष्ट्य को देखा जा सकता है। जैसे अखिलेश की एक खासियत यह भी है कि उनकी कहानियों का विन्यास एकरेखीय नहीं होता है। समय की आवाजाही का एक सिलसिला बराबर उनके यहाँ देखा जा सकता है। उनकी कहानियों की शुरुआत किसी घटना या स्थिति से हुआ करती है, वर्तमान में थोड़ी दूर चलने के बाद अनायास वे पीछे जाकर पूर्वदीप्ति शैली (फ्लैश बैक) के जरिए थोड़ी देर बाद फिर उसी स्थिति या घटना के पास वापस आते हैं। लेकिन इस वापसी में भी वे कुछेक महत्त्वपूर्ण सूत्र पुनः छोड़ आते हैं और फिर से उन सूत्रों की व्याख्या करते हैं। इस तरह कहानी के पारम्परिक शिल्प के प्रचलित रूप या शैली का प्रयोग करते हुए भी उसमें एक नयापन पैदा करते हैं। इस शिल्प के कारण अखिलेश की कहानियों में दो-एक फाँक लगातार देखने को मिलती है, जहाँ कहानी का प्रवाह अविरल न होकर दो-एक बार खंडित होता है। कहानी में आई यह दरार या फाँक दरअसल अखिलेश के द्वारा लिया गया एक 'डेलिबरेट पॉज' है, जहाँ वे समकालीन यथार्थ के आयामों को अपना 'टच' देते हैं। उनकी कहानियों में यथार्थ के 'ट्रीटमेंट की टाइमिंग' को इन लिये गए 'पॉज' में देखा जा सकता है। इस 'पॉज' या अन्तराल को कहानी

के प्रवाह में 'गियर शिफ्टिंग' की भाँति देखा जा सकता है। अखिलेश अक्सरहाँ अपनी कहानियों में कल्पना के 'क्लच' को दबाकर यथार्थ को 'एक्सीलरेट' करते हैं। रेनर मारिया रिल्के ने कविताओं के बारे में कभी कहा था कि 'कविता में छूट गए इन फाँकों में आनेवाला समय अपना अर्थ भरेगा।' अखिलेश आनेवाले समय के लिए अर्थवत्ता की गुंजाइश कहानी की फाँक के साथ-साथ कहानियों के अन्त में भी छोड़ते हैं। अखिलेश की कहानियों का अन्त बहुत 'कन्विंसिंग' नहीं होता है। इसके कई कारण हो सकते हैं। एक तो, 'कन्फ्यूजन' के इस दौर में 'कन्विंस' कर पाना काफी मुश्किल काम है। दूसरा, रचनाकार अपनी रचना के जरिए एक 'डेमोक्रेटिक स्पेस' भी निर्मित करना चाहता है और 'कन्विंस' करने की किसी भी कोशिश से रचनाकार की तटस्थता का हनन होता है। तीसरा कारण, अखिलेश की पत्रकारिता का लम्बा अनुभव भी हो सकता है। जहाँ खबरों के प्रति तटस्थता एक बुनियादी गुण के तौर पर देखा जाता है। इस सन्दर्भ में उनके 'यक्षगान' को देखा जा सकता है। जहाँ कहानीकार होने के बावजूद वे सत्य के आधिकारिक प्रवक्ता बनने की बजाय एक तटस्थ सूत्रधार की भूमिका में खड़े होते हैं। सत्य तो एक ही है लेकिन, उत्तर आधुनिक समय में सत्य व्याख्यासापेक्ष तथ्य जैसी चीज में तब्दील हो गया है। जितनी दृष्टियाँ उतनी व्याख्याएँ हैं। इस 'ट्रीटमेंट' से कहानी का पारम्परिक रचना विधान भी थोड़ा दरकता है।

अखिलेश की कहानियों को इधर फिर से पढ़ते हुए इस ओर ध्यान गया कि इन विचित्रताओं और विडम्बनामूलक स्थितियों के कारण इनकी कहानियों में एक किस्म की खिन्नता, उदासी, अवसाद की उपस्थिति रहती है, जिसे भले कुछ अन्तराल पर एक ठिठोली तोड़ती रहती है, पर आद्यन्त पसरे अँधियारे में यह उपक्रम भी किसी बड़ी झील में शाम के वक्त फेंके गए पत्थर सरीखा प्रभाव ही उत्पन्न करता है। पहले अचानक से अँधेरा का उतरना दिखता था। पर अब इस बात की ओर ध्यान गया कि अखिलेश की कहानियों में यह अँधियारा आरम्भ से ही परिवेश का अभिन्न अंग रहता आया है, जो कहानी के साथ गहराता जाता है विशाल भारद्वाज के फिल्मों के 'डार्कनेस' की तरह। बल्कि अँधेरे को हाल के दिनों में चित्रित करने की भी एक परम्परा बनती जान पड़ती है। अखिलेश से पहले की कहानियों में भी अँधेरा रहा है लेकिन यहाँ प्रत्यक्ष तौर पर यह दिख रहा है, 'अँधेरे में हँसी' (योगेन्द्र आहूजा), 'अँधेरा समुद्र' (परितोष चक्रवर्ती), 'रोमियो जूलियट और अँधेरा' (कुणाल सिंह) आदि। अँधेरा को शीर्षकों में अभिधात्मक अर्थ में न देखकर लक्षणा और व्यंजना के धरातल पर देखें तो स्वयं अखिलेश की कहानियों के शीर्षक भी इस बात की पुष्टि करते हैं, 'शापग्रस्त', 'ऊसर', 'पाताल', 'अँधेरा' और 'ग्रहण' आदि।

किस्सागोई और पर्यवेक्षण (ऑब्जर्वेशन) यह दो विशेषताएँ अखिलेश की कहानियों को पठनीयता और विश्वसनीयता प्रदान करते हैं। किस्सागोई यदि रोचकता को बनाए रखती है तो पर्यवेक्षण के माध्यम से वे यथार्थ को ज्यादा विश्वसनीय तरीके से प्रस्तुत कर पाते हैं। उनकी किस्सागोई के प्रमुख घटकों के तौर पर लोकोक्तियों (शौकीन बुढ़िया चटाई का लहँगा, बाप पदहू न जाने बेटा शंख बजावे आदि), ठेठ देशज शब्दों के प्रयोग (छुछुवाते, छिनक, भक्साले, चुटुर-पुटुर आदि), सूक्तियाँ गढ़ने की योग्यता (सुख की सर्वोत्तम मलाई राजनीति के दूध में पड़ती है, मैं अपनी हिम्मत की लापता चिड़िया को ढूँढ़ रहा था आदि), कहन का ढब 'डिक्शन' (हुआ यह था कि जब सहायजी और कौशल्या, चाची को लेकर अस्पताल के लिए जा रहे थे तो उनकी मोटर में चाची की मौत दुबककर बैठ गई थी। चाची के अस्पताल में दाखिल होने पर मोटर में दुबककर बैठी मौत उछलकर बाहर आई और चाची के पीछे-पीछे चलने लगी। बाद में चाची के बिस्तर पर वह तकिए के नीचे छिपकर बैठ गई। थोड़ी देर वह नींद लेकर आराम फरमाती रही। लेकिन जैसे ही चाची सोईं, वह जग गई। उसने सधे कदमों से बाहर निकलकर चाची को दबोच लिया, 'जलडमरूमध्य' से) आदि को गिना जा सकता है। किस्सागोई का गुर उन्होंने कहाँ से सीखे इसके बारे में तो प्रामाणिक तौर पर अखिलेश ही कुछ बता सकते हैं, लेकिन उनके पर्यवेक्षकीय गुणों के स्तोत्र के तौर पर पत्रकारिता के लम्बे करियर की पहचान की जा सकती है। गाब्रिएल गार्सिया मार्क्वेज से ('लीफ ऑव स्टोर्म' से लेकर 'वन हंड्रेड इयर्स ऑव सालीट्यूड') की शैली पर बात करते हुए पीटर एच. स्टोन ने उन उपन्यासों की शैली में पत्रकारीय भंगिमा की छाप देखते हुए पूछा था कि "आप कल्पनाजनित घटनाओं का भी इतनी गहराई से वर्णन करते हैं कि वह उनको एक तरह का यथार्थ प्रदान कर देता है, यह कुछ ऐसा है जो लगता है आपने पत्रकारिता से सीखा?" इसके जवाब में मार्क्वेज ने जो कहा वह काफी महत्त्वपूर्ण है। "यह एक पत्रकारीय युक्ति है जिसको आप साहित्य में आजमा सकते हैं। उदाहरण के लिए, अगर आप कहें कि आकाश में हाथी उड़ रहे हैं तो कोई विश्वास नहीं करनेवाला। लेकिन अगर आप कहें कि आकाश में कुल 425 हाथी हैं तो शायद लोग आपका विश्वास कर लें।...जैसे मेरी नानी एक कहानी कहा करती थी जिसमें एक आदमी जब आता है तो पूरा घर तितलियों से भर जाता है। जब मैं इस बात को लिख रहा था तो मुझे लगा कि अगर मैंने नहीं कहा कि तितलियाँ पीली थीं तो लोग विश्वास नहीं करेंगे।" अखिलेश की कहानियाँ इस युक्ति के इस्तेमाल से भरी पड़ी हैं। यह सम्भव है कि अखिलेश के पास इसके अलग कारण हों। लेकिन जिस विश्वसनीयता की बात ऊपर की जा

रही है, एक पाठक का विश्वास जीतने में यह प्रविधि कारगर है और अखिलेश की कहानियों के सर्वाधिक महत्त्वपूर्ण गुणों में से यह एक है। इसलिए इसके दो-तीन उदाहरण रख रहा हूँ। "'ऊसर' का चन्द्रप्रकाश तटस्थ भाव से पीता जा रहा था। वह पैग बनाता और पीता। दरवाजे पर दस्तक हुई। वह लड़खड़ाते उठा। चप्पल में पैर डाला, लेकिन पैर चप्पल की बगल से आगे बढ़ गया। उसने फिर से पैर डाला इस बार ऊपर से गुजर गया। वह नंगे पाँव ही आगे बढ़ा।"[1] दूसरा, 'बायोडाटा' कहानी की शुरुआत इन पंक्तियों के साथ होती है कि "नवम्बर में न अधिक सर्दी रहती है, न अधिक गर्मी। गाँवों में गन्ना, गंजी, मटर का नाश्ता शुरू हो जाता है। सब्जियाँ अपेक्षाकृत सस्ती और सुलभ रहती हैं। बिना चाकू की मदद से छिल जानेवाली गोल आलू चलने में आ जाती हैं। इतना ही नहीं, रात में पेशाब करने के लिए खुले में निकलने पर जगत विराट और रहस्यमय लगने लगता है।"[2] तीसरा, 'यक्षगान' कहानी में सरोज अपने प्रान्त के एक बड़े नेता गोरखनाथ पर बलात्कार का आरोप लगाती है तो पुलिस उससे पूछती है कि 'आपने गोरखनाथ जी को कैसे पहचाना? कैसे जाना कि वह गोरखनाथ ही हैं।' इस पर सरोज जवाब देती है कि "हम उनको पहचानते थे अच्छी तरह से। इलेक्शन में उनकी फोटोवाले पोस्टर हमारे गाँव में लगे थे। एक पोस्टर तो हमारे घर की दीवार पर भी चिपका था। बाबू ने...भाभी ने उनकी पार्टी को ही वोट दिया था...भइया भी उनको वोट देने गए थे। पर उनका वोट पहले पड़ गया था...हम तभी से गोरखनाथ को पहचानते थे।"[3] पहले उदाहरण में चन्द्रप्रकाश के नशे में न होने का कोई सन्देह रह जाता है क्या? दूसरे में नवम्बर के महीने के सन्दर्भ में जा अनुभवों का ब्योरा है, उसको झूठा कहने की कोई गुंजाइश बचती है क्या? और तीसरे में भइया के बोगस वोट पड़ जाने की जो बात है, उसके बाद किसी गवाह या प्रमाण की गुंजाइश बचती है क्या? ऐसे पचासों उदाहरण दिए जा सकते हैं। पर अभीष्ट था कहानी की विश्वसनीयता की निर्मिति में उक्त प्रविधि की उपयोगिता का रेखांकन और उस पर अखिलेश की पकड़। विश्वसनीयता पर इतना बल देने की भी एक खास वजह है, अखिलेश के द्वारा लगातार अपनी कहानियों में किसी विचित्रता या विडम्बनात्मक स्थिति को तरजीह देना, जिस पर एकबारगी यकीन करना सहज सम्भव नहीं होता। सामान्यतः उनकी कहानियों में असामान्यताओं का वर्णन होता है। इस लिहाज से अखिलेश की आरम्भिक और बाद की कहानियों में एक बड़ा अन्तर जो दिखाई पड़ता है वह यह कि अपनी आरम्भिक कहानियों में अखिलेश कुछेक विचित्रताओं को अपनी कहानियों में जगह दे रहे थे। बाद की कहानियों में इन विचित्रताओं को विडम्बनाओं ने 'रिप्लेस' किया। मसलन 'बायोडाटा' कहानी में राजदेव और सावित्री को

अजीबोगरीब सन्तान होती है। "उसके मुँह से हमेशा चारों पहर, सोते-जागते लार बहती थी। वह लार में लिथड़ी सन्तान थी। जैसे उसके पेट में लार की टंकी हो।"[4] ऐसे ही 'पाताल' कहानी में प्रेमनाथ का मुँह अक्सर खुला और लार से भरा रहता। 'जलडमरूमध्य' में 'सहायजी को आँसुओं की बीमारी लग गई है। वे रो नहीं पाते हैं। उनके सारे आँसू सूख गए हैं।'[5] वहीं उनके बाद के संग्रह 'अँधेरा' (2006) में संकलित कहानियों पर गौर करें, तो देखते हैं कि वहाँ भी कुछ विचित्र कल्पनाएँ हैं, लेकिन वे विडम्बनात्मक हैं। जैसे 'ग्रहण' का राजकुमार पैदा हुआ था तो उसके शरीर में गुदा के स्थान पर गुदा नहीं थी। वह स्थल समतल था। और मल त्याग करने के लिए उसके पेट में सूराख बना दिया गया था। विडम्बना यह है कि पूरा संसार पेट भरने की चिन्ता से त्रस्त है और राजकुमार उर्फ 'पेटहगना' पेट को खाली करने की समस्या से, पूरा संसार नए कपड़ों के लिए लालायित रहता है और 'पेटहगना' पुराने कपड़ों के लिए। 'जलडमरूमध्य' में गाय विष्ठा खाती है। 'यक्षगान' में सरोज छैलाबिहारी को फूटे आँख देखना नहीं चाहती है। लेकिन वही छैलाबिहारी जब रामलीला में राम की भूमिका निभाता है तो सरोज उस पर फिदा हो जाती है। विडम्बना यह कि वह छैलाबिहारी उर्फ राम सरोज का अपहरण कर शीलहरण करता-करवाता है। राम के रूप में रावण के वरण की विडम्बना। आरम्भिक कहानियों में प्रयुक्त विचित्रता और बाद की कहानियों में व्यवहृत विडम्बना एक ही उद्देश्य की पूर्ति के लिए व्यवहार में लाई गई साहित्यिक युक्तियाँ हैं। उद्देश्यमूलकता और प्रभावान्विति दोनों धरातलों पर दोनों की प्रकार्यता एक है। मतलब यह कि आज वस्तुएँ अपना गुण और स्वभाव छोड़ रही हैं। विचार के स्तर पर यह ऐसी बात नहीं है, जिसे मानने में कोई परेशानी हो, पर जब इसे रचना के धरातल पर रूपान्तरित करना हो तो चीजें इतनी आसान नहीं रह जाती हैं। विचित्रताएँ हमारे दैनन्दिन जीवन में इस कदर घर कर गई हैं कि 'एब्नार्मल' चीजों के प्रति भी हम 'नार्मली विहेव' करने लगे हैं। यह कम विचित्र या विडम्बनात्मक स्थिति नहीं है। अखिलेश की कहानियाँ इस 'एब्नार्मल सिचुएशन' के प्रति 'रेस्पांड' करती हैं। जैसे आँसुओं के सूख जाने का रोग सुनकर हँसी आती है। लेकिन क्या हमारी संवेदनाएँ अप्रत्याशित रूप से नहीं सूख रही हैं, हमारी नदियों और पोखरों की तरह। ऐसे घृणित शिशु जिनके मुँह से निरन्तर लार टपकता रहता है, मानो की पेट में लार की टंकी हो। क्या उन शिशुओं में आज के अभिभावकों के दमित और अतृप्त इच्छाओं को मूर्त रूप ग्रहण करते हम नहीं देख रहे हैं। लगातार लोभी होते समाज में कैसे शिशुओं की कल्पना हम कर सकते हैं? ऐसा नहीं कि यह अखिलेश की कहानियों के लिए मेरे द्वारा लाई गई दूर की कौड़ी है। अपनी किताब 'वह जो

यथार्थ था' में अखिलेश एक जगह लिखते हैं कि "मगर यह उत्तर पूँजीवाद तो बाँझ हत्यारिन है। यह कला का संहार कर रही है और कुछ बेहतर को जन्म भी नहीं दे रही है। यह ईंट-पत्थरों, चाकुओं से गर्भवती है। यही चीजें इसके गर्भ में पलती हैं और जन्म लेती हैं।"[6] इस विडम्बना और विचित्रता की झलक उनकी कहानी 'श्रृंखला' (नया ज्ञानोदय, मई 2011) में भी देखी जा सकती है। श्रृंखला के नायक रतन की आँखें सबसे कमजोर हैं और वही अपने समय-समाज की परतों को उधेड़कर देख पाने में सक्षम है। अखिलेश की इसी खूबी की ओर संकेत करना चाह रहा था कि कैसे वे अपनी कहानियों में पहले-पहल कुछ अविश्वसनीय-सा प्रस्तावित करते हैं और फिर कहानी के विकास के साथ-साथ एक विश्वसनीयता अर्जित करते जाते हैं। यह उनके 'अन्तर्वस्तु का शिल्प' है। अखिलेश की कहानियों के सन्दर्भ में जिन विशेषताओं को ऊपर गिनाया गया है। 'श्रृंखला' में भी उसकी झलकियाँ देखी जा सकती है। जैसे फ्लैश बैक की युक्ति, विचित्रता या विडम्बनामूलक कल्पना की उपस्थिति, पत्रकारीय भंगिमा, ब्योरों के जरिए यथार्थ की निर्मिति और किस्सागोई से उपजी पठनीयता आदि। 'श्रृंखला' की आत्मा 'अप्रिय' की 'लोकप्रियता' है। यदि अखिलेश केवल यह कहकर रह जाते कि रतन के अखबारी कॉलम की लोकप्रियता से सत्ता आतंकित हो उठी तो कहानी निष्प्रभावी हो जाती। यह सूचनात्मकता कहानी के प्राण हर लेती। ऐसा नहीं कि ऐसा किया नहीं जा सकता था, लेकिन अखिलेश पाठकों की समझ का सम्मान करनेवाले रचनाकार हैं, इसलिए उन्होंने रतन और उसके कॉलम की अन्तर्वस्तु को बड़े जतन से बुना है और उस बुनावट के दौरान ही कहानी की अन्तर्वस्तु के प्रति पाठकों का विश्वास भी अर्जित किया है। उस कॉलम में लिखी गई बातों पर की गई मेहनत में पूरी कहानी की संरचना टिकी है। संक्षिप्तीकरण की ऐतिहासिकता-सामाजिकता और राजनीति का जो उद्घाटन वे करते हैं वह वास्तव में रतन की मुसीबत का सबब बनने योग्य है। रतन का कहना है कि, "पाठको! हर कोड को डिकोड करो, हर सूत्र की व्याख्या करो, हर गुप्त को प्रकट करो। क्योंकि कूट संरचनाएँ सामाजिक अन्याय और विकृतियों के चंगुल में फँसकर फड़फड़ा रहे, सामान्य मनुष्य के सम्मुख लौहयवनिकाएँ होती हैं।"[7] मूलतः साहित्य के लक्ष्यों या उद्देश्यों में से एक यह भी है कि वह असलियत का उद्घाटन करे। आचार्य रामचन्द्र शुक्ल ने अपने निबन्ध 'कविता क्या है?' में लिखा है कि "ज्यों-ज्यों हमारी वृत्तियों पर सभ्यता के नए-नए आवरण चढ़ते जाएँगे त्यों-त्यों एक और तो कविता की आवश्यकता बढ़ती जाएगी, दूसरी ओर कवि कर्म कठिन होता जाएगा।"[8] क्योंकि परत दर परत चढ़ते आवरणों को हटाकर 'प्रकृत रूप का प्रत्यक्षीकरण' एक कठिन कवि कर्म साबित होगा।

आचार्य शुक्ल ने आने वाले समय में कवि-कर्म के लिए 'प्रकृत रूप के प्रत्यक्षीकरण' (असलियत का उद्घाटन) का जो विधान किया था, अखिलेश रतन के द्वारा उसी सत्य की स्थापना सामाजिक स्तर पर करना चाहते हैं। इसी क्रम में अखिलेश ने आगे एक दूसरी बेहद महत्त्वपूर्ण बात रतन के द्वारा इलाहाबाद के एक साहित्यिक आयोजन में कहलवाई है जिसका सारांश यह है कि "कला को यथार्थ और यथार्थ को कला बना दो। क्योंकि दोनों अकेले रहने पर सत्ता संरचनाएँ होती हैं, इसीलिए संसार के समस्त श्रेष्ठ लेखकों ने यथार्थ को कला बनाया और कला को यथार्थ बनाया। ध्यान में हमेशा रखना चाहिए कि आख्यान यथार्थ का उपनिवेश नहीं है जहाँ यथार्थ स्वयं को लाभकारी और मनमाने ढंग से काबिज कर ले। साथ ही आख्यान की तानाशाही कदापि नहीं है जो अपनी सनकों का भार लादती फिरे और जीवन तथा समाज की आवाज को अनसुनी करती रहे।"[9] इसे अखिलेश के साहित्य को समझने का केन्द्रीय सूत्र समझना चाहिए क्योंकि अखिलेश के कथा साहित्य को यदि आप समग्रता में देखें तो ये बातें उनके साहित्य के सन्दर्भ में अक्षरशः लागू होती जान पड़ती हैं। बहरहाल इस दिशा में विचार किए जाने की जरूरत है। इसके साथ ही अखिलेश की कहानियों में उत्तर आधुनिक विचारों और प्रभावों को प्रभावशाली उपस्थिति को अब तक हिन्दी कहानी आलोचना और अकादमिक हलका ठीक से नहीं पहचान सका है, उस ओर भी ध्यान दिए जाने की जरूरत है।

आधार ग्रंथ

शापग्रस्त, राधाकृष्ण प्रकाशन, 2009
अँधेरा, राजकमल प्रकाशन, नई दिल्ली, 2006
वह जो यथार्थ था, राधाकृष्ण प्रकाशन, 2001
निर्वासन, राजकमल प्रकाशन, नई दिल्ली, 2014

सन्दर्भ

स्वयं प्रकाश : जो है उससे बेहतर चाहिए

1. स्वयं प्रकाश, *इक्यावन कहानियाँ,* समय प्रकाशन, दरियागंज, नई दिल्ली, 2003, भूमिका से
2. नामवर सिंह, *कहानी : नई कहानी,* लोकभारती प्रकाशन, इलाहाबाद, 2002, पृ. 47
3. स्वयं प्रकाश की *चुनिंदा कहानियाँ* (चयन-सम्पादन हिमांशु पंड्या), साहित्य भंडार, इलाहाबाद, 2014, पृ. 11
4. स्वयं प्रकाश, *इक्यावन कहानियाँ,* पृ. 240
5. वही, पृ. 246
6. वही, पृ. 246
7. वही, पृ. 286
8. वही, भूमिका से
9. नामवर सिंह, *कहानी : नई कहानी,* लोकभारती प्रकाशन, इलाहाबाद, 2002, पृ. 15

संजीव : समता, न्यायपूर्ण व शोषणमुक्त समाज का पक्षधर

1. *पाखी* का संजीव पर केन्द्रित विशेषांक, अंक-12, वर्ष : 1, सितम्बर 2009, पृ. 77
2. वही, पृ. 72
3. वही, पृ. 113
4. वही, पृ. 160
5. वही, पृ. 147
6. वही, पृ. 123
7. वही, पृ. 159
8. वही, पृ. 111
9. वही, पृ. 119
10. संजीव, *संजीव की कथा यात्रा : पहला पड़ाव,* वाणी प्रकाशन, नई दिल्ली, 2008, पृ. 7 (भूमिका से)
11. संजीव, *संजीव की कथा यात्रा : दूसरा पड़ाव,* वाणी प्रकाशन, नई दिल्ली, 2008 (भूमिका से)
12. *पाखी* का संजीव पर केन्द्रित विशेषांक, अंक-12, वर्ष : 1, सितम्बर 2009, पृ. 180

अरुण प्रकाश : हिंसा के धरातल से जिनगी की दास्तान

1. अरुण प्रकाश, *विषम राग,* राजकमल प्रकाशन, नई दिल्ली, 2003, पृ. 268
2. वही, पृ. 268
3. वही, पृ. 271
4. वही, पृ. 265
5. वही, पृ. 202
6. वही, पृ. 31
7. वही, पृ. 31
8. वही, पृ. 32
9. वही, पृ. 32
10. वही, पृ. 33
11. वही, पृ. 215
12. वही, पृ. 233
13. वही, पृ. 233
14. वही, पृ. 237
15. वही, पृ. 339
16. वही, पृ. 339

नवीन सागर : परम्परा के प्रचलित खाँचों के बाहर छलकता सागर

1. *कथादेश* का नवीन सागर विशेषांक, रामकुमार तिवारी (अतिथि सम्पादक), नवम्बर 2007, पृ.15
2. वही, पृ.13
3. नवीन सागर, *सम्पूर्ण कहानियाँ,* आइसेक्ट पब्लिकेशन, भोपाल, 2019
4. नवीन सागर, *सम्पूर्ण कहानियाँ,* पृ 27
5. वही, पृ. 19
6. वही, पृ. 23
7. वही, पृ. 104
8. वसन्त पोतदार, *कुमार गंधर्व,* मेधा बुक्स, नवीन शाहदरा, दिल्ली, 2011, पृ. 81
9. नवीन सागर, *सम्पूर्ण कहानियाँ,* वही, पृ. 67
10. वही, पृ. 71
11. वही, पृ. 70
12. वही, पृ. 74
13. वही, पृ. 90
14. वही, पृ. 103
15. वही, पृ. 119
16. वही, पृ. 119

17. *कथादेश* का नवीन सागर विशेषांक, वही, पृ. 13
18. वही, पृ. 39
19. वही, पृ. 40

ओमप्रकाश वाल्मीकि : दलित चेतना के वृहत्तर पाठ का प्रस्तावक

1. ओमप्रकाश वाल्मीकि, *घुसपैठिये,* राधाकृष्ण प्रकाशन, नई दिल्ली, 2009, भूमिका से
2. ओमप्रकाश वाल्मीकि, *जूठन* (पहला खंड), राधाकृष्ण पेपरबैक्स, नई दिल्ली, 1999, पृ.147
3. ओमप्रकाश वाल्मीकि, *सलाम,* राधाकृष्ण पेपरबैक्स, नई दिल्ली, 2004, पृ. 130
4. ओमप्रकाश वाल्मीकि, *जूठन* (पहला खंड), पृ. 12
5. ओमप्रकाश वाल्मीकि, *घुसपैठिए,* पृ. 36
6. वही, पृ. 36
7. ओमप्रकाश वाल्मीकि, *सलाम,* पृ. 101
8. (देखें *बनास* जन का ओमप्रकाश वाल्मीकि पर केन्द्रित विशेषांक जिसमें भँवरलाल मीणा ने उनसे लम्बी बात की है।) *अन्तिम संवाद : ओमप्रकाश वाल्मीकि,* अप्रैल 2014, अंक-8, वर्ष-3

शिवमूर्ति : संवेदनाओं का किस्सागो

1. *नया ज्ञानोदय,* रवीन्द्र कालिया (सम्पादक) जनवरी 2008, पृ. 107
2. *मंच* (शिवमूर्ति विशेषांक), जनवरी-मार्च 2011, पृ. 154
3. "fiction should be able to move its reader at some fundamental level, to disturb and rearrange his outlook on life, perhaps even change him as a person..."
4. शिवमूर्ति, *केशर कस्तूरी,* राधाकृष्ण, नई दिल्ली, 2007, पृ. 7
5. वही, पृ. 27
6. वही, पृ. 68
7. वही, पृ. 94
8. वही, पृ. 148
9. वही, पृ. 85
10. वही, पृ. 68
11. वही, पृ. 140
12. वही, पृ. 29
13. शिवमूर्ति, *तर्पण,* राजकमल प्रकाशन, नई दिल्ली, 2010, पृ. 11
14. वही, पृ. 47
15. शिवमूर्ति, *केशर कस्तूरी,* राधाकृष्ण, 2007, कसाईबाड़ा की आरम्भिक पंक्ति।
16. वही, पृ. 27
17. वही, पृ. 28
18. वही, पृ. 115

उदय प्रकाश : बेहतर दुनिया का स्वप्न रचती कहानियाँ

1. देखें *पाखी* (सम्पादन-प्रेम भारद्वाज), फरवरी 2011 का अंक
2. उदय प्रकाश, *और अन्त में प्रार्थना,* वाणी प्रकाशन, नई दिल्ली, पृ. 85
3. वही, पृ. 101
4. वही, पृ. 109
5. वही, पृ. 111
6. वही, पृ. 118
7. उदय प्रकाश, *पॉल गोमरा का स्कूटर,* वाणी प्रकाशन, 2010, पृ. 73
8. उदय प्रकाश, *दरियाई घोड़ा,* वाणी प्रकाशन, नई दिल्ली, 2010, पृ. 115
9. उदय प्रकाश, *और अन्त में प्रार्थना,* पृ. 66
10. वही, पृ. 85
11. उदय प्रकाश, *तिरिछ,* वाणी प्रकाशन, नई दिल्ली, 2010, पृ. 138
12. उदय प्रकाश, *पॉल गोमरा का स्कूटर,* पृ. 67
13. *पाखी,* फरवरी-2011, पृ. 49
14. *हंस,* (सम्पादक-राजेन्द्र यादव) अगस्त 2004, पृ. 219
15. उदय प्रकाश, *पीली छतरी वाली लड़की,* वाणी प्रकाशन, नई दिल्ली, 2009, पृ. 40
16. वही, पृ. 51
17. वही, पृ. 126
18. निर्मल वर्मा, *साहित्य का आत्म-सत्य,* राजकमल प्रकाशन, नई दिल्ली, 2006 पृ. 114
19. उदय प्रकाश, *मोहनदास,* वाणी प्रकाशन, 2006, पृ. 12

प्रियंवद : देह, धर्म और राज्य के इलाके में

1. प्रियंवद, *आईनाघर : प्रियंवद की सम्पूर्ण कहानियाँ* (भाग-2), संवाद प्रकाशन, 2008, पृ. 262
2. प्रियंवद, *आईनाघर : प्रियंवद की सम्पूर्ण कहानियाँ* (भाग-1), संवाद प्रकाशन, 2008, पृ. 205
3. प्रियंवद, *आईनाघर* (भाग-2), पृ. 263
4. प्रियंवद, *आईनाघर* (भाग-1), पृ. 278
5. प्रियंवद, *आईनाघर* (भाग-2), पृ. 261

आनन्द हर्षुल : कथ्य के झीने आवरण में शब्दों की कसीदाकारी

1. आनन्द हर्षुल, *रेगिस्तान में झील,* राजकमल प्रकाशन, नई दिल्ली, 2014, पृ. 43
2. वही, पृ. 59
3. वही, पृ. 84
4. वही, पृ. 87
5. वही, पृ. 117

6. वही, पृ. 35
7. आनन्द हर्षुल, *अधखाया फल,* राजकमल प्रकाशन, नई दिल्ली, 2009, पृ. 48-49
8. देखें आनन्द हर्षुल, *चिड़िया बहनों का भाई,* राजकमल प्रकाशन, नई दिल्ली, 2017

योगेन्द्र आहूजा : आस्वाद के अलग धरातल से प्रतिरोध की महीन आवाजें

1. योगेन्द्र आहूजा, *अँधेरे में हँसी,* भारतीय ज्ञानपीठ, नई दिल्ली, पृ. 11
2. वही, पृ. 40
3. वही, पृ. 40
4. वही, पृ. 11
5. वही, पृ. 16
6. वही, पृ. 73
7. *पहल*-86, ज्ञानरंजन (सम्पादक), में योगेन्द्र आहूजा की कहानी पाँच मिनट, जबलपुर, मध्य प्रदेश, पृ. 92
8. वही, पृ. 135
9. *तद्भव*-25, अखिलेश (सम्पादक), पृ. 224
10. *पहल*-86
11. *पहल*-86, पृ. 96, 101
12. *पहल*-86, पृ. 103
13. *पहल*-86, पृ. 109
14. वही, पृ. 113
15. 'एक पुरानी कहानी' से
16. *तद्भव*-25, पृ. 225

अखिलेश : यथार्थ की कहानी और कहानी का यथार्थ

1. अखिलेश, *शापग्रस्त,* राधाकृष्ण प्रकाशन, नई दिल्ली, 2009, पृ. 121
2. वही, पृ. 59
3. अखिलेश, *अँधेरा,* राजकमल प्रकाशन, नई दिल्ली, 2006, पृ. 77
4. अखिलेश, *शापग्रस्त,* पृ. 72
5. वही, पृ. 124
6. अखिलेश, *वह जो यथार्थ था,* राधाकृष्ण प्रकाशन, नई दिल्ली, 2001, पृ. 77-78
7. *नया ज्ञानोदय,* मई 2011 में प्रकाशित कहानी शृंखला से
8. रामचन्द्र शुक्ल, *कविता क्या है?*
9. *नया ज्ञानोदय,* मई 2011 में प्रकाशित कहानी शृंखला से